개정판

개념과 주제로 본
우리들의 윤리학

개정판

개념과 주제로 본

우리들의 윤리학

박찬구 지음

서광사

서울대학교 사범대학 교육연구재단 지원 저술연구도서 36

개정판
개념과 주제로 본
우리들의 윤리학

박찬구 지음

펴낸이 | 이숙
펴낸곳 | 도서출판 서광사
출판등록일 | 1977. 6. 30.
출판등록번호 | 제 406-2006-000010호

(10881) 경기도 파주시 회동길 77-12(문발동)
대표전화 (031) 955-4331   팩시밀리 (031) 955-4336
E-mail : phil6060@naver.com
http : //www.seokwangsa.co.kr | http : //www.seokwangsa.kr

제1판 제1쇄 펴낸날 — 2006년 6월 20일
제1판 제7쇄 펴낸날 — 2012년 3월 20일
개정판 제1쇄 펴낸날 — 2014년 8월 30일
개정판 제6쇄 펴낸날 — 2024년 9월 10일

ISBN 978-89-306-2557-9   93190

이 책이 출간된 지도 어느덧 7년여의 세월이 흘렀다. 그간 책을 다시 찍을 때마다 미흡한 내용을 조금씩 수정해 왔으나, 이번에는 특히 추가하는 내용이 많아져 개정판을 내게 되었다.

가장 큰 변화는 제1부의 마지막 장으로 "제9장 메타 윤리학"이 추가된 점이다. '메타 윤리학'이라는 주제는 난해할 뿐만 아니라 아직도 정설이 없이 논쟁이 진행 중인 주제여서, 이 책의 전체 흐름상으로 볼 때 부담스러운 측면도 있어 보인다. 그런데도 이번에 이 내용을 추가하게 된 것은, 무엇보다 현대 윤리 이론을 다루는 책이라면 현대 윤리학의 가장 뜨거운 논쟁거리인 '메타 윤리학'을 빼놓을 수 없다는 일부 독자들의 지적을 수용했기 때문이다.

메타 윤리학은 영미권 윤리학의 경험주의적 전통과 언어분석철학의 영향 아래 논의가 진행된 탓에, 기존의 규범 윤리학에 대해 매우 회의주의적이고 냉소적인 분위기를 띠고 있는 것이 사실이다. 경험적으로 확인할 수 없고 과학적으로 검증할 수 없는 사실들이나 명제들은 학적으로 검토할 가치가 없다고 생각하는 실증주의자들에게 전통적 윤리학의 형이상학적 전제들은 대부분 무의미한 개념들에 불과할 것이기 때문이다. 하지만 우리는 이러한 과학주의적 관점만으로 모든 도덕적 진리가 해명될 수 있다고 보지 않는다. 도덕이란 인간 본성의 가장 깊은 심연에 뿌리를 둔 담론으로서, 우리가 자기 자신을 찾아가는 끝없는 여정이기 때문이다.

　여느 철학적 사색에서와 마찬가지로 윤리학적 논의를 통해 모든 문제들이 속 시원히 해결되기는 힘들 것이다. 그렇지만 이러한 논의를 통해 우리가 한 차원 더 높고 한 차원 더 깊은 안목으로 세상을 바라볼 수 있게 된다면, 복잡한 미로 속에서 길을 찾아낼 가능성은 한층 커질 것이다.

2014년 5월
박찬구

이 책은 저자가 지난 10년간 대학 강단에서 윤리학을 강의해 온 총 결산이다. 강의의 매력은 단지 준비해 온 내용을 전달하는 데 있는 것이 아니라 그 과정에서 학생들과의 교감을 통해 예기치 않은 지적 폭발을 경험하는 데 있다. 질문에 대답하는 과정에서 혹은 예를 들어 설명하는 과정에서 선생은 스스로 순간적인 깨달음을 얻기도 하고, 때로는 학생의 눈빛과 표정을 통해 어떤 영감을 받기도 한다. 특히 강의 내용이 공감을 불러일으켰을 때 사제(師弟)가 동시에 경험하는 충만감은 그 무엇과도 바꿀 수 없는 강의의 즐거움이자 보람일 것이다. 이 책은 가능한 한 이러한 느낌을 담고자 하였다.

저자가 보기에 윤리학 강의의 관건은 어떻게 그 내용을 단지 하나의 지식으로서가 아니라 생생한 울림과 더불어 스스로에게 다가오는 문제로 경험하도록 하는가에 달려 있다. 그래서 이 책은 윤리 이론들을 단순히 소개한다기보다는 '저자가 이해한' 하나의 줄거리로 전개하려 노력하였다. 말하자면 추상적인 개념들을 구체적이고 실천적인 내용으로 풀어 쓰고자 하였다. 또, 이러한 취지를 살리기 위해 다음과 같은 서술 방식을 취하였다. 우선 각 장의 도입 부분에 대화 형식을 빌려 그 장에서 전개될 내용의 핵심적 주제를 제시하였다. 독자는 이러한 대립 토론식의 간단한 대화를 통해 그 장에서 펼쳐질 주요 내용과 쟁점들을 미리 짐작할 수 있을 것이다. 다음으로, 본론의 내용을 서술할 때 해당 내용을 쉽게 이해하는 데 도움을 주는 다양한 예문을 실었다. 강의 시간에 학생들이 좋아하였던 예문들, 때로는 엉뚱해 보이고 때로는 도전적인 이러한 예문들을 통해 독자는 해당 주제가 담고 있는 메시지를 좀 더 쉽게 포착할 수 있을 것이다. 마지막으로, 각 장의 끝 부분에 '생각해 볼 문제'를 제시함으로써 본론의 주제와 관련된 쟁점들을 부각시키고 지적 도약의 자극제로 삼고자 하였다. 제시된 발문과 지문을 통해 독자는 더욱 심도 있는 윤리적 사색을 해 볼 수 있을 것이다.

이 책의 제1부는 오늘날 윤리학의 담론에서 가장 흔하게 논란의 대상이 되는 주제 세 가지, 즉 상대주의, 이기주의, 쾌락주의와 또한 가장 주목받고 있는 윤리 이론 세 가지, 즉 공리주의, 칸트 의무론, 덕 윤리를 소개하고 그와 관련된 쟁점들을 논하였다. 제2부의 앞부분은 윤리학에서 늘 중요하게 다루는 주제들인 자유, 평등과 정의, 양심에 관하여 논하였다. 뒷부분은 아마도 이 책의 특징이 드러나는 부분으로서 도덕감, 도덕적 질병과 사랑, 도덕과 종교, 전통 윤리와 선비 정신을 논하였다. 제1부가 주로 윤리학의 이론적인 측면을 다루고 그 이론들을 정확히 이해하는 데 중점을 두었다면, 제2부는 우리의 도덕적 감수성과 실존적 자각에 관해 논하였으며, 이 모든 문제들이 결국 우리가 발을 딛고 서 있는 바로 여기의 문제일 뿐만 아니라 지금 우리 스스로의 결단을 요구하는 문제임을 밝히고자 하였다. 제일 마지막 장('도덕 교육과 도덕 교사')은 특별히 이 땅의 도덕 교사를 위해 쓴 글이다. 오로지 자존심과 사명감과 보람 하나로 교단을 지키는 선생님들, 그중에서도 이 도덕적 난세에 특별한 소명을 받은 도덕 선생님들께 바치는 글이다.

　원래 이 책은 제3부의 '응용 윤리' 부분까지 포함하여 한 책으로 계획되었다. 그러나 저술 과정에서 분량이 너무 많아지고 또 시간이 지체되는 바람에 우선 '이론 윤리' 부분만을 묶어 책으로 내게 되었다. 이 자리를 빌려 특별히 감사의 마음을 전하고 싶은 분들이 있다. 먼저, 이 책의 초고를 읽고 유익한 지적과 함께 오류를 바로잡아 준 김상돈, 박종덕, 오은미, 인선호, 이정렬, 김정민, 정선화 선생님께 감사드린다. 지도교수님이자 늘 윤리학자로서의 삶의 사표가 되시는 진교훈(秦敎勳) 선생님과 빔머(Reiner Wimmer) 선생님께 머리 숙여 존경과 감사의 인사를 드린다. 그리고 변함없는 사랑과 격려로 이 책을 쓸 수 있도록 용기를 불어넣어 준 아내 강진숙에게 마음으로부터 사랑과 감사를 표하고 싶다.

　끝으로 이 책은 서울대학교 사범대학 교육연구재단의 2004년도 저술·번역 연구비 지원을 받아 간행되었음을 밝힌다.

2006년 2월

박찬구

차례

제2부

윤리학은 어떤 학문인가

"가치에 관한 문제, 그것은 말하자면 우리가 무엇을 하고, 무엇을 하려고 노력하며, 어떻게 행동하여야 하는가에 관한 물음이다. 따라서 이 물음은 인간에 의하여, 그리고 인간에게 제기된 문제이다. 그것은 우리가 인생을 살아가는 데 그 방향을 지시해 주는 나침반에 관한 물음이다."[1]

인간의 사회성과 '윤리'의 의미

아기가 태어나서 자라는 과정을 지켜보는 것만으로도 우리는 인간의 조건에 대해서 많은 것을 알 수 있다. 갓 태어난 아기는 완전히 무력하다. 다른 동물들처럼 스스로 일어서지도, 젖을 찾아서 물지도, 엄마를 알아보지도 못한다. 전적으로 보살펴 주는 사람 없이는 아기는 단 며칠도 생존할 수 없다. 아기를 제대로 먹이고 씻기고 재우기 위해서는 누군가의 헌신적인 보살핌과 사랑이 반드시 필요하다. 이렇게 인간은 처음부터 다른 인간의 도움과 희생을 전제로 해서만 그 생존이 가능한 존

---

1   하이젠베르크(김용준 역), 《부분과 전체》, 지식산업사, 2005, 328면.

재이다.

세상 사물이 눈에 보이기 시작하면서부터 아기는 늘 누군가를 찾고 눈을 맞추고 싶어 한다. 아기는 자기를 보살펴 주는 사람과 정서적 유대를 갖고 싶은 것이다. 자기 의사 표현이 가능해지면서 아기가 생리적인 요구 다음으로 가장 원하는 것은 '밖에 나가자'는 것과 '자기에게 더 관심을 보이라'는 요구일 것이다. 이렇게 새 생명은 미지의 세계를 더 알고 싶고, 사람들 사이에 어엿한 구성원으로 받아들여지고 또 사랑받고 싶어 한다.

인간은 결코 독립적인 존재가 아니다. 人間(사람 사이)이라는 한자어가 보여 주듯이, 인간은 그 탄생부터가 관계(인간 남녀의 만남과 결합)의 산물이며, 그 성장 또한 철저히 인간관계 속에서만 가능하다. 어린 아기에게 꼭 필요한 엄마의 사랑이나 따뜻한 손길이 결핍되면 그 후유증은 아기가 커서도 쉽게 치유되지 않는다. 어린 시절에 경험하는 다정한 손길과 늘 보호받고 있다는 포근한 안도감은 인간이 커서 세상을 신뢰하고 다른 사람과 좋은 관계를 맺는 데 필수적인 정서적 안정감의 원천이 된다. 험한 세상을 살아가는 가운데서도 절대적인 사랑을 받았던 기억을 간직하고 있는 사람은 쉽게 좌절하지 않을 것이다. 이와 같이 인간은 인간관계를 떠나서는 존재할 수 없다. 그는 처음부터 본질적으로 사회적 존재이다.

어떤 학자는 "이 세상에 단 한 사람만이 남는다 하더라도 그가 따라야 할 윤리 혹은 도덕법칙이 있다"고 말했지만, 그것은 보편타당한 윤리의 최종 원칙이 있어야 한다는 점을 강조하려고 했던 것일 뿐, 도덕이나 윤리가 사람이 '더불어' 살아가는 데 필요한 규범 체계임을 부인할 사람은 거의 없을 것이다.[2]

倫理라는 한자어에서 倫자는 '사람 人'과 '뭉치 侖'을 합해서 이루어진 글자로서 인간 집단, 무리, 질서 등을 의미한다. 그리고 理자는 원래 '옥(玉)을 다듬는다'는 뜻을 가지고 있었는데, 나중에 이치, 이법, 도리를 뜻하게 되었다. 그러므로 물리(物理)가 사물의 이치를 다루는 것처럼 윤리(倫理)는 인간관계의 이법, 즉 인간 사회의 도리를 다룬다고 말할 수 있을 것이다. 한편, 道德이라는 한자어에서 道는 '길 또는 사람이 마땅히 행해야 할 도리'를 뜻한다. 또 德은 '얻음(得)'이라는 뜻과 함께 '윤리적 이상을 실현해 나가는 인격적 능력'을 의미한다. 따라서 '도덕'이라는 말의 뜻은 '인간이 마땅히 행할 바 도리를 깨달아 그것을 실천할 수 있는 능력'이라 풀이할 수 있을 것이다. 우리는 이상과 같이 도덕·윤리라는 말의 어원적 탐구를 근거로 하여, 윤리학은 인간의 행위에 대한 도덕적 가치 판단과 규범을 연구하는 학문이라고 말할 수 있다.[3]

과학과 윤리

오늘날 학문의 왕은 단연 과학이다. 오늘날의 세계를 지배하고 있는 패러다임은 서양 근대 문명이며 그 핵심은 바로 과학기술이다. 근대 과학

---

2 '윤리(ethics←ēthos)'와 '도덕(moral←mores, moralis, mos)'은, 특히 서양어의 어원상으로 볼 때 대체로 습관 혹은 풍습의 뜻을 담고 있는데, 엄밀하게 같은 뜻을 지닌 말은 아니다. 그러나 우리의 일상생활에서 이 두 말은 거의 같은 뜻으로 사용되는 경우가 많으며, 학자들조차 그 구별을 크게 문제삼지 않는 경향이 있다. 다만 일반적으로 인간 '사회의 규범'을 의미할 때는 '윤리'라는 표현을 많이 쓰고, 윤리를 존중하는 '개개인의 심성 또는 덕행'을 가리킬 때는 '도덕'이라는 표현을 많이 사용하기도 한다.(김태길,《한국윤리의 재정립》, 철학과현실사, 1995, 12면 참조)

3 진교훈 외,《한국인의 윤리사상》, 율곡사상연구원, 1992, 24~25면 참조.

은 모든 사물을 양적(量的)으로 분석하여 파악하는 수학과, 모든 사태
를 인과관계를 통해 설명하는 경험과학의 합작품이다. 전자는 고대 그
리스 시대부터 발전을 거듭해 온 연역적 추론 방법의 산물이고, 후자는
중세의 아랍 문명을 통해 발전되어 온 경험과 관찰에 입각한 귀납적 추
론 방법의 산물이다. 우리는 흔히 이 두 가지 추론 방법을 가능케 하는
인간의 능력을 이성(理性, reason)이라 한다. 그러므로 이성은 일차적으
로 수학적 계산 능력과 논리적 추론 능력을 가리키는 말로 이해해도 좋
을 것이다. 그렇다면 사회현상을 이해하고 인간관계의 도리를 아는 능
력은 이성이라 할 수 없는가? 이러한 물음에 대해 일부 학자들은 이성
을 좀 더 넓은 의미로 해석하여, 단지 사실을 이해하고 파악하는 이성
능력을 이론이성(theoretical reason) 혹은 사변이성(speculative reason)이
라 부르고, 마땅히 행해야 할 바를 생각할 줄 알고 그것을 스스로의 의
지로 결단할 줄 아는 능력을 실천이성(practical reason)이라 부르기도
한다. 바꾸어 말하자면, 전자는 과학적 진리를 아는 능력이고, 후자는
도덕적 진리를 아는 능력이다. 또한, 전자가 과학적 사실의 세계, 즉 현
상을 다룬다면, 후자는 도덕적 가치의 세계, 즉 당위를 다룬다고 할 수
있다.

　그런데 자연과학이 다른 학문 분야에 비해서 훨씬 성공적일 수 있었
던 원인은 무엇일까? 그것은 아마도 자연과학이 철저하게 사실을 객관
적으로 다루었기 때문일 것이다. 다시 말해서, 자칫 주관적이고 독단적
으로 흐르기 쉬운 도덕적·종교적 가치를 배제함으로써 사실을 더욱
정확하게 파악하고, 이렇게 획득된 지식을 토대로 자연을 개발하여 인
간의 삶을 풍요롭게 만들었기 때문일 것이다. 자연과학의 성공은 곧 다
른 학문 분야에 영향을 미치게 되었다. 자연과학의 방법론이 모든 학문
의 모델이 된 것이다. 그러나 사실에 대한 객관적 인식이나 자연법칙만

을 가지고 우리가 마땅히 행해야 할 바나 도덕법칙을 알아낼 수 있을까?

실제로 서양의 근대 학문은 이렇게 '자연과학화'의 길을 걸어왔다. 이제 학문은 가능한 한 어떠한 규범도 가치도 없는 사실의 세계만을 다루게 되었다. 그러자 처음에는 자연이 가치의 측면에서 '중립화(탈가치화)'되었고, 다음에는 인간도 역시 그렇게 되었다. 인간의 행위를 포함한 세상만사가 자연법칙의 체계와 선행조건들에 의해 결정될 뿐이라고 주장했던 19세기의 기계론적 자연주의와 논리적·경험적 검증을 거치지 않은 어떠한 명제도 단지 무의미할 뿐이라고 주장했던 20세기의 논리실증주의는 이러한 정신을 가장 극적으로 대변한 사조라 할 수 있을 것이다.

논리실증주의자들이 그들 사상의 원조로 생각했던 비트겐슈타인(L. Wittgenstein, 1889~1951)의 말은 과학적 시각에서 바라본 윤리의 운명을 잘 표현해 주고 있다.

세계의 뜻은 세계 밖에 놓여 있지 않으면 안 된다. 세계 속에서 모든 것은 있는 그대로이며, 모든 것은 일어나는 그대로 일어난다. 세계 속에는 가치(價値)가 존재하지 않는다.[4] (…) 그렇기 때문에 윤리학의 명제들도 역시 존재할 수 없다.[5] (…) 윤리학이 말로 표현될 수 없다는 점은 분명하다. 윤리학은 초월적(transzendental)이다.[6]

사람들은 윤리나 종교에 대해 말하거나 글을 쓰고 싶어 하는 경향이 있는

---

4 L. Wittgenstein, *Tractatus logico-philosophicus*, London: Routledge & Kegan Paul, 1961 ; 이영철 역, 《논리·철학 논고》, 天池, 1994, 6.41.
5 같은 책, 6.42.
6 같은 책, 6.421.

데, 내 생각에 이런 모든 시도는 언어의 한계를 넘어서는 것이다. 이러한 우리의 한계를 넘어서려는 시도는 완전히, 절대로 희망 없는 일이다. 윤리학이 삶의 궁극적 의미, 절대적 선, 절대적 가치에 대해 말하고자 하는 소망에서 비롯된 것이라면, 그것은 과학(science)이 될 수 없다. 그것은 어떠한 의미로도 우리의 지식에 보탬이 될 수 없다.[7]

결국 과학적 · 경험적 타당성이라는 조건을 만족시키고자 한다면 윤리학은 당위를 다루는 규범적(normative) 학문이 아니라 사실을 객관적으로 설명하는 기술적(descriptive) 학문이 되어야 할 것이다. 예컨대 인간이나 사회의 도덕 현상을 다루는 심리학이나 사회학 같은 학문이 되어야 할 것이다. 하지만 20세기 초반에 이미 서구 과학기술 문명의 심연을 바라보았던 비트겐슈타인은 다음과 같이 덧붙이고 있다.

그러나 그것은 인간의 의식 속에 있는 어쩔 수 없는 한 경향을 입증하는 것으로서, 나는 그것을 개인적으로 깊이 존경하지 않을 수 없으며 결코 비웃지도 않을 것이다.[8]

그는 또한, "비록 모든 가능한 과학적 물음들이 대답된다 하더라도, 우리는 우리의 삶의 문제들이 여전히 조금도 건드려지지 않은 채로 있다고 느낀다"[9]고 말하고 있다. 우리가 잘 알다시피, 과학은 주로 사물

---

7   L. Wittgenstein, "Vortrag über Ethik," in: *Wittgenstein Vortrag über Ethik und andere kleine Schriften*, hrsg. von J. Schulte, Frankfurt a. M.: Suhrkamp, 1991, 18면 이하.

8   같은 책, 19면.

9   L. Wittgenstein, 《논리 · 철학 논고》, 6.52.

이나 현상이 '어떻게' 있는지, '어떻게' 일어나는지를 물으며, 가설에 입각해서 항상 조심스럽게 설명과 분석을 가한다. 다시 말해서 그 인과 관계를 밝히고자 한다. 그것은 어떤 것이 '왜' 있는지, '왜' 일어나는 지에 대한 최초의 원인이나 최종적인 목적은 묻지 않는다. 왜냐하면, 이런 것은 '과학적으로' 대답될 수 없는 물음이기 때문이다. 아마 이러한 물음에 대해 누군가가 과학적인 답변을 시도한다고 해도 그것은 '무의미한' 말이 되고 말 것이다. 그러나 인간은 결국 이 모든 것들의 의미를 묻게 된다. 과학의 눈으로 볼 때 이것이 무의미한 물음이라 하더라도 우리가 이러한 물음을 그만둘 수 없다면, 그것은 인간에게 참으로 중요한 어떤 것이라 하지 않을 수 없다. 즉, 그것은 비트겐슈타인이 말한 바와 같이 우리들의 삶의 형식(Lebensform)[10]의 하나가 아닐 수 없다.

"말할 수 없는 것에 관해서는 침묵해야 한다"[11]라는 그의 유명한 말은 한때 논리실증주의자들에 의해 '윤리나 종교 등의 형이상학적 문제에 대해서는 더 이상 논하지 말라거나, 그러한 문제는 학문적으로 다루어질 수 없다'는 의미로 해석된 바 있다. 그러나 이것은, 보어(Niels Bohr, 1885~1962, 노벨 물리학상 수상자)의 다음과 같은 지적을 통해 알 수 있듯이, 우리가 결코 만족할 수 없는 해석이다.

실증주의자들은 이러한 경우 세계에 대하여 분명하게 말할 수 있는 부분이 있고 침묵을 지켜야 할 부분이 있다는 식의, 간단하게 해결하는 방법을 하나 가지고 있다. 따라서 그들은 이러한 경우에 침묵을 지켜야 할 것이다. 허나

---

10   L. Wittgenstein(이영철 역),《철학적 탐구》, 서광사, 1994, 336면.
11   L. Wittgenstein,《논리 · 철학 논고》, 7.

이보다 더 무의미한 철학이 또 어디 있을까. [내가 무의미하다고 말하는] 까
닭은 [이 경우] 사람들에게 어느 하나도 완전히 뚜렷하게 말할 수 있는 것이
없기 때문이다. 모든 불분명한 것을 제거해 버린다면 아무 흥미도 없는 동어
반복만이 남게 될 것이다.[12]

그러므로 우리는 비트겐슈타인의 위의 언급을 좀 더 적극적으로 해
석해 볼 필요가 있다. 그의 '침묵하라'는 표현은 참으로 중요한 문제
영역을 지키기 위한 하나의 역설적 표현으로서, 그러한 영역을 다루기
에 적절하지 않은 잘못된 접근법을 사용하지 말라는 경고라고 말이다.
즉, 그것은 과학적 지성을 통해 접근할 수 있는 영역과 그것을 통해서
는 적절히 해명될 수 없는 영역이 분명히 구분되는데도 전자의 방법을
가지고 후자의 영역에 덤벼들 경우 그 본래적 의미가 훼손되고 만다는
점을 말하고자 했다는 것이다. 사실 비트겐슈타인은 대양과 섬이 있는
그림을 그리고, 우리에게 그 섬의 해안선, 즉 경계를 분명히 보여 주고
자 했다. 그리고 그렇게 함으로써 그는 간접적으로 대양을 규정하고자
했다. 다시 말해서 그는 "말할 수 있는 것을 분명하게 제시함으로써,
말할 수 없는 것을 나타내려"[13] 했던 것이다. 이는 칸트가 그의 《순수이
성비판》 서문에서 "나는 [도덕적] 신앙에 자리를 내어 주기 위해서 [과
학적] 지식을 제한하지 않을 수 없었다"[14]라고 말했던 취지와 비슷하
다. 칸트는 (과학적 지성을 통해) "좌우간 말해질 수 있는 것은 명료하게

---

12   하이젠베르크(김용준 역), 《부분과 전체》, 327면 이하.

13   L. Wittgenstein, 《논리 · 철학 논고》, 4.115.

14   칸트, 《순수이성비판》, B XXXI. [이하 칸트 책의 인용은 "*Werke in zehn Bän-
den*, hrsg. von W. Weischedel, Darmstadt: Wissenschaftliche Buchgesellschaft,
1983"에 의거하였으며, 초판본의 쪽수만을 표기한다.]

말해질 수 있다"[15]는 것을 보여 주되, (과학적 지성을 통해) 말해질 수 없는 것을 (과학적 지성을 통해) 말하고자 하면 필연적으로 잘못된 추론에 빠지거나 상호 모순되는 결론에 이르게 됨을 보여 주고자 했던 것이다. 그렇지만 칸트나 비트겐슈타인은 이 '말해질 수 없는 것'에 대해 실제로 침묵하지는 않았다. 왜냐하면 이것이야말로 그들의 진정한 관심사였기 때문이다. 그들은 단지 '잘못된 방법으로' 말하지 않으려 했던 것뿐이다.

그렇다면 '윤리'를 논하는 방법은 이런 소극적인 방법밖에 없는 것일까? 그것은 돈오(頓悟)를 중시하며 불립문자(不立文字)[16]를 선언했던 선불교의 선사(禪師)들의 방법이나, "나를 이해하는 사람은, 만일 그가 나의 명제들에 의하여 — 나의 명제들을 딛고서 — 나의 명제들을 넘어 올라간다면, 그는 결국 나의 명제들을 무의미한 것으로 인식한다. (그는 말하자면 사다리를 딛고 올라간 후에는 그 사다리를 던져 버려야 한다.) 그는 이 명제들을 극복해야 한다. 그러면 그는 세계를 올바로 본다"[17]라고 선언하였던 비트겐슈타인식의 계몽, 또는 성급하게 진리를 가르치려 시도하기보다 거듭된 반문을 통하여 사람들로 하여금 스스로의 무지를 깨닫도록 하였던 소크라테스식 방법밖에는 없는가? 그렇다. 도덕의 본질, 즉 도덕의 최고 원리를 문제삼을 경우, 그러한 방법밖에는 없

---

15 L. Wittgenstein, 《논리 · 철학 논고》, 머리말.

16 不立文字란 '진리는 말이나 글자로는 도저히 표현할 수 없다'는 의미로서, 敎外別傳(진리란 경전에서는 찾아볼 수 없고 따로 마음과 마음을 통해서만 전해진다), 直指人心(사람의 마음을 직접적으로 가리킨다), 見性成佛(우리의 표층적인 마음을 비우고 본래의 마음자리를 보면 바로 그 자리에서 부처가 된다)과 더불어 선불교의 네 가지 표어 중 하나이다. 다시 말해서, 진리를 알기 위해서는 문자에 집착해서는 안 된다는 것, 문자란 진리를 표현하는 방편에 불과하다는 점을 강조한 것이다.

17 L. Wittgenstein, 《논리 · 철학 논고》, 6.54.

을 것이다.

윤리의 두 가지 차원

위와 같이 윤리의 최종적 근거를 묻는 형이상학적 담론 이외에, 우리는
또한 현실적인 삶 속에서의 윤리를 논하지 않을 수 없다. 가까운 실생
활에서, 학교의 정규 교과목에서, 또 정부기관이나 공공단체의 각종
'윤리위원회' 등의 명칭에서 우리는 '윤리' 라는 말을 쉽게 접할 수 있
다. 그만큼 윤리는 우리에게 친숙한 개념이다. 사실 도덕 · 윤리는 우리
가 날마다 대하는 다양한 현상들 속에 숨어 있다. 사람들이 모여 사는
곳에서는 어디서나 도덕 · 윤리라는 것이 있고, 그것은 일종의 필요악
으로서, 그것이 없다면 사람들은 자신들이 원하는 것을 이루기가 더 어
렵고 불편해질 수밖에 없다. 이해관계의 충돌로 끊임없이 갈등이 생겨
날 것이기 때문이다. 그래서 그것은 자연적으로 생성되거나, 규약에 의
해 합의되고, 또 일부는 전통에 의해 전수되고, 상호 승인과정을 거쳐
서 출현한 모든 질서와 규칙 체계들을 포괄하는 개념이다.

> 인간이 사는 곳에 도덕적 규범이 존재하지 않는 곳은 없고, 그러한 도덕적
> 규범을 부단히 가르치고 강요하지 않는 경우는 찾아볼 수 없다. 인간은 사회
> 속에서만 인간으로서 살아갈 수 있고, 사회 안의 인간들 간의 이해관계는 불
> 가피하게 갈등을 일으키고, 사회가 유지되기 위해서는 질서가 서야 하고, 질
> 서가 잡히기 위해서는 인간들 간의 갈등을 없애야 하고, 그런 갈등을 없애기
> 위해서는 인간관계를 규정하는 여러 가지 행동 규범이 불가피하다. '도덕'
> 은 그렇게 사회가 필요로 하는 핵심적 규범 중의 하나이다.[18]

여기서 우리는 도덕 · 윤리의 개념을 이해하는 두 가지 방식을 살펴볼 필요가 있다. 그 하나는 어떤 특정 질서 혹은 제도로서의 도덕 · 윤리(영: moral/독: Sitte)이고, 다른 하나는 그러한 질서나 제도의 밑바탕에 놓여 있는 기본 정신 혹은 원리로서의 도덕 · 윤리, 즉 좀 더 엄밀하게 말하자면 도덕성(영: morality/독: Sittlichkeit)이다. 전자가 일정한 시대와 장소에서 구체적 질서나 규범으로 표출되는 특정 사회 도덕(group moral)을 의미한다면, 후자는 다양한 특정 사회 도덕들의 밑바탕에 놓여 있는 어떤 공통된 정신, 즉 도덕의 기본 원리를 의미한다.[19] 일반적으로 사회과학이 주로 전자의 입장에서, 즉 개개인의 이익, 행복, 사회 공동체의 질서 유지와 발전을 위한 필요라는 차원에서 — 법에 비유하자면 실정법적 차원에서 — 도덕 · 윤리를 다룬다면, 윤리학은 전자(특수성)를 늘 후자(보편성)에 비추어 보아 반성적 통찰을 함으로써 전자가 나아가야 할 방향을 지시한다는 차원에서 — 법에 비유하자면 자연법적 차원에서 — 도덕 · 윤리를 다룬다고 말할 수 있다.

그러므로 윤리를 다루는 방식에는 두 가지 오류가 있을 수 있다. 그 한 가지는 단지 도덕의 현상에만 주목하고 도덕성의 원리는 고려하지 않는 것으로서, 이는 자칫 도덕 상대주의에 빠지게 된다. 이러한 태도는 단지 변화하는 것, 즉 시대와 장소에 따라 변화하는 규범 유형만을 다루기 때문에, 여기에는 의미 기반을 정초하는 확고부동한 좌표 체계가 결여되기 쉽다. 이러한 방식으로 다루어지는 윤리는 주로 기술적(記述的) 진술의 차원에 머물게 된다. 나머지 한 가지는 전적으로 도덕성의 원리에만 주목하고 구체적인 도덕 현상들을 도외시하는 접근법으로서,

---

18   박이문, 《〈논어〉의 논리》, 문학과지성사, 2005, 129면.

19   A. Pieper(진교훈 · 유지한 역), 《현대윤리학 입문》, 철학과현실사, 1999, 30~34면 참조.

이는 자칫 현실과 동떨어진 추상적이고 사변적인 차원의 윤리에 그치기 쉽다. 이러한 윤리학은 주로 형이상학적인 규범적 명제만을 제시함으로써, 항상 감성적 본성 및 역사적·사회적 제약에서 벗어날 수 없는 인간의 실존적 모습을 간과할 수 있다. 그러므로 '원리가 없는 도덕'은 방향을 상실하기 쉽고, '도덕이 없는 원리'는 관념의 유희일 뿐이다. 따라서 제도로서의 도덕과 원리로서의 도덕(성)은 서로 떨어질 수 없는 윤리학의 한 몸을 이룬다.[20]

이상 언급된 것을 참고로, 우리는 윤리학을 두 가지로 나누어 접근할 수 있겠다. 그 하나는 이론 윤리학(theoretical ethics) 혹은 도덕형이상학(metaphysics of morals)이고, 다른 하나는 실천 윤리학(practical ethics) 혹은 응용 윤리학(applied ethics)이다. 사회 제도의 윤리적 측면을 검토하는 이른바 사회 윤리(social ethics)라는 것도 이 후자의 영역에 속한다.[21]

---

20 같은 책, 66~67면 참조.
21 현재 여기서 언급하고 있는 윤리학을 흔히 '철학적 윤리학'이라고도 한다. 이것은 특히 유럽권에서 현대 윤리학이 그 이전의 '신학적 윤리학'과 자신을 구분하기 위해서 사용했던 명칭이다. 윤리학은 우선 크게 규범 윤리학(normative ethics)과 메타 윤리학(meta ethics)으로 나뉜다. 메타 윤리학은 윤리적 언어의 의미나 타당성을 언어분석적 맥락에서 검토하는 것으로서, 분석 윤리학이라 부르기도 한다. 우리가 그냥 윤리학이라 할 때, 그것은 대개 규범 윤리학을 의미한다. 이론 윤리학에서 다루는 윤리 이론의 예로서는 의무론적 윤리, 공리주의 윤리, 덕 윤리 등이 있고, 실천 윤리학에서 다루는 윤리들로서는 환경 윤리, 생명의료 윤리, 성 윤리, 기업 윤리, 정보통신 윤리 등이 있다.

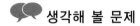 생각해 볼 문제

1 다음 글은 인간의 본성〔人性〕을 어떻게 규정하고 있는가?

일반적으로 동양 사상의 특징으로서 인간주의라고 하는 경우 그것은 그 사회가 지향하는 가치가 인문적 가치라는 사실을 의미합니다. 인성(人性)의 고양을 최고의 가치로 설정하고 있는 사회라는 의미로 받아들여야 합니다. 성인(聖人)이 되는 것이 최고의 목표이고 모든 사람은 성인이 될 수 있는 것으로 인간을 이해하고 있습니다. (…)

인간주의적 관점에서 규정하는 인성이란 한 개인이 맺고 있는 여러 층위의 인간관계에 의하여 구성됩니다. 인성은 개인이 자기의 개체 속에 쌓아 놓은 어떤 능력, 즉 배타적으로 자신을 높여 나가는 어떤 능력을 의미하는 것이 아닙니다. 인성이란 다른 사람과의 관계에서 이루어지는 것이지요. 《논어》에 '덕불고德不孤 필유린必有隣'이란 글귀가 있습니다. "덕은 외롭지 않다, 반드시 이웃이 있다"는 뜻입니다. 덕성이 곧 인성입니다. 인간이란 존재 자체를 인간관계라는 관계성의 실체로 보는 것이지요. 인간은 기본적으로 사회적 인간입니다. 이 사회성이 바로 인성의 중심 내용이 되는 것이지요.[22]

2 다음 글은 '과학기술이 발달했다고 해서 인간이 예전보다 더 행복해진 것은 아니다'라고 말하고 있다. 그 이유는 무엇이며, 그것을 극복할 수 있는 길은 무엇인지 생각해 보자.

---

22   신영복, 《강의, 나의 동양고전 독법》, 돌베개, 2004, 40~41면.

현대인들은 '종교는 죽었다'고 말한다. 속도와 테크놀로지가 지배하는 현대사회에서, 그리고 인간복제까지 논의되는 마당에 종교는 고리타분한 이야기가 될지도 모른다. 신과 진리를 숭배하기에는 이 세상에 숭배할 것들이 너무 많아졌다. 물론 과학기술의 발전이 나쁘다는 이야기가 아니다. 그것이 가져다준 인간생활의 획기적 변화는 아무리 강조해도 지나치지 않다.

그러나 테크놀로지와 과학에는 '영혼'이 빠져 있다. 한번 상상해 보자. 이 세계를 모두 과학과 테크놀로지로만 가득 채우게 될 때, 과연 우리의 삶은 어떻게 될까? MP3, 노트북 컴퓨터, 게임기, 휴대폰으로 무장(?)하고 서울 명동과 신촌, 압구정동, 신사동을 걷고 있는 수많은 젊은이들을 살펴보자. 그들은 그 안에서 철저히 자기만의 공간을 향유하고 있는 것처럼 보이지만 그렇다고 해서 그들의 삶이 이전 부모 세대들의 삶보다 발전되고 행복해졌는가? 어쩌면 부모 세대들보다 더 큰 소외와 외로움을 느끼고 있을지도 모른다.

과학의 발전으로 우리는 유익한 생활도구를 얻고 보다 편리한 삶을 추구하게 되었지만 그것만으로는 뭔가 채워지지 않는 것이 있다. 프랑스의 위대한 철학자 장 프랑수아 르벨은 "과학은 행복을 추구하고 있는 우리들 각자의 '마음'에 닿는 이야기는 해 주지 않는다."고 했다. 내 생각에는 여기서 한 걸음 더 나아가 과학이 인간의 의문들에 대해 해답을 주지 않을 뿐만 아니라 오히려 우리를 더욱 냉정하게 하고 서로를 더 소외시키고 있는 것 같다. 과학이야말로 우리가 당면한 모든 문제를 해결해 줄 도깨비 방망이라고 믿는다면 그것은 큰 오산이다. 이미 과학에 대한 맹신이 빚은 뒤틀림 현상은 세계 곳곳, 특히 서구사회에서 속속 나타나고 있다.

서구의 역사는 과학 발전의 역사다. 좀 더 나은 것, 좀 더 편리한 것, 좀 더 빠른 것을 위해 오직 앞으로 나아갔다. 끝도 없는 전진을 하다 어느 순간 '왜? 무엇을 위해?'라는 질문 앞에 당혹스러워하고 있는 것이다.

과학은 선도 악도 아니다. 그리고 과학이 우리 삶의 행복을 보장하는 어떤 방향을 제시해 주는 것은 더더욱 아니다. 과학은 그저 밥 먹을 때 쓰는 젓가락이나 숟가락, 혹은 자동차 같은 '도구' 일 뿐이다.

과학을 제대로 이해하고 과학이 주는 유익성과 해악성을 분명하게 알기 위해서는 우선 과학을 사용하는 '우리 자신' 에 대해 제대로 알아야 한다. 우리가 만일 진정한 우리의 실체를 알 수 없다면 그 어떤 것도 우리를 도울 수 없다. 우리 자신을 제대로 이해할 때 참된 자유를 얻게 되는 것이며, 그리고 그 자유를 나와 더불어 살고 있는 다른 사람을 위해 어떻게 사용해야 하는지 해답이 나오는 것이다.[23]

3 우리는 TV에서 사자가 얼룩말을 잡아먹는 장면을 보면서 아무런 도덕적 분노를 느끼지 않는다. 그런데 인간의 세계에서 일어나는 약육강식에 대해서는 흔히 부당한 또는 부도덕한 일이라고 비판한다. 그 이유는 무엇인가?

---

23 현각, 《만행 — 하버드에서 화계사까지》 (2권), 열림원, 1999, 179~180면.

제 1 부

제1장

상대주의

　"도덕은 상대적이라고 생각해. 내가 지난번에 스웨덴 여행을 했는데, 그곳에서 대중교통을 이용하면서 노인들에게 자리를 양보하는 젊은이를 도무지 발견할 수 없었어. 그리고 노인들도 결코 바라지도 않더라고. 오히려 처음에 멋모르고 도와주려 했던 내가 이상한 사람으로 몰렸다니까. '여기선 우리의 상식적 도덕규범이 통하지 않는구나' 하고 생각했지. 그러니까 도덕은 시대와 장소에 따라 상대적인 것이라고 보아야 해."

　"그건 도덕의 상대성이 아니라 문화의 상대성이야. 문화는 시대와 장소에 따라 다르게 나타날 수 있는 가변적인 것이지만, 그 안에 담긴 도덕 원칙은 다르지 않아. 스웨덴이나 우리나라나 노약자를 배려해야 한다는 도덕 원칙은 동일한데, 우리나라에서는 노인들을 직접 도와드리는 모습으로, 스웨덴에서는 그분들의 자립심을 보장하는 형태로 나타난 것일 뿐이지."

사회적 차원의 상대주의와 개인적 차원의 상대주의

오늘날 이미 계몽을 경험하고 과학적 사고에 익숙한 현대인에게 어떤 특정한 가치 체계의 보편타당성을 받아들이라고 설득하기는 힘들 것이다. 윤리적 규범 체계가 광범위하게 문화 상대적이라는 사실은 이제 하나의 상식이 되다시피 했다. 도덕규범이 이렇게 시대와 장소에 따라서 달라질 수 있는 것이라면, 어떤 특정한 도덕규범의 보편타당성을 주장하는 것은 독단에 불과할 것이다. 그렇다면 이제 우리는 도덕적인 선/악, 도덕적인 옳고/그름에 대해서도 말할 수 없는 것이 아닐까? 아니, 저마다 자기 나름대로 선과 악에 대한 판단을 내릴 수야 있겠지만 어떤 절대적인 의미에서 선과 악을 논하는 것은 더 이상 의미가 없는 일이라고 해야 하지 않을까?

이와 같은 견해의 배후에 놓여 있는 생각은 다음과 같다.

경험적으로 살펴보건대 사회적 관습이란 것은 시대와 장소에 따라서 천차만별한 모습을 보이고 있다. 이러한 현상을 처음으로 발견했을 때 사람들은 각기 자기가 속한 사회의 관습을 기준으로 다른 사회를 바라보았기 때문에 다른 사회의 관습이 자기들의 관습보다 열등하다고 생각하는 경향이 있었다. 그러나 점차 교류가 빈번해지고 보다 넓은 시야를 가지게 되자 사람들은 그것이 자신들의 편견임을 알게 되었고, 그리하여 다른 사회의 관습에 대해서 보다 너그러운 태도를 가지게 되었다. 이른바 문화의 상대성을 인식함으로써 타자의 다름에 대해서 관용의 자세를 가지게 된 것이다. 이것은 인류 문화의 진보이자 계몽의 한 과정이다. 도덕규범 또한 문화의 한 부분이다. 따라서 도덕의 영역에서도 시대와 장소를 초월한 어떤 보편적이고 절대적인 가치를 인정할 수 없으며 또 인정해서도 안 된다. 그리고 이러한 관점은 사회적 차원뿐만 아니라 개인적 차원에도 적용될 수 있다. 모든 사람은 각기 다른 모습과 자질을 가지고 태어날 뿐만 아니라 서로 다른 환경에서 자라나기 때문에 저마다 다른 신념과 가치를 가지게 된다. 따라서 누구도 자기의 신념이나 가치를 기준으로 다른 사람을 판단해서는 안 되며 또 자기의 신념이나 가치를 남에게 강요해서도 안 된다.

이상이 대체로 위와 같은 문제의식을 가지고 있는 사람의 생각일 것이다. 이러한 생각에 혹시 어떤 허점은 없을까? 우리는 이를 두 가지 차원에서 검토할 수 있을 것이다.

우선 사회적 차원의 문제, 이른바 관례적 윤리적 상대주의(conventional ethical relativism) 혹은 관례주의(conventionalism)라 칭하는 문제부터 살펴보자. 만일 우리가 어떤 특정한 사회의 관습에 대해 현재 우리 사회가 신봉하는 관습과 비교함으로써 그것의 문제점이나 잘잘못을 논할 수 없다면, 노예제도나 인종차별정책에 대해서도 우리는 아무런 말도 할 수 없는가? 또 인신매매나 나치의 유태인 학살 등에 대해서도 도덕적 판단을 내릴 수 없는가?

다음으로 개인적 차원의 문제, 이른바 주관적 윤리적 상대주의(subjective ethical relativism) 혹은 주관주의(subjectivism)의 문제를 살펴보자. 모든 사람은 각기 자기 나름대로의 가치 기준을 가지고 있고, 그것은 그 자체로 존중되어야 할 뿐 거기에 대해 타인이 함부로 간섭할 수 없는 것이라면, 이러한 자기 기준에 의해 남을 모욕하거나 남에게 해를 입히는 행위에 대해서도 우리는 아무 말도 할 수 없는가? 다음의 예를 보자.

허리 근육에 이상이 생겨, 의사로부터 자주 허리 운동을 하라는 권고를 받은 사람이 있다. 그는 의사의 충고를 잘 따랐고, 그 결과 수시로 허리를 좌우로 흔드는 습관을 가지게 되었다. 어느 날 출근길 지하철에서 생긴 일이다.

"왜 우리를 툭툭 치시오?"

"아, 저는 여러분들을 치려는 것이 아니라 단지 내 허리 근육을 풀어 주려는 것뿐이오. 요즘 내게 그럴 사정이 있으니 다소 아프더라도 이해해 주시오."

자기 자신의 아집과 독단을 버리고 타자의 '다름'을 이해하고 인정하자는 좋은 뜻에서 시작한 생각이 어떻게 해서 우리의 상식에 위배되는 이런 추론에까지 이르게 된 것일까?

상대주의와 자기중심주의

위의 논변을 주의 깊게 살펴볼 때, 우리는 거기에서 상반된 두 가지 어법을 찾아볼 수 있다. 그중 하나는 '내가(내가 속한 집단이) 하고 싶은 대로 할 테니 간섭하지 마라'는 것이다. 이러한 주장은 타인들에게 자기의 특수성을 인정하라고 요구한다. 다시 말해서 타자에게 관용적 태도를 요구한다. 그런데 이러한 요구는 주로 타자를 향해 있다. 타자를 이해하고 배려해야 할 자기 자신의 책임에 대해서는 관심이 없다. 이때 그가 말하는 관용의 덕은 타인이 자기에게 베풀어야 할 덕이지 자기가 타인에게 베풀어야 할 덕이 아니다. 그래서 자기의 행동이 다른 사람에게 미치는 결과가 문제될 때에는 상대주의나 관용을 강조하는 반면, 다른 사람의 행동이 자기에게 미치는 결과가 문제될 때에는 오히려 개개인의 권리를 내세운다. 상대주의는 이렇게 자기 입장이나 자기중심적 독단을 합리화하는 논변으로 사용되는 경우가 많다. 다음의 예를 보자.

어느 한적한 시골길을 달리고 있는 시외버스 안이다. 대중가요를 크게 틀어 놓고 있는 운전기사에게 한 승객이 말했다.

"제발 음악을 끄거나 좀 줄여 주시오. 당신과 다른 취향을 가진 사람 생각도 좀 해 주어야 할 것 아니오."

이에 운전기사가 답했다.

"그렇소. 나는 당신과 다른 취향을 가지고 있소. 그러니 당신도 당신과 다른 취향을 가진 (나 같은) 사람에 대해 관용적이어야 하지 않겠소?"

위의 갈등 사례는 서로의 취향과 입장이 달라서 생긴 일인가? 위 두 사람의 상반된 입장은 과연 정당한 권리끼리의 대립인가? 이해를 돕기 위해 좀 더 분명한 예를 들어 보자.

매우 특이한 취향을 가진 어떤 사람이 있다. 그는 자기가 보기에 아주 혐오스런 얼굴 유형을 가진 사람을 만나면 그의 얼굴을 한 대 때리지 않고는 견딜 수 없다. 그래서 그는 사람들에게 말한다.

'내 특이한 취향을 좀 이해해 달라!' [1]

상대주의를 표방하는 이러한 태도의 밑바탕에는 실은 극도의 자기중심주의가 놓여 있다. 이와 같이 자기중심적 동기에서 상대주의를 내세우는 태도가 함축하는 최종적 결과는 무엇일까? 그것은 자기모순에 빠지거나 또는 약육강식의 무정부상태를 초래할 뿐이다.

우선 이러한 주장이 왜 자기 모순을 낳는지 살펴보자. 만약 어떤 상

---

[1] 자기중심적 입장에서 권리를 내세우는 사람들의 특징은 모든 권리가 마치 동등한 것처럼 말하는 것이다. 그러나 엄밀히 말해 '조용히 있고 싶은 사람 앞에서 시끄러운 소리를 내거나, 함부로 사람을 때리는 것'은 자유도 권리도 아니다. 그것은 자유와 권리라는 말의 오용이다. 권리란 모든 인간에게 있어서 부당하게 침해되어서는 안 될 기본적 자유를 보호하기 위해서 사용되는 말이지, 인간의 자의(恣意)를 합리화하기 위해서 사용되는 말이 아니기 때문이다. 또 그러한 사람들이 내세우는 권리(사실은 월권)조차 존중해 주는 것이 관용은 아니다. 그것 역시 관용의 의미를 오해하는 것이다.

대주의자가 '모든 진리(가치)는 상대적이다. 따라서 절대적으로 옳거
나 보편타당한 진리(가치)란 존재하지 않는다' 라는 생각을 가지고 있
다고 하자. 그는 이러한 자기 생각을 다른 사람들에게 말하거나 주장할
수 있을까? 모든 진리가 상대적이라는 그의 주장은 다른 사람의 말에
는 적용되고 자기 자신의 말에는 적용되지 않는가? 만약 그가 주장하
는 내용이 자기 자신의 말에도 적용되는 것이라면, 그는 이것을 굳이
남에게 들으라고 말할 필요가 없다. 모든 진리는 상대적이므로 각자는
자기 생각을 남에게 설득할 필요 없이 묵묵히 자기 자신의 길을 가면
되기 때문이다. 그런데 모든 진리는 상대적으로 옳을 뿐이지만 '모든
진리가 상대적' 이라는 그 주장만은 절대적으로 옳은가? 그래서 그것
만은 예외적으로 모든 사람이 인정해야 하는 진리인가? 이러한 논변이
모순이라는 것은 분명해 보인다. '모든' 이라고 해 놓고 다시 예외를 인
정하는 것은 논리적으로 모순이기 때문이다.[2]

위의 상대주의의 입장이 논리적 일관성을 유지하려 한다면, 이는 결
국 '모든 사람은 서로 간섭할 필요 없이 또 남과 논쟁할 필요 없이 각
자 자기 소신대로 살면 된다' 는 입장을 취할 수밖에 없다. 서로 간에
이해관계의 충돌이나 갈등이 생기지 않는다면 말이다. 그런데 상호 간

---

2 이것은 논리학에서 '거짓말쟁이의 역리(Liar' s Paradox)' 라고 부르는 것과의 유비
를 통해 쉽게 이해할 수 있다. 거짓말쟁이의 역리란 '무엇인가를 주장하는 사람은 참을
말하려고 해야 하며, 그렇지 않을 경우 그는 자기의 주장을 통해서 이루려고 하는 목표
를 달성할 수 없다' 는 것을 가리킨다. 신약성서 디도서 1:12에 의하면, 그레데의 선지
자 에피메니데스(Epimenides)가 다음과 같이 주장하였다. "모든 그레데 사람들은 언
제나 거짓말쟁이고 몹쓸 짐승이고 먹는 것밖에 모르는 게으름뱅이다." 그런데 이
주장을 한 당사자인 선지자가 그레데인이기 때문에, 만일 그가 한 말대로 모든 그레데
인들이 항상 거짓말을 한다면, 모든 그레데인들이 항상 거짓말을 한다는 그의 말이 거
짓말이 되는 것이다. 따라서 선지자는 자신의 주장을 통해서 이루려고 하는 목표를 달
성하지 못하게 된다.(김광수,《논리와 비판적 사고》, 철학과현실사, 1999, 37면)

에 갈등이 생길 경우에는 어려운 문제가 생긴다. 이러한 갈등이 논쟁이나 설득, 또는 어떤 상위의 보편적 척도에 호소함으로써 해결될 길이없기 때문이다. 그것은 결국 자기 자신의 의지(또는 이익)를 관철하는강자의 물리적 힘을 통해서만 해결될 것이다. 어느 연쇄살인범이 그의희생자에게 건넨 다음과 같은 말은 주관적 상대주의가 얼마나 어처구니없는 자기정당화의 논변으로 흐를 수 있는지를 보여 준다.

나의 사랑스러운 아가씨, 내 당신에게 분명히 말하지만, 내가 햄을 먹음으로써 얻을 수 있는 쾌락과 내가 당신을 강간하고 죽임으로써 기대하는 쾌락 사이에는 절대적으로 그 어떤 차이도 없다오. 이것은 내가 받은 교육에 따라내가 이끌어 낸 가장 정직한 결론이오. 나의 자발적이고 구애받지 않는 자아가 가장 양심적으로 따져 본 끝에 말이오.[3]

"여우와 토끼는 올바른 삶에 대해 서로 논쟁하지 않는다. 그들은 각자 자기 자신의 길을 가거나, 아니면 하나가 다른 하나를 잡아먹을 뿐이다."[4] 하지만 우리 인간들은 물론 이러한 사회를 지향하지 않는다. 그렇다면 우리는 어떤 방식으로 사람들 사이의 갈등을 해결하는가, 아니 해결해야 하는가?

---

3 포이만·피저(박찬구·류지한·조현아·김상돈 역), 《윤리학: 옳고 그름의 발견》, 울력, 2010, 49면에서 재인용.
4 슈페만(박찬구·류지한 역), 《도덕과 윤리에 관한 철학적 사유》, 철학과현실사, 2001, 34면.

상대주의와 진정한 관용

이제 상대주의 논변이 함축하고 있는 나머지 하나의 어법에 대해 살펴
보자. 이것은 첫 번째 어법과 마찬가지로 나와 남이 가진 차이를 인정
하되, 자기중심적인 입장에서 상대방에게 관용을 요구하는 것이 아니
라, 오히려 상대방의 입장을 이해하기 위해 자기 스스로에게 관용의 덕
을 요구하는 것이다. 이것은 자기중심적인 관점을 벗어나 자기와 타인
을 동등하게 바라보는 어떤 보편적인 관점을 함축하고 있는 태도이다.
또한 이것은 일종의 자기 희생을 함축하고 있는 태도이기도 하다. 왜냐
하면 보편적인 관점에 선다는 것은 자기중심적 입장(자기 이익)을 포기
한다는 것을 의미하기 때문이다. 이렇게 자기와 타인의 입장을 동등하
게 생각한다는 것은 또한 모든 인간의 존엄에 대한 신념을 전제하고 있
는 태도이기도 하다. 이것은 곧 하나의 절대적인 도덕적 가치에 대한 신
념을 의미한다고 할 수 있다. 그렇다면, 문화의 상대성을 인정하고 그
것을 자신의 언행을 통해 실천하는 사람은 어떤 의미에서 절대적인 도
덕적 가치에 대한 신념을 가지고 있는 것이라 볼 수 있다. 여기서 우리
는 제대로 이해된 문화 상대주의는 가치 상대주의[5]나 윤리적 회의주의
로 귀결되는 것이 아니라, 오히려 절대적인 도덕적 가치를 함축한다는
것을 알 수 있다.

원래 윤리적 상대주의는, 서로 다른 욕구와 가치들이 존재하고 그것
들 사이에 갈등이 빚어질 때, 그러한 갈등을 해결할 수 있는 하나의 공
통적인 평가 척도를 찾기 힘들다는 데서 등장한 것이다. 다시 말해서

---

5   여기서 '가치 상대주의'라 할 때의 가치는 '도덕적' 가치를 의미한다. 다시 말해서
'경제적' 가치 등 어떤 다른 목적을 달성하기 위한 수단적이거나 효용적인 가치를 의미
하는 것이 아니다.

그러한 기준에 대한 합의가 불가능하다는 관찰에서 나온 주장이다. 그러나 위에서 살펴본 바와 같이, 실제로 사람들이 완전한 상대성에 입각한 약육강식의 사회를 추구하지는 않는다. 오히려 무엇이 더 선하고 무엇이 더 옳은지 끊임없이 논쟁한다. 이 사실은 무엇을 의미하는가? 우리가 어떤 사안을 놓고 그 옳고 그름에 대해 서로 논쟁한다는 것은 우리의 의견 차이를 해소할 수 있는 어떤 방법에 대한 최소한의 기대가 함축되어 있는 태도이다. 즉, 양자 사이에 공통의(혹은 상위의) 기준을 발견할 가능성이 전제되어 있는 태도이다. 만약 그런 기대가 전혀 없다면 상호 논쟁도 성립하지 않을 것이기 때문이다. 일반적인 대화의 경우도 마찬가지이다. 우리가 누군가와 대화를 나눈다는 것은 내가 상대방을 이해할 수 있고 또 상대방이 나를 이해해 줄 것이라는 기대가 내포되어 있는 태도이다. 만약 그러한 기대가 전혀 없다면, 대화를 나눌 필요도 없을 것이다. 그래서 우리가 다른 동물을 대하는 태도와 인간을 대하는 태도 사이에는 얼마간 차이가 있을 수밖에 없다. 인간은 약육강식의 사회 속에서 결코 만족할 수 없는 존재이다. 그는 자연 세계에 속한 존재일 뿐만 아니라 동시에 도덕 세계에도 속한 존재이기 때문이다. 영국의 윤리학자 버틀러(J. Butler)는 이러한 측면을 다음과 같이 표현하고 있다.

인간이 도덕의 지배 아래 살 수 있는 이유는, 그에게 도덕적 본성과 도덕적으로 인식하고 행위하는 능력이 갖추어져 있기 때문이다. (…) 우리는 자연스럽게 또 불가피하게, 특수한 관점에서 어떤 행위는 유덕하고 당연한 것으로 여겨 인정하고, 어떤 행위는 악하고 온당치 못한 것으로 여겨 부인한다. 우리가 이러한 도덕적 긍정과 부정의 기능을 갖고 있다는 것은 우리 스스로의 경험상으로도 확실할 뿐만 아니라, 상호 간에도 그 존재를 인정하고 있다. 우리는 심지어 어떤 가상의 상황에 대해서조차 긍정·부정의 결정을 하지 않고는 못 배기는 것 같다. 모든 언어에 '옳고 그른, 좋고 싫은, 비열하고 훌륭한' 등과 같은 인간의 행위나 성격에 적용되는 수많은 말들이 있는 것을 볼 때, (…) 이 세상의 언어나 행위의 상당 부분이 그러한 도덕적 능력을 전제하고서 만들어졌음이 분명하다.[6]

근본 규범의 절대성과 파생 규범의 상대성

사실상 가치 상대주의에 대한 논란은 간단한 오해에서 비롯한 경우가 많다. 그것은 근본 규범과 이로부터 파생되어 나온 파생 규범을 구분하지 못한 데서 생긴 오해이다. 후자는 일정한 시대와 장소에서 통용되는 구체적인 규범들로서 서로 상치되거나 시간이 지남에 따라 계속 변할 수 있다. 다시 말해서 상대성을 지닌다. 반면에 전자는 다양한 구체적 규범들의 밑바탕에 놓여 있는 어떤 공통된 정신이나 기본 원리를 의미하는데, 이는 상식을 가진 대부분의 사람들이 받아들이고 있는 것으로서 절대적인 성격을 갖는다. 예를 들어 유흥비를 마련하려는 목적으로 무고한 사람을 살해하는 행위에 대해 우리는 '어떤 관점에서 보자면 나쁘다'고 말하지 않고 '무조건 나쁘다'고 말한다. 또, 다른 사람을 살리기 위해 자기를 희생하는 행위에 대해 우리는 '어떤 관점에서 볼 때 선한' 행위라 하지 않고 '참으로 선한' 행위라고 찬탄한다. 사실 서로 다른 시대와 문화의 도덕 현상들 간에는 우리가 흔히 생각하는 것보다

6   J. Butler(ed. T. A. Roberts), *Butler's Fifteen Sermons preached at the Rolls Chapel and a Dissertation of the Nature of Virtue*, London 1970, Dissertation, §1.

훨씬 많은 공통점이 존재한다. 모든 문화에서 부모는 자녀에 대한 의무가 있고 자녀는 부모에 대한 의무가 있다. 어디에서나 받은 은혜에 감사하는 것은 좋은 것으로 여겨지고, 인색한 사람은 경멸받으며, 관대한 사람은 존경받는다. 또 어느 사회에서나 판사의 공정함과 군인의 용기는 기본적인 덕으로 인정된다. 이와 같이 우리는 특정한 행동 방식에 대해서 우리 자신이 즉각적으로 절대적 가치 판단을 내리는 경험을 한다. 이러한 경험은 도덕의 보편적 성격과 절대적 성격을 설명해 주고, 동시에 올바른 삶의 척도를 찾으려는 이론적 시도를 정당화해 준다.[7]

물론 '과연 어느 것이 도덕의 근본 규범이나 기본 원리가 될 수 있느냐'에 대해서는 논란의 여지가 있을 수 있다. 비교적 분명해 보이는 것도 있는 반면에 그렇지 않은 것도 있기 때문이다. 그래서 윤리학에서는 과연 무엇이 선이고 무엇이 더 옳은지에 관해 논쟁이 끊이지 않는다. 그러나 앞에서 살펴본 바와 같이, 이렇게 논쟁한다는 것 자체가 이미 윤리란 단순히 상대적인 것만은 아니라는 사실을 보여 주고 있다. 이것은 어떤 행동 방식은 다른 행동 방식보다 더 선하다는 것을 의미한다. 즉, 단순히 어떤 특별한 사람에게 더 좋거나 어떤 특정한 문화 규범과 관련해서 더 좋은 것이 아니라 무조건적으로 더 좋다는 것을 의미한다. 때때로 정확히 선이 무엇인지를 알기 어렵고 또 판단을 내리기 어려운 미묘한 사례들이 있는 것이 사실이지만, 그럼에도 이것은 참이다. 윤리학의 의의는 이러한 앎을 더욱 분명하게 하고 또 온갖 궤변적인 반론으로부터 이것을 지켜 내는 데 있다.[8]

---

7 슈페만,《도덕과 윤리에 관한 철학적 사유》, 24~25면.
8 같은 책, 34면.

🗨 생각해 볼 문제

1 '흡연권'(吸煙權)과 '혐연권'(嫌煙權) 사이의 갈등을 동등한 권리
   간의 대립으로 볼 수 있는가, 다시 말해서 담배연기가 싫은 사람 앞
   에서 담배를 피우는 것도 일종의 권리라 볼 수 있는가?

2 "이 말(馬)은 '좋은' 말(馬)이다"라는 문장과 "이 사람은 '좋은' 사
   람이다"라는 문장에서 '좋은'이라는 말은 얼마간 다른 의미로 쓰이
   고 있다. 그 차이점은 무엇인가?

3 "인간의 도덕규범은 시대와 장소에 따라서 천차만별한 모습을 보여
   주고 있다"라는 이유를 들어, "도덕은 단지 상대적일 뿐이며, 따라
   서 절대적(보편적)으로 옳고 그른 것(가치 기준) 따위는 존재하지 않
   는다"라는 주장을 평가해 보시오.

4 "안중근과 윤봉길은 우리의 관점에서는 의사(義士)이지만, 일본의
   관점에서는 테러리스트에 불과하다"라는 주장에 대해, 만일 그렇지
   않다고 생각한다면 그 이유를 제시해 보시오.

제2장

이기주의

"자넨 인간이 이기적이 아닌 동기로 무슨 일을 할 수 있다고 생각하나?"

"그렇습니다."

"그건 불가능해. 자네도 나이가 들면 알게 될 거야. 세상을 살 만한 장소로 만들기 위해 무엇보다도 우선 필요한 일은 인간의 불가피한 이기성을 인정하는 것이라는 것을. 자넨 타인에게 이기적이 아니기를 요구하는데, 그건 자네의 욕망을 위해 타인더러 자신의 욕망을 희생하라고 하는 모순된 주장이야. 타인이 왜 그래야 하나? 모든 개인이 세상살이에서 자기 자신을 위한다는 사실을 자네가 받아들여야 자넨 다른 사람들에게 덜 요구할 수 있어. 그래야 자네도 다른 사람들에게 덜 실망할 거고, 또 다른 사람들을 더 자비롭게 바라볼 수 있어. 사람은 인생에서 단 한 가지를 추구하지. 그건 바로 자기 자신의 쾌락이야."

"아니에요. 그렇지 않아요." 필립은 소리쳤다. (…) "그 말이 맞다고 하더라도 말입니다. 그럼 아무것도 소용이 없다는 말입니까? 의무도, 선도, 미도, 다 없애 버리면, 우린 무엇 때문에 세상에 태어났죠?"[1]

---

1 서머싯 몸(송무 역), 《인간의 굴레에서》 (1권), 민음사, 1998, 353~355면.

심리적 이기주의와 윤리적 이기주의

'모든 인간은 본래 자기 자신의 이익을 추구하도록 되어 있고, 따라서 사람들이 이타적으로 행동할 것을 기대하는 것은 비이성적이다' 또는 '인간의 모든 행동은 이기적인 동기에서 행해진다' 라고 주장하는 견해를 가리켜 심리적 이기주의(psychological egoism)라고 한다. 심리적 이기주의는 인간은 이기적으로 행동한다는 하나의 자연적 · 심리적 사실을 설명(혹은 주장)하는 이론이다. 이것은 일종의 '사실 명제' 로서, 도덕적 당위를 말하는 '가치 명제' 와 달리 우리는 그것의 참과 거짓을 논할 수 있다.

확실히 인간은 본성적으로 이기적 성향을 가지고 있다. 인간사의 수많은 문제들이 각자 자기 이익을 추구하는 사람들 사이의 이해관계의 충돌에서 생기는 것을 볼 때에도 우리는 이것을 확인할 수 있다.

그런데 인간의 모든 행동이 오로지 자기 이익을 위해서 행해진다는 말은 과연 사실일까? 인간에게는 이기적인 경향뿐만 아니라 이타적인 경향도 존재한다고 보는 것이 더 사실에 가까운 것이 아닐까? 예컨대 자식을 사랑하는 부모의 행동이나, 전우를 구하기 위해 자기 희생도 불사하는 군인의 행동을 이기주의로 설명하기는 힘들지 않겠는가?[2] 여기서 우리는 경험적 사실만을 보더라도 심리적 이기주의가 지탱하기 힘든 이론임을 알 수 있다. 인간의 행동 중에는 이기적인 경향으로 설

---

2   물론 이러한 반론에 대해 이기주의자는, 겉보기에 이타적으로 보이는 행동조차도 사실은 그 속에 이기적 동기가 숨어 있는 것이며, 따라서 그것은 교묘한 자기 기만, 부지중의 상상의 농간, 혹은 판단 착오의 산물이라고 설명할지도 모른다. 마치 우리가 약물에 중독되거나 혹은 세뇌되었을 때 그럴 수 있듯이 말이다. 그러나 만일 이기주의자의 주장처럼 모든 사람이 '이 세상에 진정으로 이타적인 행동 같은 것은 있을 수 없다' 는 것을 잘 알고 있다면, 사람들이 애써 이타적인 척 가장할 필요도 없을 것이다.

명될 수 있는 행동이 많이 있지만, 그렇지 않은 행동도 있기 때문이다. 따라서 생물학적으로 보더라도, 모든 인간의 행동을 이기적 본성만으로써 설명하려 하기보다는, 이기적 행동은 개체보존본능의 발로로, 이타적 행동은 종족보존본능이나 타고난 동정심의 발로로 설명하는 편이 더 그럴듯할 것이다.

그러나 여기서 우리는 심리적 이기주의가 등장하게 된 배경을 좀 더 주목해 볼 필요가 있다. 그것은 혹시 인간의 본성을 억압하는 지나친 도덕주의, 그리고 그로 말미암은 자기 기만이나 허위의식에 대한 반발을 내포하고 있는 것은 아닐까? 다시 말해서, 심리적 이기주의는 자기 이익을 추구하는 인간의 자연적 본성을 부정적으로만 볼 것이 아니라 오히려 긍정적으로 바라볼 필요가 있다고 주장하고 싶은 것이 아닐까? 만일 심리적 이기주의의 주장 속에 인간의 이기적 경향을 바람직한 것으로 바라보려는 입장이 숨어 있다면, 이제 우리는 윤리적 이기주의를 검토할 시점에 이르렀다. 왜냐하면 이것은 단지 자연적 사실의 진위만을 문제삼는 담론이 아니라 하나의 가치 판단을 포함하는 담론이 되기 때문이다.

심리적 이기주의가 '모든 인간은 자기 자신의 이익을 추구한다' 라는 심리적 사실을 주장하는 이론이라면, 윤리적 이기주의는 '인간은 자기의 이익을 추구하는 것이 바람직하다' 혹은 '마땅히 자기의 이익을 추구해야 한다' 혹은 '어떤 행위의 결과가 나에게 이익이 되면 옳은 것이고 이익이 되지 않으면 그른 것이다' 라는 당위나 권고를 담고 있는 이론이다. 이와 같이 윤리적 이기주의는 자기 이익을 추구하는 인간의 자연적인 욕구를 일단 긍정한 다음, 그 자기 이익이라는 목표를 어떻게 효과적으로 달성할 것인지를 냉철하게(이성적으로) 생각해 본 결과 나오게 된 이론이다. 이것을 우리는 충동적이고 맹목적인 이기주의와 구분한다는 의미에서 ‘합리적 이기주의(rational egoism)’ 라 부를 수 있을 것이다.

합리적 이기주의

여기서 다소 역설적이지만 다음과 같은 의문을 한 번 제기해 보자. 인간은 과연 합리적 이기주의 노선을 따를 능력이 있을까? 다시 말해서, 인간은 과연 얼마만큼 (충동적이고 본능적인 욕구를 통제하면서) 자기의 최종적인 이익을 위해 분별력을 발휘할 수 있을까?

　이기주의가 바람직하다는 주장에 대해 일차적으로 떠오르는 의문은 ‘만약 사람들이 저마다 자기 이익만을 추구하다 보면 서로 싸우게 되지 않을까’ 하는 것이다. 물론 인간이 단지 본능적인 존재라면 그럴 것이다. 인간이 맹목적으로 자기 이익만을 추구하는 한, 그는 틀림없이 똑같이 그것을 추구하는 다른 인간과 충돌하게 될 것이고, 이는 결국 자기 이익을 얻는 데에도 해로운 결과를 가져올 것이다. 그러나 인간은 이성적 존재이기 때문에 자신의 합리적 사고 능력을 발휘함으로써 이러한 결과를 회피하고자 할 것이다. 결국 그는 남을 도외시한 채 눈앞의 이익만을 추구하는 것이 아니라, 장기적인 안목에서 그것을 추구하게 될 것이다. 즉, 배타적 이기심(selfishness)이 아니라 분별 있는 자기애(self-love)에 입각한 행위를 지향하게 될 것이다. 그래서 그는, 때로는 남을 배려해 주는 것이 오히려 궁극적으로 자기 이익에 도움이 된다는 판단을 하게 될 것이다. 여기서 이러한 행위를 가능하게 하는 인간의 이성적(rational) 능력이란 곧 ‘자기의 궁극적 이익을 냉철하게 계산할 줄 아는’ 타산적인(prudential) 능력을 의미한다. 이러한 능력 덕분에

인간 사회는 개인들로 하여금 마음껏 자기 이익을 추구하도록 허용해
도 전쟁상태나 무법천지로 빠지는 것이 아니라, 애덤 스미스(Adam
Smith, 1723~1790)가 낙관적으로 생각했던 것처럼, 이성적 인간들의
자율적 행위에 힘입어 조화로운 상태를 유지할 것이다. 이러한 논지는,
자유 시장경제 체제에 맡기는 것이 경제적 부를 최대화할 수 있는 길이
라고 믿는 생각과 그 맥을 같이한다. 여기서 우리는 이러한 윤리 이론
이 자본주의 경제 체제의 발달과 관련되어 있음을 짐작할 수 있다. 그
렇다면 초기 자본주의는 애덤 스미스의 기대처럼 순조로운 발전의 길
을 걸어왔는가? 다음의 예를 보자.

민지는 초등학교에 다니는 어린 소녀이다. 민지는 아주 영리하고 똑똑한 아
이이다. 어느 날 그 애는 엄마가 사 주신 아이스크림을 먹으며 집 앞에서 놀
고 있었다. 이때 이웃 부잣집에 사는 선우가 놀러 나왔다가 민지를 보았다.

선우: (망설이다가) 그 아이스크림 나도 한 입만 줄래?

민지: (곰곰이 생각해 보다가, 결심했다는 듯이) 그래, 너도 좀 먹어 봐. 우
린 친구니까. 그렇지? 많이 베어 먹어도 돼.

선우: (맛있게 먹다가, 집으로 뛰어가면서) 너무 너무 맛있다…. 나도 엄마
한테 사 달라고 그래야지.

(잠시 후 선우는 양 손에 두 개의 아이스크림을 들고 민지와 놀던 데로 다시
돌아왔다.)

선우: 우리 엄마가 두 개 사 줬어. 엄마가 너 참 착한 애라고 하시면서 사이
좋게 하나씩 나누어 먹으래.

민지: (그럴 줄 알았다는 듯 회심의 미소를 지으며) 고마워, 선우야. 우린
좋은 친구지?

위의 이야기는 현실적으로 가능한 이야기인가? 만일 가능성이 희박한 이야기라면, 그것은 민지가 어린아이이기 때문인가? 우리들은 민지만큼 늘 멀리 앞을 내다보면서 자기 이익을 도모하고 있는가?

자기애는 확실히 (이성 이전 차원의) 욕구나 충동과는 구분되는 개념이다. 그것은 제대로 발휘되기만 한다면 적어도 이성적이고 분별 있는 노선이다. 실제로 사람들이 항상 이성적인 자기애에 따라 행위할 수만 있다면, 즉 눈앞의 욕망이나 맹목적인 자존심, 분노 등에 맞서서 냉철한 자기애에 입각하여 행동할 수만 있다면, 적어도 겉으로 나타나는 그들의 행동은 이타심(benevolence)[3]에 입각한 행동과 크게 다르지 않을 것이다. 만약 우리가 참으로 자기의 이익에 관심을 가지고 일관되게 그것을 추구한다면, 다시 말해서 우리가 경쟁자에게 맹목적인 공포나 적의(敵意)를 가지고 행동하는 대신 분명한 자기 이익에 입각하여 단순하게 행동한다면, 우리는 지금보다 훨씬 평화로운 세상에서 살 수 있을 것이다. 이런 관점에서 본다면, 합리적 이기주의는 오히려 솔직하고도 현명한 노선이라 할 수 있다. 왜냐하면 우리는 흔히 비합리적이고 충동적인 욕구와 감정에 휩쓸려 불행을 초래하는 경우가 많으며, 때로는 지나치게 이상적인 도덕규범의 굴레 속에서 정신적으로 괴로워하는가 하면, 아예 위선적으로 행동함으로써 더 나쁜 결과를 낳는 수도 있기 때문이다. 키르쉬너(J. Kirschner)는 사람들이 이기주의자가 되는 편이 나은 이유를 다음과 같이 설명하고 있다.

---

3 benevolence라는 말은 bene(good)와 volence(will)의 합성어로서 '타인의 선을 증진하려는 의지'를 뜻한다. 우리말로는 선의(善意), 이타심(利他心), 박애(博愛) 등 여러 가지로 번역되곤 하는데, 이 책에서는 문맥에 따라 그때그때 적절한 번역어를 선택하였다.

물론 이기주의자가 아닌 사람은 없지만, 이를 정확히 깨닫고 자신의 인생에
제대로 적용하는 법을 배운 사람은 거의 없다. 대부분의 사람들은 이 세상을
지배하는 것은 사랑과 우정, 공정함과 정직, 이해심과 상호 존중의 미덕이라
는 고정 관념에 얽매여 있다. 그래서 제일 먼저 자기 자신을 생각하라는 요
구만으로도 이미 죄책감을 갖는다. 그들은 말한다.
"모두가 이기주의자라면 도대체 이 세상은 어디로 갈 것인가?"
그 대답은 이렇다.
"남들에게 신경 쓰기보다 자기 자신에 대해 더 많은 신경을 쓴다면, 불행한
사람은 훨씬 줄어들 것이다."
아울러 자신의 불행에 대한 책임을 남들에게 전가하느라 시간을 허비하는
사람들도 현저하게 줄어들 것이다.[4]

위의 설명처럼 우리 모두가 차라리 솔직하고 분별 있는 이기주의를
실천할 수 있다면 좋겠지만, 실제로는 그것조차 힘든 것이 우리의 현실
인 듯하다. 그 이유는 아마도 우리 대부분이 본능적 욕구와 충동, 또는
시기심과 분노 등을 물리칠 만큼의 냉철한 이성을 지니고 있지 못하기
때문일 것이다. 또 우리의 근시안적 욕심이 늘 장기적 안목을 가진 자
기애의 판단을 압도하기 때문일 것이다. 이처럼 이성적 분별력보다는
자연적 욕망의 힘에 더 크게 좌우되는 것이 인간의 현실적 모습인 것
같다.

---

4   요제프 키르쉬너(손영미 역), 《이기주의자로 살아라》, 뜨인돌, 2001, 5면.

홉스 사회계약론의 한계

그렇다면 이렇게 부족한 인간 이성 능력을 보완함으로써 우리의 진정한 자기 이익을 도모하는 어떤 외적 장치라도 마련해야 하지 않을까? 여기서 우리는 사회계약론에 주목하게 된다. 사회계약론에 따르면, 이해관계로 충돌하기 쉬운 자연상태 속의 각 개인은 자기의 생존과 이익을 확보하기 위해 상호 간에 자발적으로 계약을 맺어 법과 규범을 세우게 된다. 그리고 각 사람이 이러한 법(규범)을 지키는 이유는 그것이 자기 이익에 도움이 되기 때문이다.

그런데 여기서 한 가지 심각한 문제가 생길 수 있다. 그것은 법(규범)을 지키는 행동과 자기의 이익이 결정적으로 충돌할 경우에 발생한다. 즉, 법(규범)을 지키는 것이 오히려 자기 이익에 반한다는 판단이 나올 경우에는 어떻게 할 것인가 하는 문제이다. 그 법을 지킬 의무의 근거가 자기 이익에 놓여 있는 법(규범)은 그 법을 지키는 것이 자기 이익에 오히려 반대되는 결과를 초래할 경우에는 구속력을 상실하고 말 것이 아닌가? 법(규범)의 근거가 자기 이익에 있다면, 사람들이 법(규범)을 지키는 이유는 법(규범) 자체를 존중해서가 아니라 자기 이익 때문이라 할 수 있다. 결국 사람들이 법(규범)을 지키는 행위는 언제나 자기 이익을 계산하여 전략적으로 행동하고 있는 과정 중 하나일 뿐이다. 이런 상황에서라면 사람들은 어쩌면 남들은 모두 법(규범)을 지키기를 바라고, 나만은 (들키지만 않는다면) 법을 어겨서라도 내게 유리한 행동을 하려 할지도 모른다. 모든 사람이 이런 생각을 가지고 있다면, 법(규범)이 잘 지켜질까? 다음의 예를 보자.

철수는 군 입대를 앞둔 20대 초반의 젊은이다. 공교롭게도 지금은 이웃나라와 전쟁을 앞둔 일촉즉발의 상황이다. 그런데 철수를 아끼는 외국의 한 친지가 밀항선을 준비해 놓고 외국으로 도피할 것을 권유하고 있다. 철수는 이 나라의 모든 청년이 병역 의무를 지고 있다는 것을 잘 알고 있다. 그렇지만 이러한 의무나 법(규범)을 위해 이 세상 전체와도 바꿀 수 없는 자기 생명까지 바쳐야 하는지에 대해서는 잘 납득이 가지 않는다. 내가 어떤 의무나 법(규범)을 지키는 것도 결국은 내가 행복하게 살기 위해서라고 생각되기 때문이다.

만일 모든 젊은이가 이와 같이 생각한다면 물론 그 나라는 지켜질 수 없을 것이다. '죽기를 각오하면 살지만, 살기만을 도모하면 죽을 것이다(必死卽生, 必生卽死)'라는 이순신 장군의 말처럼 자기 목숨을 제일 귀하게 여기는 군인들이 전쟁에서 이길 수는 없기 때문이다. 법(규범)의 구속력이 각자의 자기 이익에 밀려 이렇게 제한적일 수밖에 없다면 이 세상은 다시 사회계약 이전의 무법천지로 되돌아가고 말 것이다.

이러한 문제점에 대해, 애덤 스미스와 달리, 홉스(Thomas Hobbes, 1588~1679)는 하나의 답변을 준비해 놓고 있다. 그에 따르면, 주권(정부)이 비록 우리의 자발적인 동의와 계약에 의해 성립된 것이라 하더라도, 일단 계약이 성립된 이후에는 그 계약의 산물인 법(규범)을 집행하는 데 있어 절대권을 가져야 한다는 것이다. 다시 말해, 주권이 부과한 법(규범)을 위반하는 행위는 단호히 처벌함으로써 사회 질서를 유지해야 한다는 것이다. 이것은, 어떠한 독재 체제도 내란과 무정부상태보다는 낫다고 생각했던 홉스로서는 당연한 대답일지도 모른다. 그러나 그리 훌륭한 대답으로 보이지는 않는다. 왜냐하면 자연상태에서 우리가 애당초 계약에 동의했던 이유는 오로지 자기의 생존과 이익을 확보하기 위함이었는데도, 이제는 그 계약의 결과인 법(규범)을 지키는 것이 그것의 원초적 근거인 자기 생존과 이익에 위배될 가능성을 지니게 되었기 때문이다.

자기 이익과 도덕의 본질

어떻게 하다가 이런 결과에 이르게 되었을까? 이제 '도덕'에 관심을 가지고 있는 사람이라면 홉스의 이론에서 두 가지 석연치 않은 점을 발견할 수 있을 것이다. 하나는 법과 도덕의 관계이다. 도덕이란 그것을 무조건 선한(옳은) 것으로 생각해서이건 단지 필요악으로 생각해서이건 어쨌든 인간의 내적 자유 또는 자율과 관련된 개념이다. 그런데 홉스에게서는 우리가 이해하는 상식적인 도덕 개념은 거의 사라지고 오직 타율로서의 법 개념만 찾아볼 수 있을 뿐이다. 다른 하나는 자기 이익과 도덕의 관계이다. 과연 홉스처럼 도덕의 근거를 자기 이익에서 찾는 것이 도덕을 이해하는 올바른 방향일까?[5] 도대체 자기중심적 이해타산에 근거한 원리를 도덕이라 말할 수 있을까? 아니, 도덕이란 단순히 자기 이익을 얻기 위한 효과적인 전략의 차원에 머무는 것이 아니라, 오히려 '이기적이거나 자기중심적 이해타산을 넘어선 어떤 것(disinterestedness)'에 대해 붙여지는 이름이 아닐까? 참으로 도덕이란, 홉

---

5   여기서 우리는 근대 서구(영국) 문명의 발달 과정에 주목하게 된다. 우리가 상공 시민 계층의 대두, 자본주의 경제 체제의 성립, 자유주의 정치 이론의 발전 등과 같은 당시 사회의 분위기와 함께 사유재산, 자유경쟁, 영리추구라는 자본주의의 세 가지 원칙을 떠올려 볼 때, 우리는 '합리적 이기주의'나 '계약 이론' 등의 문명사적 배경을 어렵지 않게 짐작할 수 있다. 또 당대를 대표하는 벤담, 밀, 애덤 스미스 등의 학문적 배경을 살펴볼 경우, 이들의 윤리학적 관심은 법학 및 경제학적 관심과 따로 분리되어 있는 것이 아니라는 것을 알게 된다.

도 지적하듯이,[6] 우리 자신을 위한 유용성(usefulness)만을 추구하는 것이 아니라 (설사 자기 희생이 따르더라도) 모두의 행복에 기여하는 어떤 것이 되어야 하지 않겠는가?

만일 이러한 문제 제기가 타당하다면, '우리는 왜 도덕적으로 살아야(행위해야) 하는가?' 라는 물음에 대해 합리적 이기주의의 관점에서 '그렇게 하는 것이 결국 자기에게 이익이 되기 때문이다' 라고 답하는 것은 대단히 불충분한 대답일 수밖에 없다. 왜냐하면 위에서 검토한 바와 같이, 도덕과 자기 이익이 충돌할 경우 더 이상 도덕을 따르도록 설득할 수 없기 때문이다. 이 경우 사람들은 곧바로 '도덕적으로 사는 것이 내게 아무런 이익을 가져다주지 않을 경우에도 내가 왜 도덕적으로 살아야 하는가?' 에 대해 납득할 만한 이유를 대라고 요구할 것이다. '그렇다면 도덕적으로 살 필요 없다' 고 대답하고 말 것인가?

이제 이러한 딜레마를 해소하기 위해서는 '도덕은 자기 이익에 근거한 것이 아니다' 라는 전제에서 다시 출발할 수밖에 없다. 그리고 우리 대부분의 상식이 그렇듯 도덕이 원래 자기 이익과 무관한 것이라면, '우리는 왜 도덕적으로 살아야 하는가?' 라는 물음에 대한 대답은 '자기 이익' 같은 '도덕과 무관한 이유' 에서 찾아질 수 없을 것이다. 그러면 우리는 도덕의 근거를 어디에서 찾을 것인가? 이러한 물음에 대해 가장 쉽게 떠오르는 생각은 인간에게는 자기애의 본성뿐만 아니라 또한 사회적 본성이 있다는 것이다. 사실 인간은 정도의 차이는 있지만 누구나 동정심(sympathy)과 박애(benevolence)의 감정을 가지고 있다.[7]

---

6 Cf. D. Hume, *Enquiries concerning Human Understanding and concerning the Principles of Morals*(ed. by L. A. Selby-Bigge, rev. by P. H. Nidditch), Oxford, 1975, 218면 이하.

7 여기서 우리는 '어떻게 도덕적일 수 있는가?' 라는 물음과 '왜 도덕적이어야 하는

그렇다면 이제 우리는, 자기애에 근거한 합리적 이기주의가 그렇게 했듯이, 이러한 경향을 또한 '이성적으로' 추구함으로써 좀 더 보편성을 띤 윤리 이론을 모색해 볼 수 있을 것이다.

가? 라는 물음을 구분해 볼 필요가 있다. 앞의 물음은 우리가 '도덕적'이라 부르는 행위가 어떻게 가능한지 그 사실적 인과관계를 묻는 것으로서, 도덕의 기원에 관한 물음이라 할 수 있다. 도덕 현상의 가능 근거로서 인간의 타고난 이타심이나 사회적 본성을 거론하는 것은 바로 이러한 물음과 관련된 것이다. 반면에 뒤의 물음은 도덕 현상의 사실에 관한 물음이 아니라 도덕적 당위의 근거를 묻는 것으로서, 도덕의 정당화에 관한 물음이라 할 수 있다. 만일 이러한 물음에 대해 '~을 가져오기 때문' 혹은 '~을 달성하는 데 도움이 되기 때문'이라고 대답한다면 그것은 목적론적 윤리설의 입장이라 할 수 있고, 이때 도덕은 가언명법의 체계가 된다. 만일 이 물음에 대해 '도덕이란 ~을 위한 수단이 아니라 그 자체가 목적이기 때문에 달리 이유를 댈 수 없다'고 대답한다면 이는 의무론적 윤리설의 입장을 대변하고 있는 것이며, 이때 도덕은 정언명법의 체계가 된다. 이로써 우리는 목적론과 의무론이 도덕의 개념을 서로 다르게 이해하고 있음을 알 수 있다. 전자에 있어서 도덕은 사실 세계(현상계)의 담론(자연주의적 윤리설)인 반면, 후자에 있어서 도덕은 당위 세계(예지계)의 담론(형이상학적 윤리설)이다.(이 책의 109~111면과 135~136면 참조)

💬 생각해 볼 문제

1 다음 글을 읽고, 인간의 이기성은 유전적인 것인지, 또 만일 그렇다면 그것은 극복이 가능한 것인지에 관해 토론해 보자.

연민이나 자기 희생은 많은 인간 사회에서 중요시되는 가치이다. 다른 사람, 특히 가까운 친구나 친척이 힘겨워하고 있다는 것을 알게 되면 마음이 상하게 된다. 무언가를 하고 또 돕는(또는 도우려고 애쓰는) 것을 통해서만 자신의 불편한 마음을 달랠 수 있다. 또한 전혀 알지 못하는 사람들을 도와야 할 필요성을 느끼기도 한다. 지진으로 피해를 입은 사람들이나 피난민들, 지구 전역에서 어려움을 겪고 있는 사람들에 대해 알게 될 때마다, 우리는 돈이나 의복, 의료장비를 보낸다. 다른 사람이 우리의 선행에 박수를 보내 주기 때문에 이러한 행동을 하는 것인가? 아니면 굶주리고 있는 어린이들이나 집 없는 피난민의 모습이 동정심을 불러일으켜, 우리는 이만큼이나 가지고 있는데 저들은 저렇게 헐벗는다는 불편한 감정과 죄의식을 느끼게 하기 때문인가?

자선행위를 하는 동기가 단지 사회적 지위를 높이기 위한 것이라거나 또는 내면적 불편함을 덜기 위한 것이라면, 우리는 이러한 행동이 결국 이기적인 것에 불과하다고 결론지을 수 있는가? 어떤 사람들은 그렇다고 말할 것이다. 때때로 이것은 사실이다. 그러나 나는 인간의 가장 진정하고 존엄한 가치들을 깎아내리는 이러한 환원론적인 논의에 수긍하는 것은 잘못일 뿐만 아니라 위험하기까지 하다고 확신한다. 역사를 통해서 우리는 용기와 자기 희생에 관한 매우 감명 깊은 이야기들을 수없이 발견할 수 있다. (…)

절반은 죄인이고 절반은 성자인 우리 인간 영장류는 고대로부터 물려받은 두 가지 상반된 성향, 즉 폭력에 이끌리는 한편 동정심과 사랑을 느끼는 성향을 지니고 바로 여기에 서 있다. 우리는 한편으로는 잔인하고 다른 한 편으로는 친절한 두 가지 성향 속에서 영원히 분열하게 될 것인가? 아니면 이러한 성향들을 조절하여, 가려고 하는 방향을 스스로 선택할 능력을 얻 게 될 것인가?[8]

2 아래 글에 나오는 두 사람은 모두 '인간은 자기 이익을 추구하는 존 재이며, 이성적 사고 능력을 지닌 존재'라는 동일한 가정에서 출발 했지만, 한쪽은 국가의 강제력이 반드시 필요하다고 보는 반면 다 른 한쪽은 그것이 필요 없다고 보는 상반된 결론에 이르렀다. 두 사 람의 결론이 달라지게 된 이유는 무엇인가?

　　(가) 토마스 홉스(T. Hobbes)는 인간은 자기 보존과 이익을 추구하는 존재이기 때문에 상호 이해(利害)가 충돌하는 자연상태에서는 '만인의 만 인에 대한 투쟁'이 초래될 것이라고 보았다. 이는 모두에게 불리하므로, 이 성적 능력을 지닌 인간은 상호 계약을 맺어 정부를 세우고 법과 규범을 정 한 후, 이를 어기는 자는 엄벌에 처함으로써 사회 질서를 유지해야 한다고 생각했다.
　　(나) 한편 애덤 스미스(A. Smith)는 홉스와 달리 인간이 각자 자기 이익 을 추구한다 해도 갈등과 투쟁으로 귀결되는 것이 아니라 '보이지 않는 손'이 작용하여 결과적으로 사회 전체적 부가 증대될 수 있다고 보았다. 다 시 말해서, 법과 규범을 지키도록 하는 국가의 강제가 없어도 사회가 조화 롭게 운영될 수 있다고 생각했다.

8　제인 구달(박순영 역), 《희망의 이유》, 궁리, 1999, 184~185면.

3 "'우리는 왜 도덕적으로 살아야(행위해야) 하는가?'에 대한 이유는,
   그렇게 하는 것이 결국은 자기에게 이익이 되기 때문이다"라는 주
   장의 배후에 놓여 있는 '도덕관(도덕 개념에 대한 이해)'을 설명해 보
   시오.

제3장

쾌락주의

"나는 지난 여름방학 때 고아원에서 봉사활동을 했어. 처음에는 봉사 점수를 따기 위해 좀 힘들어도 감수할 수밖에 없다고 생각했는데, 나중에는 보람과 기쁨도 맛볼 수 있었어. 특히 그곳에서 헌신적으로 자원봉사하시는 분들을 보고서는 정말 감동받았어. 그분들은 선한 일을 위해 자기 희생을 마다하지 않는 참으로 훌륭한 분들이라고 생각해."

"나는 좀 생각이 달라. 나는 이 세상에 순수하게 선한 행동은 없다고 생각해. 네가 말하는 분들도 사실은 봉사활동을 통해 자기 만족감을 맛보는 것이 분명하고, 이것이 그분들이 봉사활동을 계속하는 진정한 이유일 거야. 겉보기와는 달리, 모든 인간 행위의 궁극적 동기는 자기 자신의 쾌락에 있다고 보는 편이 맞을 것 같아."

최고선으로서의 쾌락

인간이 어떤 행동을 하는 데에는 다 이유가 있다. 특히 우리가 의식적으로 행동을 할 때, 거기에는 그 행동이 추구하는 목적이 있게 마련이다. 그런데 대부분의 경우, 우리는 그 목적 자체를 원해서 그것을 추구하는 것이 아니라 다른 어떤 것을 얻기 위한 수단으로서 그것을 추구한다. 그렇다면 우리가 참으로 그리고 궁극적으로 원하는 것은 무엇일까? 다음의 예를 보자.

어느 날 지훈이는 누나의 부탁으로 다섯 살짜리 조카를 돌보는 일을 하게 되
었다. 조카는 한참 그럴 때인지 지훈이에게 이것저것 물어 댔다.

조카: (리포트를 쓰고 있는 지훈에게) 삼촌, 뭐하고 있는 거야?

지훈: 응, 공부하고 있지.

조카: 공부는 왜 해?

지훈: 응, 이 다음에 훌륭한 사람이 되기 위해서지.

조카: 왜 훌륭한 사람이 되려고 하는데?

지훈: ???

위의 예화에서 조카의 물음은 삼촌의 행위의 궁극적 목적을 묻고 있
다. 이처럼 행위의 궁극적 목적을 전제로 한 윤리 이론을 목적론(teleol-
ogy)이라 한다. 이른바 쾌락주의 · 행복주의가 여기에 속한다.

과연 우리가 추구하는 궁극적 목적은 무엇일까? 만약 우리가 이 궁
극적 목적이 무엇인지를 안다면, 무엇이 좋은 삶이고 무엇이 마땅히 해
야 할 행동인지도 알게 될 것이다. 왜냐하면 그 궁극 목적을 실현하는
데 도움이 되는 삶과 행동이 바로 좋은 삶, 마땅히 해야 할 행동이 될
것이기 때문이다. 서양의 윤리학자들은 오래전부터 이것을 최고선(the
highest good)이라 불렀다. 그렇다면 이 최고선에 해당하는 것은 무엇
일까?

이러한 질문에 대한 가장 오래된 답이자 오늘날에도 널리 접할 수
있는 대답은 '우리가 궁극적으로 원하는 것은 쾌락'이라는 것이다. 즉,
'우리가 그것 때문에 다른 모든 것을 원하게 되는 것, 우리가 본래적으
로 원하는 것은 쾌락의 추구와 고통의 회피'라는 주장이다. 따라서 이

목적의 달성에 기여하는 것은 좋은 것(선)이고 그것에 방해가 되는 것은 나쁜 것(악)이다. 우리는 이러한 주장을 쾌락주의(hedonism)라 부른다. 다음과 같은 벤담(J. Bentham)의 말은 쾌락주의의 기본 입장을 잘 보여 준다.

> 자연은 인류를 고통(pain)과 쾌락(pleasure)이라는 두 군주의 지배 아래 두었다. 우리가 무엇을 해야 하는지를 지시하고 또 우리가 무엇을 할 것인지를 결정하는 것은 오로지 이 두 군주의 몫이다. 한편으로 옳고 그름의 기준, 다른 한편으로 원인과 결과의 연쇄가 모두 이들의 옥좌에 묶여 있다. 고통과 쾌락은 우리가 행하는 모든 것, 우리가 말하는 모든 것, 우리가 생각하는 모든 것에 있어서 우리를 지배한다. 우리가 그러한 속박을 벗어 던지기 위해서 아무리 노력한다 해도 그것은 우리의 속박을 입증하고 확인하는 결과밖에는 되지 않을 것이다. 때로 사람이 말로는 그들의 지배를 벗어난 척하기도 하지만, 실제로는 그는 항상 거기에 예속된 채로 남아 있을 것이다.[1]

심리적 쾌락주의의 오류

이제부터 쾌락의 개념과 쾌락주의가 내세우는 주장을 검토해 보기로 하자.

쾌락(pleasure)이라는 개념은, 그 의미를 좁게 해석할 때, 분명히 인간의 자연적인 욕구와 관련되어 있다. 인간은 다양한 욕구(desire)와 충

---

1 J. Bentham, *An Introduction to the Principles of Morals and Legislation*, New York: Hafner Publishing Company, 1948, Chap. I, Part I.

동(impulse)을 가지고 있다. 여기에는 허기, 갈증, 성욕뿐만 아니라 분노, 시기, 동정심 등과 같은 감정도 관련된다. 욕구들은 각각 직접적으로 지향하는 대상들을 가지고 있다. 예를 들어, 허기의 목적은 음식을 먹는 것이요, 성욕의 목적은 이성(異性)과의 육체적 결합이고, 분노(복수심)가 지향하는 것은 자기에게 해를 입힌 사람에게 고통을 주는 것이며, 동정심의 목적은 타인에게 즐거움을 주는 것이다. 욕구가 충족될 때 우리는 쾌감 또는 만족감을 느끼게 된다. 그러므로 쾌감이란, 먼저 어떤 욕구를 전제하고 그 욕구가 충족될 때 뒤따르는 심리적 상태를 가리킨다. 그렇다면 욕구의 충족 그 자체보다도 그 욕구 충족의 결과인 쾌감을 목표로 하는 행동도 있을까?

처음에는 단순히 욕구의 충족을 목표로 했던 행위가 나중에 쾌감을 목표로 하는 행위로 변하는 경우를 생각해 볼 수 있다. 예를 들어, 어떤 사람이 처음에는 배가 고파서 음식을 먹지만, 차차 허기의 충족이 쾌감을 가져온다는 것을 알게 되고 또 맛있는 음식은 특별히 미각의 즐거움을 수반한다는 것도 알게 된다. 그리하여 그는 이제 고급 음식점에 가서 맛있는 요리를 '의도적으로' 즐기게 될 수도 있다. 또, 처음에는 단순히 성욕이 이끄는 데 따라 이성과 동침했던 사람이 나중에는 거기에서 수반되는 쾌감 자체를 즐기기 위해 행위하게 될 수도 있다. 동정심의 경우도 마찬가지이다. 처음에 순간적으로 일어나는 동정심을 따라 자선 행위를 했던 사람이, 자선 행위에는 독특한 자기 만족감이 따른다는 것을 알게 됨으로써 나중에는 그 만족감을 얻기 위해 자선 행위를 하게 될 수도 있다. 이와 같이 쾌락을 얻겠다는 분명한 목표 의식을 가지고 그것을 일관되게 추구하는 사람을 우리는 쾌락주의자(hedonist)라 부른다.

쾌락주의자는, 모든 사람이 실제로 쾌락을 추구하고 있으며 또 쾌락은 마땅히 추구할 만한 것이라고 주장한다. 그렇다면, 우선 '사실'의 문제로서, 실제로 인간이 항상 쾌락을 추구하고 있는가를 검토해 보자. 확실히 우리는 자기의 욕구가 충족되었을 때, 또는 자기가 추구하는 것을 이루었을 때 쾌감 또는 만족감을 느끼는 것이 사실이다. 쾌락주의에 따르면, 인간이 의도적으로 행하는 모든 행위의 목적은 실은 자신의 쾌락에 놓여 있다. 그러나 자신의 쾌락과 관계 없는 어떤 다른 목표를 지향하는 행위도 실제로 있지 않은가? 이러한 물음에 대해 그들은 아마도 다음과 같이 대답할 것이다.

'그렇다. 우리는 그러한 행위, 예컨대 타인을 위해 자기를 희생하는 행위를 하기도 한다. 그러나 그렇게 함으로써 우리는 만족을 얻게 되며, 그러한 자기 만족감이 우리 행위의 숨겨진 동기였던 것이다. 그러므로 그런 행위를 하는 것은 실은 이러한 만족감을 얻기 위한 수단에 불과하다고 보아야 할 것이다.' 아래의 대화는 이러한 쾌락주의자의 입장을 잘 보여 준다.

"남에게 도움을 주는 데 쾌락을 느끼는 사람은 자비를 베풀지. 사회에 봉사하는 데 쾌락을 느끼는 사람은 봉사 정신을 가지게 되고. 하지만 자네가 거지에게 동냥을 하면 그건 자네 자신의 쾌락을 위한 거야. 내가 위스키소다를 또 한 잔 마시는 게 내 자신의 쾌락을 위한 것이나 같아. 난 자네보다는 솔직한 편이라 나 자신의 쾌락을 위해 나 자신을 칭찬하거나 자네의 감탄을 요구하지는 않네."

"하지만 하고 싶은 일보다 하기 싫은 일을 하는 사람들도 있지 않습니까?"

"없네. 자네가 말하려는 건, 당장의 쾌락보다 당장의 고통을 받아들이는 사람들이 있다는 거겠지. 사람들이 당장의 쾌락보다 당장의 고통을 받아들인다는 건 분명해. 하지만 그건 미래의 더 큰 쾌락을 위해서지. 때로 쾌락은 환영[신기루]과 같아. 하지만 계산 착오가 있다고 해서 법칙을 부정할 수야 없지 않은가. 자넨 어리벙벙한 모양인데, 그건 자네가 쾌락을 감각의 산물이라고만 생각하니까 그런 거야. 하지만 젊은 친구, 조국을 위해 목숨을 바치는 사람은 그게 좋아 그렇게 한다네. 그건 양배추 절임을 먹는 사람이 그게 좋아 먹는 거나 마찬가지야. 그게 창조의 법칙이야. 만일 사람이 쾌락보다 고통을 더 좋아한다면 인류는 진작 멸망했을 거야."[2]

이와 같은 논변은 과연 타당한가? 이에 대해서는 이미 잘 알려진 다음과 같은 명쾌한 반론이 있다.

'물론 우리의 행위들 가운데에는 의식적 혹은 무의식적으로 자신의 만족감을 겨냥한 행위들이 있을 것이다. 그러나 모든 행위가 그렇지는 않을 것이다. 우리의 행위들 중 어떤 것은 그러한 행위를 통해 얻어지리라 기대되는 만족감 때문에 그것이 행해지는 것이 아니라, 그 행위를 통해 예상되는 쾌감을 전혀 고려하지 않은 상태에서 단순히 그 행위를 원했기 때문에 행해지는 것이다. 그리고 쾌감이란 우리가 추구했던 것을 이루었을 때에 자연스레 뒤따르는 부산물일 뿐이다. 예를 들어, 우리가 타인을 위한 행위를 통해 쾌락을 얻고자 한다면, 우리는 쾌락을 목적으로 할 것이 아니라 먼저 타인의 행복을 원해야 하는 것이다. 즉, 우리가 어떤 행위를 통해 만족을 얻는 것은 사실이지만, 항상 행위를 통해 얻으리라고 기대되는 만족감 때문에 그 행위를 하는 것은 아니다. 우리가 그러한 행위를 먼저 원했기 때문에 그 행위를 함으로써 만족을 얻게 된 것이다.'[3]

---

2   서머싯 몸(송무 역), 《인간의 굴레에서》 (1권), 354~355면. 벤담 역시 이와 비슷한 논증을 편 바 있다.

3   W. K. Frankena(황경식 역), 《윤리학》, 종로서적, 1984, 39면 이하 참조.

이렇게 본다면 쾌락은, 직접적 추구의 대상이라기보다 그 자체로서는 반드시 쾌락과 관련되어 있다고 볼 수 없는 어떤 행위의 부산물이라고 보는 편이 적절할 것이다. 따라서 우리가 참으로 쾌락을 얻는 바람직한 방법은 쾌락을 의식하지 않은 중립적 목표를 추구하는 것이다. 결국 '인간의 모든 행동은 오로지 자신의 만족감을 얻기 위해서 행해진다'고 주장하는 심리적 쾌락주의는 주객(主客)이 전도된, 다시 말해서 행위의 목적과 그 부산물을 혼동한 데서 나온 것이라 할 수 있다. 사실 쾌락 그 자체만을 위하여 행해지는 행위는 오히려 원래의 목표였던 쾌락마저 놓치는 결과를 낳기 쉽다. 이러한 논지는 유명한 쾌락주의의 역설(hedonistic paradox)[4]을 통해서 이미 잘 알려진 바 있다.

한편, 쾌락주의의 이러한 해석은 인간의 행동을 어떤 외부의 관찰자가 바라보면서 내리는 사후의 해석이거나 혹은 우리가 우리 자신의 욕구에 대해 마치 아웃사이더와 같은 입장을 취하는 것으로서, 행위의 주체인 우리가 오로지 어떤 것을 원해서 그것을 하는 것과는 다른 차원의 이야기로 보인다.[5] 다시 말해서, 그러한 해석에는 행위의 진정한 동기 — 그것을 왜 그토록 원하는지 — 에 대한 관심이 결여되어 있다. 예를 들어, 내가 나 자신의 욕구와 의도를 심리학적으로 분석한다고 할 경우, 이때 분석 대상이 되고 있는 '나'는 이미 객관적 관찰 대상이 된 '나'요, 시간적으로 '과거의 나'이다. 그것은 항상 새로운 결단의 가능

---

4 쾌락을 목적으로 하여 의식적으로 그것을 추구하다 보면 쾌락을 얻기보다 오히려 권태와 고통을 맛보기 쉬운 반면, 쾌락을 의식하지 않고 어떤 일을 열심히 할 때 거기서 참다운 쾌락을 얻을 수 있다는 설.

5 피터 싱어는 이에 대해 '과학적 설명'과 '윤리적 결정'의 차이라는 표현을 쓴다. "과학적 설명과 윤리적 결정의 차이는 이른바 관점(standpoints)의 차이라고도 할 수 있다. 관찰자(observer)의 시점은 참여자(participant)의 시점과 다르다."(P. Singer (김성한 역),《사회생물학과 윤리》, 인간사랑, 1999, 150면)

성을 내포한 '지금의 나'가 아니다. 이러한 나('초월적 자아')는 늘 전제되어 있기는 하되, 이런 식의 분석이나 설명 대상은 결코 될 수 없다. 만일 누군가가 이런 방식으로 자기 자신에 대한 이해를 도모할 경우, 그것은 자칫 진정한 자기 반성의 계기를 외면하는 자기 도피의 메커니즘이 될 수 있다. 그래서 자기 기만이나 자기 합리화의 함정에 빠지기 쉽다. 왜냐하면 그는 '스스로를 안다'고 말하면서 자신의 참모습과 직면하길 거부하고 결국 자기 결단의 무거운 짐을 회피할 수 있기 때문이다.

쾌락주의적 입장에 대한 이러한 분석을 통해 우리는 현대 쾌락주의에는 심리주의적 문제가 놓여 있음을 짐작할 수 있다. 심리주의(psychologism)는 과학적 방법을 통해 인간의 마음을 해명할 수 있다는 입장을 취한다. 즉 자연과학에서 수학적 방법과 객관적 관찰을 통해 대상 세계를 정확히 파악하듯이, 인간의 마음도 객관적 관찰방법을 통해 정확히 해명될 수 있다는 것이다. 하지만 문제는, 위에서 살펴본 바와 같이, 인간의 자아가 결코 객관적 관찰 대상이 될 수 없다는 데 있다. 인식과 의지의 주체인 활동하고 있는 자아는 외부 대상 세계를 파악하는 방식과 같은 방식으로는 잘 파악되지 않는 것이다. 그래서 이러한 방식을 인간의 마음을 이해하는 유일한 방식으로 생각할 경우 오히려 자기 자신을 더욱 이해할 수 없게 되고 마는 것이다.

감각적 쾌락의 한계

이제 '가치'의 문제로서 '쾌락은 바람직한 것 혹은 쾌락은 곧 선'이라는 주장에 대해 살펴보자. 심리적 쾌락주의가 '모든 인간은 쾌락을 추구한다'는 사실에 대한 언명이라면, 윤리적 쾌락주의는 '인간은 쾌락을 추구하는 것이 좋겠다' 라는 권고나 당위를 말하고 있는 이론이다. 다음 대화를 통해 쾌락이 과연 추구할 만한 가치가 있는 유일한 목표인지에 대해 생각해 보자.

칼리클레스: 스스로를 완전히 충족시킨 사람은 더 이상 즐거움을 모를 것입니다. 내가 지금 말하고 있는 것처럼, 완전히 채워짐으로써 기쁨도 고통도 경험할 수 없다면 그것은 돌과 같은 삶일 것입니다. 즐거운 삶이란 오히려 가능한 한 많이 무언가가 흘러들어오는 가운데 있을 수 있습니다.

소크라테스: 만일 흘러들어오는 것이 많이 있다면 또한 나가는 것도 많이 있어야 할 것이고, 그러면 흘러나가는 것을 위한 커다란 구멍이 있어야 하지 않겠는가?

칼리클레스: 물론입니다.

소크라테스: 지금 자네는 죽은 시체나 돌에 대해서가 아니라 (늘 번잡한) 물떼새의 삶에 대해서 이야기하고 있는 것일세. 말하자면 배고픔 같은 것이 있다든가 또 배가 고프면 먹는다는 것 등에 대해서 말하고 있는 것 아닌가?

칼리클레스: 예, 그렇습니다.

소크라테스: 갈증도 있네. 목이 마르면 마시지 않겠나?

칼리클레스: 예, 다른 모든 식욕들의 존재도 마찬가지입니다. 그것들을 충족시킬 수 있고 또 즐길 수 있다면, 행복하게 사는 것이지요.

소크라테스: 좋네! 자네가 시작한 방식으로 계속하게. 다만 수치스러워지지 않도록 조심해야 할 걸세. 나 또한 수치스러워지게 될까 봐 뒤로 물러서지는 않겠네. 이제, 가려움증이 있어서 가려운 데를 긁는 사람이 있다고 하세. 그는 그의 전 생애 내내 그것을 실컷 긁을 수 있네. 자, 이 사람이

과연 행복하게 살고 있는 것인지 내게 말해 보게나.[6]

  우리는 물론 가려운 데를 끊임없이 긁음으로써 쾌감을 맛보는 사람을 참으로 행복한 사람으로 여기지 않는다. 그것은 단지 순간적이고 감각적인 쾌락에 불과한 것이기 때문이다. 그렇다면 어떤 쾌락이 인간을 행복하게 하는 진정한 쾌락이라 할 수 있을까? 일찍이 에피쿠로스학파는 욕구나 결핍을 충족시킴으로써 쾌락을 극대화하는 것에는 한계가 있다는 것을 알았다. 쾌락의 정도를 '욕구의 충족 / 욕구'라는 분수로 표현할 수 있다고 할 때, 쾌락을 극대화하기 위해서는 분자를 늘리기보다 분모를 줄이는 것이 더 근본적인 방법이라는 것을 이들은 깨달았던 것이다. 분모가 무한대(∞)일 경우 ─ 대개의 경우 인간의 욕심은 끝이 없으므로 ─ 분자가 아무리 커도 그 수의 크기가 0에 가까워진다면, 분모가 0에 가까워질 경우 ─ 자기 욕심을 줄인다면 ─ 분자가 아무리 작아도 그 수의 크기는 무한대(∞)에 가까워질 것이기 때문이다. 그래서 에피쿠로스학파는 사람들에게 욕망을 적게 가지라고 충고했고, 또 남에게 선의나 자비와 같은 덕을 베풀 것을 권고했다. 왜냐하면 그렇게 함으로써 참된 기쁨을 맛볼 수 있다고 보았기 때문이다.

  그러나 에피쿠로스처럼 이렇게 소극적으로만 쾌락을 추구할 것이 아니라, 좀 더 적극적으로 쾌락을 추구하는 어떤 방법은 없을까? 다음과 같은 쾌락기계(pleasure machine)를 한번 가정해 보자.

  쾌락기계 속에 한 사람이 누워 있다. 그는 마취 상태에 있으며, 전극 단자가

6   Plato, *Gorgias*, 494 a-c, *Complete Works*, ed. by J. M. Cooper, Indianapolis · Cambridge, 1997, vol. 1, 837면.

그의 머리에 붙어 있다. 이 장치를 통해 온갖 행복감이 느껴지도록 알맞게 제어된 전기 자극이 그의 뇌 속 쾌락중추에 전달된다. 이제 이 사람은 평소 꿈꾸어 왔던 모든 종류의 행복, 예컨대 스포츠에서의 영웅, 영화의 스타, 위대한 정치가, 세계 최고의 갑부가 되는 체험 및 가장 아름다운 애인과의 로맨스를 포함한 모든 것을 누릴 수 있다. 그는 이것들을 정말로 체험하고 있다고 믿기 때문에 지극히 행복한 표정을 짓고 있다. 이 기계를 통제하고 있는 의사는 이 사람이 지금과 같은 상태로 꽤 오랜 기간 유지할 수 있을 것이며, 이 상태를 더 이상 유지할 수 없게 되는 시점에 이르면, 기계장치가 꺼짐과 동시에 이 사람은 아무런 고통 없이 죽을 수 있다고 설명한다. 자, 당신에게도 이 기계에 들어갈 수 있는 기회가 주어진다고 하자. 당신은 기꺼이 여기에 들어가기를 선택하겠는가?[7]

아마도 여러분들 대부분은 이러한 제의를 거절할 것이다. 왜냐하면 그것은 진짜가 아니기 때문이다. 이로써 알 수 있는 사실은, 우리가 근본적으로 원하는 것은 단순한 쾌락의 획득이 아니라는 것이다. 쾌락기계 속의 사람은 분명히 최고의 쾌락을 누리고 있지만, 우리 대부분은 그와 자리를 바꾸기를 원하지 않는다. 오히려 우리는 우리의 평범한 삶을 계속하는 쪽을 선택한다. 그 이유는 무엇일까? 그것은 아마도 기계속의 사람이 실제 삶(현실)의 바깥에 놓여 있기 때문일 것이다. 우리는 꿈속의 쾌락보다는 비록 고통이 동반된다 할지라도 현실 쪽을 선택한다. 이 현실의 경험이야말로 우리 삶의 참다운 내용이기 때문이다. 우리는 현실 속에서 우리의 이상을 실현하고자 노력하며 또한 의미를 추

---

7 R. Nozick, *Anarchy, State and Utopia*, Blackwell, 1974, 42~45면; 슈페만(박찬구·류지한 역),《도덕과 윤리에 관한 철학적 사유》, 철학과현실사, 2001, 45면 이하 참조.

구한다. 그러므로 쾌락이란 우리가 근본적으로 원하는 목표라기보다
단지 바람직한 부산물에 불과하다고 보아야 할 것이다. 우리는 정신병
자나 마약중독자가 아닌 한, 환상적인 행복감이 아니라 현실에 뿌리를
둔 행복을 원한다. 그러자면 우리는 먼저 쾌락에 관심을 둘 것이 아니
라 실제 현실(reality)에 직면해야 한다. 그리고 현실을 체험해 가는 가
운데 현실과의 화해를 통해서 우리 자신을 성장시켜 나가야 한다.

　지금까지 우리는 '인간 삶의 궁극적이고 가장 근본적인 목적은 주관
적 쾌락의 극대화'라는 주장을 살펴보았다. 그런데 쾌락주의에는 자기
자신의 쾌락 추구만을 목적으로 하는 것이 아니라 모두의 쾌락을 극대
화하는 것을 목적으로 하는 입장도 있다. 전자를 이기적(egoistic) 쾌락
주의라 한다면, 후자는 보편적(universalistic) 쾌락주의라고 할 수 있다.
이처럼 개인적 차원을 넘어 공중적(公衆的) 차원에서 쾌락을 추구하게
되면, 주관적 · 심리적 측면보다는 객관적 측면이 중시되고 또한 강한
규범성을 띠게 된다. 왜냐하면 이 입장은 모두의 쾌락을 위해 때로 자
기 자신의 쾌락을 희생할 수도 있음을 함축하기 때문이다. 이러한 논의
는 제4장과 제5장에서 공리주의를 언급할 때 더 자세히 다룰 것이다.

진정한 쾌락으로서의 행복

쾌락주의와 관련하여 우리가 검토해 볼 또 하나의 측면은 단순한 감각
적 쾌락이 아니라 포괄적인 — 간혹 기쁨이라 표현되기도 하는 — 쾌락
의 의미, 즉 진정한 쾌락의 의미에 대한 것이다. 에피쿠로스의 말을 들
어 보자.

우리에게 쾌락이란 신체 영역에 어떤 고통도 느끼지 않는 동시에 정신적 영
역에서 어떤 불안도 느끼지 않는 것을 의미한다. 왜냐하면 넘칠 만큼의 음식
이나 아름다운 남녀와의 즐김, 또는 맛있는 생선요리와 같이 풍성하게 차려
진 식탁에 있는 것들이 쾌락적인 삶을 만들어 주는 것은 아니기 때문이다.
오히려 모든 욕구와 회피의 근거를 파악하고 영혼을 회오리바람처럼 뒤흔드
는 광기를 몰아내는 명료한 사고만이 쾌락적인 삶을 만들어 주기 때문이다.[8]

이렇게 쾌락의 개념을 넓은 의미로, 정신적 의미로 이해하기 시작하
면 우리는 자연히 행복(happiness)이라는 개념과 마주치게 된다. 참으
로 행복이란 모든 인간이 추구하는 궁극적 목적이 될 수 있는 그런 개
념인 듯하다. 잘 알다시피, 아리스토텔레스는 이미 이러한 행복의 개념
에 대해 설명한 바 있다. 그는 '진리를 깨닫고 관조하는 삶' 속에 진정
한 행복이 있다고 말한다.

행복이 덕을 따른 활동이라면, 당연히 그것은 최고의 덕을 따른 것이 아니어
서는 안 된다. 그런데 이 최고의 덕은 우리들 속에 있는 최선의 부분이 아닐
수 없다. (…) 관조적인 것이 이 활동임은 이미 말한 바 있다. (…) 이성의 활
동은 관조적인 것으로서 그 진지함에 있어 뛰어난 가치를 지니고 있고 그 자
신 이외에는 다른 목적을 가지고 있지 않으며, 그 자신에 고유한 쾌락(이것
은 그 활동을 증가시킨다)과 자족성과 한가함과 싫증이 나지 않는 성질을 가
지고 있다. 또한 다시 없이 행복한 사람에게 속하는 것으로 볼 수 있는 모든
성질이 이 활동과 결부되어 있음이 분명할진대, 응당 이 활동이야말로 인간
의 가장 궁극적인 행복이라 아니할 수 없다.[9]

8 에피쿠로스(조정옥 엮음),《쾌락의 철학》, 동천사, 1997, 101면.

이러한 행복의 경지는 분명히 인간이 다다를 수 있는 최고의 지적 수준을 보여 주는 것 같다. 하지만 이렇게 주지주의 혹은 이성주의적으로 이해되는 행복은 보통 사람으로서는 쉽게 다가갈 수 없는 것처럼 보이기도 한다. 이보다 좀 더 쉽게 이해되고 쉽게 공감할 수 있는 '도덕적' 행복론은 없을까? 여기서 행복과 도덕의 만남을 암시하는 이 시대 한 현자의 말을 들어 보기로 하자. 그의 말을 통해 우리는 제2장과 제3장에서 다루어 왔던 주제가 하나의 새로운 차원으로 고양되는 것을 볼 수 있다.

자비는 다른 사람의 어려움과 고통을 염려하고 걱정하는 마음입니다. 가족과 친구만이 아니라 다른 모든 사람에 대해서 말입니다. 적들도 예외가 될 수 없습니다. 우리의 감정을 잘 분석해 보면 한 가지 사실이 분명해집니다. 만일 우리가 자신만 생각하고 다른 사람들을 잊어버린다면, 우리의 마음은 매우 좁은 공간만을 차지합니다. 그 작은 공간 안에서는 작은 문제조차도 매우 크게 보입니다. 하지만 당신이 다른 사람들을 염려하는 마음을 키우는 순간, 당신은 그들 역시 당신 자신과 마찬가지로 행복을 원한다는 사실을 깨닫게 됩니다. 당신이 이런 염려하는 마음을 가질 때, 당신의 마음은 자동적으로 넓어집니다. 이 시점에서는 당신 자신의 문제가 설령 아무리 큰 것이라 해도 별로 중요하게 느껴지지 않습니다. 그 결과는 무엇일까요? 마음의 평화가 훨씬 커지는 것이지요. 따라서 만일 당신이 자기 자신만을, 자신의 행복만을 생각한다면 실제로는 덜 행복해지는 결과가 찾아옵니다. 당신은 더 많은 불안, 더 많은 두려움을 갖게 됩니다. (…) 만일 당신이 진정한 행복을 원한다면, 그것을 얻기 위해 당신이 어떤 방법을 사용해도 나름대로 가치가

---

9   아리스토텔레스(최명관 역), 《니코마코스 윤리학》, 서광사, 1991, 300~302면.

있을 것입니다. 그러나 가장 좋은 방법은 이것입니다. 당신이 타인에 대해 생각할 때 당신은 최대의 이익을 얻는 첫 번째 사람이 될 것이라는 것입니다.[10]

그러므로 우리는 쾌락주의가 모순에 빠지지 않으려면 어떤 다른 경로를 생각해 보아야 한다는 것을 알 수 있다. 우선, 그것은 자기중심적이거나 주관적이어서는 안 되고, 이타적이거나 보편적이어야 한다. 다음으로, 쾌락의 질적인 측면에 주목할 때 '행복', '삶의 질', '인간의 궁극적 본성'에 대해서도 생각해 보지 않을 수 없다. 다음 장에서 살펴볼 공리주의는 쾌락을 보편적 관점으로 확장해 논한 것이다.

---

10   달라이 라마 · 빅터 챈(류시화 역), 《용서》, 오래된미래, 2004, 191면.

💬 생각해 볼 문제

1 "'순교'와 같은 (종교적) 희생적 행위도 크게 보면 결국 자신의 만족을 찾기 위한 행위라 볼 수 있으며, 따라서 모든 인간 행위의 궁극적인 동기는 사실상 자기 자신의 쾌락에 놓여 있다"라는 식의 주장을 심리적 쾌락주의라고 한다. '심리적 쾌락주의'의 문제점을 지적해 보시오.

2 다음 글에서 설명하고 있는 '정신병자'의 삶이 과연 행복한 것인지 아니면 불행한 것인지에 관해 자기 의견을 말하고 그 이유도 설명해 보시오.

> 인간의 본성은 매우 다양해서, 행복을 가져오는 성격의 종류에 대한 어떠한 일반화도 모든 인간 존재에게 타당할 수 있을지 의심스럽다. 예를 들어 '정신병자'란 어떤 사람들인가? 정신과 의사들은 이 말을 사교적이지 못하고, 충동적이고, 자기중심적이며, 냉혹하고, 자책감이나 수치감이나 죄책감을 느끼지 못하며, 깊고 지속적인 인간관계를 형성할 능력을 가지지 못한 사람을 지칭하는 말로 사용한다. 정신병자들은 확실히 비정상적이다. 그러나 그들이 정신적으로 병든 사람들이라고 말하는 것이 적합한가의 여부는 다른 문제이다. 적어도 표면적으로 그들은 그들의 상태로 인해, 고통을 겪고 있지 않으며, '치료되는 것'이 그들에게 [진정으로] 이익이 될지도 분명하지 않다. (…) 정신병자는 비사교적이고 다른 사람들의 복지에 무관심한 반면, 자기 자신의 삶은 즐기는 것으로 보인다. 정신병자들은 망상이나 비합리적인 사고를 나타내는 다른 징후를 드러내지 않는 한, 종종 매력적이고 지적인 사람으로 보인다. (…)

조사연구에 의하면, 놀라울 정도로 많은 정신병자들이 대단히 반사회적인 행위를 함에도 불구하고 감옥에 들어가지 않고 있다고 한다. 아마도 이는 그들의 유명한 능력, 즉 자신들이 진정 후회하고 있고 그런 일을 다시는 행하지 않을 것이며 자신들도 기회를 한 번 더 가질 자격이 있음을 다른 사람에게 설득하는 능력 때문일 것이다.

정신병적인 사람들이 있다는 사실은 자비심, 동정심, 죄책감이 모든 사람에게 있다는 주장에 대한 반대증거가 된다. 그리고 이는 또 행복을 이 같은 성향의 소유와 연결시키려는 시도에 대해서도 반대증거가 된다.[11]

3 다음 글을 읽고 '도덕과 행복의 관계'에 대해 생각해 보자.

현재로서의 [내가 하고 싶은 일] 우선순위 1번은 긴급구호활동이다. 이런 일을 한다고 하면 마치 내가 드높은 박애 정신이나 인류애의 소유자라고 생각할지도 모른다. 나는 정말 그런 거 없다. 어렸을 때부터 봉사나 희생 정신과는 거리가 먼 사람이다. 오히려 이기적인 쪽이다. 무슨 일이든 내가 좋아야 한다. 내가 하나도 기쁘거나 행복하지 않은데 남에게 좋다는 이유로 무슨 일을 하는 법은 없다.

긴급구호도 그렇다. '괴롭고 힘들고 목숨의 위협을 느낄 만큼 두렵지만 인류평화라는 거룩한 뜻을 위해 이 한 몸 기꺼이 바치겠다'가 절대 아니다. 이 일을 하면 내가 얼마나 행복할까를 생각한다. 벼랑 끝에 선 사람들의 손을 잡아끌어 주는 것이 나에게 얼마나 큰 보람과 기쁨을 줄까를 생각한다. 내가 행복할 것 같아서 하는 일이 너무나 다행히 다른 사람들을 위해서도 좋은 일이니 더욱 잘 되었을 뿐이다. 이 일을 하다가 죽어도 할 수 없다. 나

---

11 피터 싱어(황경식·김성동 역), 《실천윤리학》, 철학과현실사, 1991, 289~290면.

라고 목숨이 아깝지 않을까마는 어차피 한 번 죽을 목숨이라면 하고 싶은

일을 하는 현장에서 죽고 싶다. 아니, 그게 바로 내 소원이다.[12]

12 　한비야, 《중국견문록》, 푸른숲, 2001, 328면.

제4장

공리주의(1)

> "자기 자신보다는 다른 사람을 위하는 행동을 우리는 보통 도덕적으로 선한 행동이라고 하지. 그런데 모든 사람은 다 행복을 원하지 않아? 그러니까 결과적으로 모든 사람을 행복하게 하는 행동이 선한 행동이고 그들을 불행하게 만드는 행동은 악한 행동이 되는 거야."
>
> "네 말이 맞는 것 같기는 해. 그렇지만 우리가 행동할 때마다 그 수많은 행동의 결과를 일일이 따져 볼 수는 없잖아? 그러니까 행위의 결과로 선·악을 판단하기보다는 그 행위의 의도를 따져 보는 일이 더 중요할 것 같아. 즉, 좋은 결과를 낳는 행위 유형을 선택하는 일 말이야."

보편적 쾌락주의로서의 공리주의

사람은 누구나 행복한 삶을 원한다. 또한 사람은 될 수 있으면 고통을 피하고 쾌락을 추구하려는 경향을 갖고 있다. 세상 사람들의 이와 같은 자연적 삶의 모습을 근거로 하여 나오게 된 윤리설이 쾌락주의이다. 쾌락주의 윤리설에 따르면 도덕적인 행위란 행복을 가져다주는 행위이다. 그래서 그 행복의 정도가 크면 클수록 행위의 도덕적 가치는 더욱 크다고 평가된다. 즉, 어떤 행위를 통해 사람들이 더 많은 행복을 얻으면 얻을수록 그 행위는 더욱더 칭찬할 만한 가치가 있다고 여겨진다.
이러한 입장의 대표적 예로서 우리는 고대 그리스의 에피쿠로스학파를
들 수 있을 것이다. 이들은 남과 더불어 사는 사회적 · 공적(公的) 차원
의 삶보다는 혼자만의 개인적 · 사적(私的) 차원의 삶에 더 관심을 가졌
기 때문에, 사람들에게 쾌락을 추구하되 주로 자기 자신의 쾌락을 최대
한 추구하라고 가르쳤다.

   에피쿠로스학파가 사라진 이후 서양에서 쾌락주의는 그다지 주목받
지 못했다. 특히 중세기의 엄격한 종교적 윤리는 쾌락주의의 대두를 허
용하지 않았다. 그런데 근대 시민사회가 형성될 무렵 영국의 철학자들
이 쾌락주의에서 사회적으로도 의미를 가질 수 있는 측면을 찾아냄으로
써 쾌락주의는 새로이 주목받는 계기를 맞게 되었다. 자기 개인의 쾌락
만을 목적으로 삼는 것이 아니라 사회 전체의 공중적(公衆的) 쾌락을 역
설한 근대 영국의 쾌락주의를 우리는 공리주의(功利主義, utilitarianism)[1]
라 부른다. 공리주의의 대표적 인물은 벤담(J. Bentham, 1748~1832)과
그 후계자인 밀(J. S. Mill, 1806~1873)이다.

고전적 공리주의의 특징

벤담과 밀이 주장했던 고전적 공리주의 이론은 다음의 세 가지 내용으
로 요약될 수 있다.

---

1   utilitarianism이라는 말의 번역어로는 功利主義와 公利主義의 두 가지가 있는데,
전자가 utility 즉 유용성〔功利〕의 의미를 살린 표현이라면, 후자는 공공(公共)의 이익
이라는 의미를 부각한 표현이라 하겠다. 여기서는 어원(語源)에 충실한 번역어인 功利
主義를 택하였다.

첫째, 행위들은 오직 그 결과에 의해서만 옳고 그름을 판단할 수 있다. 그 외의 다른 요인은 어떤 것도 문제되지 않는다. 따라서 옳은 행위란 오로지 최선의 결과를 가져오는 행위이다.

둘째, 결과를 평가하는 데 고려되는 유일한 요인은 행위에 의해 생겨날 행복과 불행의 양이다. 그 외의 모든 것은 관련이 없다. 따라서 옳은 행위란 불행 또는 고통의 양을 최소화하고 행복의 양을 최대화하는 행위이다.

셋째, 행복과 불행의 양을 계산할 때 어떤 사람의 행복도 다른 사람의 행복보다 더 중요한 것으로 계산해서는 안 된다. 각 개인의 행복은 똑같이 중요하다. 그러므로 자기 자신의 행복이라고 해서 다른 사람의 행복에 비해 특별한 것으로 취급해서는 안 된다.

위의 첫 번째 원리를 우리는 결과주의라 부른다. 그것은 행위의 도덕적 가치를 거기에 뒤따르는 결과들의 총체적 가치로 계산한다는 원리이다. 이것은 모든 일에서 효용성을 중시하는 영국 경험주의의 입장을 잘 반영하고 있다. 아무리 좋은 의도에서 행해진 일이라 하더라도 결과적으로 모두를 불행하게 만들었다면 다음부터 그러한 행위는 마땅히 하지 말아야 할 것이다. 벤담의 말을 들어 보자.

동기가 선 또는 악인 것은 오로지 그 결과에 따른 것이다. 즉, 그것은 쾌락을 산출하거나 고통을 피하는 경향 때문에 선이며, 고통을 산출하거나 쾌락을 피하는 경향 때문에 악인 것이다.[2]

---

2 J. Bentham, *An Introduction to the Principles of Morals and Legislation*, New York: Hafner Publishing Company, 1948, Chap. X, Part XII.

하지만 결과를 정확히 예측하여 행동한다는 것은 생각보다 그리 쉬운 일이 아니다. 일반적으로 행위의 결과란 미래의 어떤 시점을 기준으로 평가하느냐에 따라 달라질 수 있기 때문이다. '인생만사 새옹지마(人生萬事 塞翁之馬)'라는 말이 있듯이, 우리는 모든 행위의 결과를 미리 내다보고 행위할 수는 없다. 따라서 행위의 결과를 따져 보고 행위한다는 말은 다분히 허구적인 말일 수도 있다. 다음 글은 공리주의의 이러한 측면을 잘 지적하고 있다.

> 사람들이 모여 사는 곳에는 어디서나 이해의 충돌이 있기 마련인데, 이를 가능한 한 많은 사람들이 동의할 수 있는 방식으로 해결한다면, 그 방식은 많은 사람들에게 의당 '합리적'인 것으로 받아들여진다. 이런 관점에서 보면, '최대 다수의 최대 이익(혹은 행복)'의 원리를 내세우는 공리주의는 가장 많은 사람들을 만족시키고 그래서 가장 많은 사람들로부터 지지를 받을 수 있다는 관점에서 분명 '합리적'으로 보일 수 있다.
>
> 그러나 물론 이때 '최대 다수'와 '최대 이익'을 어떻게 어떤 항목을 가지고 누구를 중심으로 측량할 것이며, 그 측량의 시점을 언제로 잡을 것이냐는 사실 난제 중의 난제다. 오늘 우리 가족 모두에게는 좋은 것이 후손 10대 모두에게는 나쁜 것일 수 있고, 지금 다수의 서울 사람에게는 좋은 것이 같은 시각 여타 지방 사람들에게는 해를 끼칠 수 있고, 오늘날 다수 한국 사람에게는 좋은 것이 내일의 다수 일본 사람에게는 나쁜 것일 수 있고, 오늘의 미국 사람들에게는 나쁜 것이 10년 후의 남미 사람들에게는 좋은 것일 수도 있으니 말이다.[3]

---

3   백종현, 《윤리 개념의 형성》, 철학과현실사, 2003, 170~171면.

　그래서 이런 문제에 대한 하나의 대응으로서 현대 공리주의는 개별적 행위의 결과를 따지지 말고 '일반적으로' 최대의 행복을 가져오는 행위의 규칙을 따져야 한다고 주장한다. 이에 따르면, 일단 어떤 행위의 규칙이 유용성의 원리에 비추어 옳다고 판단되면, 개별적 행위들은 이미 이렇게 세워진 규칙들에 비추어 봄으로써 판단하게 된다. 이것을 규칙 공리주의라고 한다.[4] 두 번째 원리는 흔히 행복주의(eudaemonism)라 불린다.

　밀에 따르면, "행복은 바랄 만한 것이고, 더욱이 목적으로서 바랄 가치가 있는 유일한 것이며, 다른 모든 것들은 그 목적을 위한 수단으로서만 바랄 가치가 있다." 행복은 우리가 추구하는 궁극적 목적이요, 또 궁극적 선이라는 생각은 고대 그리스 사상까지 거슬러 올라갈 수 있을 정도로 오랜 전통을 가지고 있다. 그리고 그것은 우리의 상식과도 어느 정도 부합된다. 벤담은 이러한 생각으로부터 '공리의 원리(the principle of utility)'를 도출한다.

　공리의 원리란, 모든 행위를 그것이 우리의 행복을 증진하느냐 혹은 감소하

---

[4]　공리주의는 공리의 원리를 적용하는 대상의 차이에 따라 행위 공리주의와 규칙 공리주의로 구별된다. 행위 공리주의는 공리의 원리를 개별적 행위에 직접 적용하여 행위의 옳고 그름을 분별한다. 이에 비해서 규칙 공리주의는 공리의 원리를 행위에 직접 적용하는 것이 아니라 행위가 전제하고 있는 규칙(들)에 적용하여 최대의 공리를 산출하는 규칙(들)을 선정한 다음, 이 규칙(들)과의 일치 여부에 따라 행위의 옳음과 그름을 판단한다. 행위 공리주의는 공리의 원리가 행위의 도덕성을 직접 결정한다는 점에서 직접 공리주의(direct utilitarianism)라 할 수 있고, 규칙 공리주의는 행위의 도덕성을 공리의 원리가 아니라 그것에 따라 선정된 규칙이 결정한다는 점에서 일종의 간접 공리주의(indirect utilitarianism)라 할 수 있다. 행위 공리주의와 규칙 공리주의의 관계에 대한 상세한 논의는 류지한, "두 수준 공리주의에 관한 연구", 한국국민윤리학회, 《국민윤리연구》 제55호(2004. 4) 참고.

느냐에 따라 좋다거나 혹은 나쁘다고 평가하는 원리다. (…) 내가 모든 행위라고 말한 뜻은 그것이 한 개인의 모든 행위뿐만 아니라 정부의 모든 정책까지도 포함한다는 것을 의미한다.

공리란 어떤 대상 속의 성질로서 그것이 관련된 당사자에게 이익 · 편의 · 쾌락 · 선 · 행복을 가져다주고 손해 · 고통 · 악 · 불행이 생기는 것을 방지하는 경향을 가지는 것을 의미한다. 여기서 말하는 행복이란 당사자가 사회 전체일 경우에는 사회의 행복을, 특정한 개인일 경우에는 그 개인의 행복을 가리킨다.[5]

세 번째 원리는 이기적이거나 자기중심적 관점을 넘어서서 어떤 공정한 관점에 서야 한다는 **보편주의 정신** 혹은 인간 평등의 정신을 나타낸다. 원래 공리주의의 발상지는 산업혁명과 더불어 자본주의 경제가 점차 발전해 가던 18세기 영국이었다. 당시 영국에서는 개인의 이익과 사회 전체의 이익을 조화시키는 일이 문제로 대두되었고, 이에 벤담이 사익과 공익의 조화를 위한 도덕과 입법의 원리를 제창하였던 것이다.[6] 벤담은 사회는 개인의 집합체이므로 개개인의 행복은 사회 전체의 행복과 연결되며, 더 많은 사람이 행복을 누리게 되는 것은 그만큼 더 좋은 일이라고 생각했다. 그리하여 이른바 **최대 다수의 최대 행복**이 도덕과 입법의 원리로 제시되었다.

---

5 J. Bentham, *An Introduction to the Principles of Morals and Legislation*, Chap. I, Part II~III.

6 벤담은 원래 옥스포드 대학에서 법률을 공부한 법학자이자 변호사이다. 그래서 윤리 이론에 그가 관심을 갖게 된 것도 법과 정치에 대한 관심, 불의에 대한 혐오, 그리고 사회와 법률 개혁을 위한 그의 열망 때문이라고 말할 수 있을 것이다. 대체로 그의 이론은 홉스(T. Hobbes)와 로크(J. Locke)의 생각을 이어받아 이를 시대의 요구에 맞게 적용한 것으로 보인다.

그런데 여기서 공리주의가 해결해야 할 한 가지 심리학적 문제가 있다. '최대 다수의 최대 행복'이라는 공리주의의 원리를 따르려면, 우리는 '우리가 많이 가지고 있는 이기심' 대신 '우리가 적게 가지고 있는 이타심'을 따라야 한다. 본래 이기적인 속성이 강한 인간이 자기 자신의 행복을 추구하지 않고 사회 전체의 행복을 추구해야 할 이유가 무엇일까? 또 그것은 어떻게 해서 가능한 것일까?

이에 대하여 흄은, 우리가 자기 자신에게 유익한 것뿐만 아니라 남을 이롭게 하는 것에도 관심을 가지게 되는 것은 우리의 타고난 공감능력(sympathy) 때문이라고 답한다. 그는 이 능력을 바탕으로 우리는 시행착오 비슷한 어떤 과정을 거쳐 더욱 보편적이고 객관적인 입장을 취할 수 있고 또 그로부터 도덕 판단을 위한 '보편적 규칙(general rules)'을 얻을 수 있다고 주장한다.[7] 또 제임스 밀(James Mill)은 연상심리설(聯想心理說)을 통해 이러한 물음에 대답하고자 한다. 즉, 인간은 원래 자기의 행복을 추구하지만, 더불어 살아가는 경험이 거듭되는 사이에 연상작용을 통해 다른 사람의 행복도 자기의 것처럼 느끼게 되고, 마침내는 타인의 행복까지도 진심으로 바라게 된다는 것이다.[8]

양적 쾌락주의와 질적 쾌락주의

그런데 '최대 다수의 최대 행복'이라는 원리가 실질적으로 선·악의 판단 기준이 될 수 있으려면, 쾌락과 고통의 가치를 정확히 측정할 수

---

7 D. Hume, *A Treatise of Human Nature*(ed. by L. A. Selby-Bigge), Oxford, 1896, 583·585면.

8 김태길,《윤리학》, 박영사, 2002, 85면 참조.

있어야 한다. 그리고 그 방법은, 모든 쾌락이 질적으로 동일하다고 가
정한 후, 단지 그 양을 재는 것이다. 그래서 벤담은 쾌락을 측정할 수
있는 방법으로서 다음과 같은 일곱 가지 척도를 제시한다.

첫째는 강도(强度)로서 그 행위가 가져올 수 있는 쾌락의 강한 정도를 묻는
것이다. 둘째는 지속성인데 그 쾌락이 얼마나 오래 지속될 수 있는지를 묻는
것이다. 셋째는 확실성으로서 어떤 행위가 단지 막연한 기대가 아니라 얼마
나 확실하게 쾌락을 가져다줄 수 있는지를 묻는 것이다. 넷째는 근접성으로
서 예상되는 쾌락이 '언제' 즉 얼마나 빨리 획득될 수 있는지를 묻는 것이
다. 다섯째는 다산성(多産性)인데 어떤 행위를 통한 쾌락이 단지 일회성으
로 끝나는 것인지 혹은 다른 파급적인 쾌락을 동반하는지를 묻는 것이다. 여
섯째는 순수성으로서 현재 누리고 있는 쾌락 속에 고통의 요소는 없는지, 예
를 들어 육체적 쾌락에 탐닉함으로써 건강을 해치게 되는 등의 역작용은 없
는지를 묻는 것이다. 마지막으로 범위인데 어떤 행위가 단지 나의 쾌락에만
그치는 것이 아니라 얼마나 많은 사람에게 쾌락을 가져다주는지를 묻는 것
이다.[9]

하지만 이러한 벤담의 구상에 우리는 선뜻 동의하기가 어렵다. 상식
적으로 볼 때, 인간의 육체적 · 감각적 상태는 혹시 객관적으로 측정이
가능할지 모르지만 인간의 내면적 · 주관적 경험이라 할 수 있는 쾌락
이나 행복까지 정확히 측정할 수 있는지에 대해서는 의문이 제기되지
않을 수 없기 때문이다. 더욱이 그것을 굳게 믿고 그 계산 방법까지 구

---

9   J. Bentham, *An Introduction to the Principles of Morals and Legislation*, Chap.
IV.

체적으로 제시한 그의 시도는 어떻게 보면 무모한 것 같기도 하다.

벤담의 이론이 내포한 가장 결정적인 문제점은 무엇보다도 그가 쾌락의 질적인 차이를 과소평가한다는 데 있다. 다시 말해서 그는 동물적·관능적인 쾌락과 인간적·지적인 쾌락을 구분하지 않고 오로지 양의 차이만을 강조함으로써 인간의 고유한 삶의 양식을 간과하고 있다는 것이다. 밀은 바로 이러한 점을 수정 보완함으로써 공리주의를 좀 더 설득력 있는 이론으로 발전시키게 된다.

밀은 벤담을 따라 삶의 궁극 목표를 행복으로 설정한 후 우선 다음과 같이 '공리주의 원리'를 증명하고자 시도한다.

어떤 대상이 보일 수 있다는(visible) 것에 대해 제시할 수 있는 유일한 증거는 사람들이 실제로 그 대상을 본다는(see) 것이다. 어떤 소리가 들릴 수 있다는(audible) 것에 대한 유일한 증거는 사람들이 그것을 듣는다는(hear) 것이다. 우리 경험의 다른 원천들도 모두 이와 같다. 마찬가지로 어떤 것이 바람직하다는(desirable) 것을 밝혀 줄 수 있는 유일한 증거는 사람들이 실제로 그것을 바란다는(desire) 사실이라고 나는 생각한다. (…)

왜 일반의 행복이 바람직한 것인지에 대해서는, 각 사람이 스스로 그것을 얻을 수 있다고 믿는 한에서 자기 자신의 행복을 바란다는 사실 이외에 다른 어떤 이유도 제시될 수 없다. 이러한 사실을 두고 볼 때, 우리는 행복이 곧 선임을 증명하기에 필요한 모든 증거를 갖고 있는 셈이다. 그러므로 각 개인의 행복은 그 개인에 대해서 선이요 일반의 행복은 모든 사람 전체에 대해서 선이다. 이로써 행복은 행위의 궁극목적의 하나이자, 또한 도덕의 기준의 하나로서 자신의 입지를 입증하였다.[10]

---

10   J. S. Mill, *Utilitarianism*, New York: Liberal Arts Press, 1957, 44∼45면.

그러나 밀의 이러한 논증은 후세에 많은 논란의 대상이 되었다. 특히 몇몇 윤리학자(G. E. Moore 등)는 밀이 여기서 이른바 자연주의적 오류(the naturalistic fallacy)[11]를 범했다고 반박했다. 왜냐하면 보일 수 있다거나 들릴 수 있다는 말은 어떤 것이 '사실적으로 가능하다'는 것을 의미하는 데 반해, 어떤 것이 바람직하다는 말은 '바라는 것이 (사실적으로) 가능하다'는 것을 의미하는 것이 아니라 '바랄 만한 가치가 있다'는 것을 의미하기 때문이다. 그들에 따르면, 어떤 경험적 사실(fact)은 어떤 다른 사실의 근거는 될 수 있지만, 도덕적 가치(value)의 근거는 될 수 없다. 다시 말해서 존재(독: Sein, 있는 세계)는 당위(독: Sollen, 있어야 할 세계)의 근거가 될 수 없다는 것이다.

다시 본론으로 돌아가, 어쨌든 밀은 이 쾌락이라는 개념을 벤담에 비해 좀 더 넓은 뜻으로 해석한다. 벤담이 쾌락을 오로지 양적으로 계산할 수 있는 단일한 성질로 보았던 데 반해, 그는 쾌락의 양만을 따질 것이 아니라 그 질적인 차이도 고려해야 한다고 보는 것이다.

> 어떤 종류의 쾌락이 다른 것들보다 더 바람직하고 더 가치 있다는 사실을 인정하는 것은 공리의 원리에 조금도 어긋나지 않는다. 다른 모든 일을 헤아릴 때에는 양뿐만 아니라 질도 고려되면서, 쾌락을 측정할 때에는 양에만 의거해야 한다고 여기는 것은 불합리한 일이다.[12]

밀은 쾌락에는 질적으로 천박한 것이 있는가 하면 또한 고상한 것도 있다고 생각한다. 이를테면 감각적 쾌락보다는 내적 교양이 뒷받침된

---

11   경험적 사실에서 나온 '사실 판단'을 근거로 도덕적 당위를 다루는 '가치 판단'을 도출하는 오류.

12   J. S. Mill, *An Introduction to the Principles of Morals and Legislation*, 12면.

정신적 쾌락이 더 수준 높은 쾌락이라는 것이다. 그리고 그는 정상적인 인간이라면 누구나 질적으로 높고 고상한 쾌락을 더 원할 것이라고 확신한다.

> 만족한 돼지이기보다는 불만족한 인간인 편이 더 낫고, 만족한 바보이기보다는 불만족한 소크라테스인 편이 더 낫다. 그리고 만일 바보나 돼지가 이와 다른 의견을 가지고 있다면, 그것은 이들이 이 문제에 있어 오직 그들 자신의 측면에서만 알고 있기 때문이다. 그러나 이들과 비교되는 상대편, 즉 사람이나 소크라테스는 양쪽 측면을 모두 알고 있는 것이다.[13]

이러한 밀의 말을 통해 우리는 '질적으로 더 높은 쾌락을 어떻게 분별할 수 있는가'에 대한 그의 대답을 이미 짐작할 수 있다. 그것은 질적으로 서로 다른 두 가지 쾌락을 모두 경험한 사람들이 선택한 것이 바로 '더 바람직한' 쾌락이라는 것이다. 밀은 정상적인 사람이라면 누구나 다소 고통이 따르더라도 '더 수준 높은' 삶을 택하리라고 믿는 것 같다.

> 더 높은 능력을 가진 사람이 행복하려면 열등한 유형의 사람보다 더 많은 것을 필요로 할 것이며 아마 고통에도 더 민감하기 때문에 많은 점에서 고통을 느끼기도 쉬울 것이다. 그러나 이러한 부담에도 불구하고 그는 결코 스스로 더 낮은 존재의 삶이라 여기는 것으로 떨어지기를 원하지는 않을 것이다.[14]

---

13 같은 책, 14면.
14 같은 책, 13면.

이와 같이 쾌락의 질적인 차이를 인정함으로써 밀은 한편으로 벤담의 거친 공리주의 이론에 대해 반감을 갖는 많은 사람들로 하여금 공리주의를 좀 더 받아들일 만한 것으로 만들었을 뿐만 아니라, 다른 한편으로는 공리주의의 이론적 난점 하나를 해결한 셈이 되었다. 즉, "왜나 개인만의 쾌락이 아니라 최대 다수의 쾌락을 추구해야 하느냐?"라는 물음에 대해 밀은 '더 높은' 쾌락 가운데에는 남의 행복에 대해서 느끼는 쾌락도 포함된다고 대답할 수 있기 때문이다.[15]

그러나 밀이, 벤담과 달리 쾌락의 동질성과 계량화 가능성을 부인했을 때, 그는 한 윤리 이론으로서의 공리주의에 어려운 문제를 던져 준 셈이 되었다. 왜냐하면 쾌락의 질적 차이를 인정하고 그 쾌락을 측정함에 있어 쾌락 이외의 성질을 도입할 경우, 쾌락은 더 이상 가치의 유일한 표준으로서의 역할을 할 수 없게 되며, 이는 곧 공리주의의 출발점인 쾌락주의 자체를 부인하는 결과가 되고 말기 때문이다. 다시 말해, 쾌락을 측정함에 있어 쾌락 이외의 다른 요소를 고려하게 되면 가치 다원주의를 표방하는 셈이 되어, 쾌락을 유일한 본래적 가치로 설정하고 출발한 최초의 입장을 수정하는 것이 되는 것이다.

또한 여기서 우리가 주목해야 할 점은, 밀의 경우에 '쾌락에 질적인 차이를 가져오는 바로 그 요소', 즉 '우리가 타인들의 행복에 관심을 가지고 그것을 배려해야 하는 이유가 되는 바로 그것'이야말로 '도덕성(morality)'의 본질에 해당되는 부분이라는 것이다. 쾌락의 질적 차이를 판정하기 위해서는 쾌락이 아닌 제3의 성질이 요구된다. 그것이 과연 무엇이겠는가? 만약 어떤 사람이 "쾌락이란 그것이 지향하고 있는 대상과 분리될 수 없다"든가, "쾌락이란 제각기 고유한 질을 갖는다"고

---

15   김태길, 《윤리학》, 88면.

주장한다면, 쾌락이 '지향하는 대상'과 그 '고유한 질'이 더 중요해지는 것일 텐데, 도대체 왜 '쾌락'이라는 개념에 그토록 집착을 하는 것일까?[16]

　이제 우리는 공리주의 이론의 의의와 한계에 대해 더욱 깊이 있게 검토해 볼 필요를 느낀다.

16　한편, 스스로 공리주의자임을 자처하는 피터 싱어는 이러한 문제에 정면으로 맞선다. 그는, 우리가 자기 자신의 이익이나 행복을 넘어서서 타인의 그것까지 평등하게 고려해야 하는 이유를 묻는 물음에 대해, 그것은 우리가 '더 의미 있는 삶을 살기 위해서' 또는 '더 큰 목적을 향해 살기 위해서'라고 대답한다. 그러나 결국 그는 '모든 사람에게 도덕적으로 행위해야 할 절대적인 이유를 제시할 수는 없다'고 고백하고 있다.(피터 싱어, 황경식 · 김성동 역,《실천윤리학》, 철학과현실사, 1991, 294~297면 참조) 여기서 우리는, 사실적 · 경험적으로가 아니라 오직 형이상학적으로 정당화될 수밖에 없는 도덕성의 본질을 확인하게 된다.

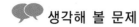 생각해 볼 문제

1 모든 쾌락이 질적으로 동일하다는 점을 강조하는 과정에서 벤담은 다음과 같이 상식적으로 다소 무리해 보이는 언급을 한 바 있다. 벤담은 왜 이렇게 쾌락의 질적 동일성에 집착했던 것일까?

쾌락은 다만 즐거운 것일 뿐, 그것이 베토벤의 음악을 들으면서 느끼는 쾌락이든 아이의 엉덩이를 핀으로 찌르면서 느끼는 쾌락이든 다 마찬가지이다.[17]

2 공리주의의 선구자라 할 수 있는 허치슨(F. Hutcheson, 1694~1746)은 이타심(benevolence)을 가리켜 "행복이나 불행을 느낄 수 있는 모든 존재를 향한 냉철하고 폭넓은 애정(affection) 또는 선한 의지(good will)"[18]라고 말하면서 이를 윤리학의 최상원리로 삼은 바 있다. 그의 영향을 받은 벤담 또한 이러한 입장을 견지하고 있다. 벤담의 다음 글을 읽고, 공리주의 원리가 적용될 수 있는 대상은 어디까지 확대될 수 있는지 논의해 보자.

동물들이, 폭군이 아닌 한 어느 누구도 그들에게서 빼앗아 갈 수 없는 자신들의 권리를 획득할 날이 올지도 모른다. 프랑스인들은, 피부가 검다는 것이 한 인간에게 마음대로 고통을 가하고 보상도 없이 내버려 두어도 될 이

---

17   W. S. Sahakian(송휘칠 · 황경식 역),《윤리학의 이론과 역사》, 박영사, 1986, 229면.
18   F. Hutcheson, *Inquiry*(제4판), in: D. D. Raphael(ed.), *British Moralists*, Oxford, 1969, §331.

유가 될 수 없음을 이미 발견했다. 마찬가지로 언젠가 우리는 다리의 개수, 피부의 털, 등뼈의 끝 모양 등이 감각 능력을 지닌 존재에게 고통을 주고도 보상 없이 내버려 두어도 될 충분한 이유가 될 수 없음을 인식하게 될 것이다. 넘을 수 없는 경계로 간주되어야 할 것은 과연 무엇인가? 이성 능력인가 아니면 언어 능력인가? 하지만 완전히 성장한 말이나 개는 하루, 일주일, 혹은 한 달 된 유아와 비교할 수 없을 정도로 말이 더 잘 통하고 더 합리적인 동물이다. 설사 그렇지 않다 하더라도 그게 그렇게 문제가 되는가? 문제는 그들이 이성을 가지고 있는가, 그들이 말을 하는가가 아니라 그들이 고통을 겪는가이다.[19]

---

19   J. Bentham, *An Introduction to the Principles of Morals and Legislation*, Chap. XVII, Part I, note.

제5장

공리주의(2)

"사람은 누구나 행복을 추구하잖아. 그러니까 사람을 행복하게 해 주는 게 좋은 거고 불행하게 만드는 건 나쁜 거야. 도덕이라는 것도 바로 이러한 행복을 이루는 데 기여하는 한에서 의미를 갖는 거야."

"사람이 누구나 행복을 추구한다는 것은 그의 타고난 성향이 그렇다는 것일 뿐, 도덕적 의무와는 구별되어야 한다고 봐. 이 세상에는 자기 자신의 행복보다 더 가치 있는 어떤 것이 있고, 도덕이란 바로 그런 걸 추구하는 것과 관련된 게 아닐까?"

"네가 말하는 바로 그런 것이 곧 '모든 사람의 행복' 아니겠니? 이 '모든 사람의 행복'에 기여하는 게 바로 도덕적 선이라고 생각해."

"그런데, 나의 행복과 다른 사람들의 행복이 서로 충돌할 때에는 어떻게 해? 그럴 때 나의 행복을 선택하면 나쁜 거야?"

경험주의적 윤리설의 한계

영국은 경험주의(empiricism)의 본고장이다. 경험주의란 반복된 경험을 통해 얻은 지혜를 존중하는 입장으로서, 진리 탐구의 방법으로서는 귀납법을 중시한다. 영국에서 상식 철학이 발달한다든가, 이른바 '영미법'에서 판례를 중시하는 것은 이러한 풍토를 반영한 것으로 보인다.

정치적으로 보아도 영국은 민주주의의 역사가 가장 오래되고, 이상주의를 내세운 피의 혁명보다는 대체로 현실적 타협을 통해 온건한 개혁의 길을 걸어왔다. 영국의 경험주의는 이렇게 현실을 무시한 이상주의적 독선에 대해 늘 비판적 성찰의 계기를 제공해 왔다. 그러므로 도덕의 원리를 찾는 데 있어서도 이러한 정신에 입각하여, 평범한 대부분의 사람들이 실제로 추구하고 있는 것이 무엇인지에 주목하는 것은 당연한 일일 것이다. 홉스(T. Hobbes)의 '자연상태'가 각자 자기의 생존과 이익을 추구하는 개인들을 가정하고 있는 것은 현실적 인간의 모습을 반영한 것이자, 근대 이기주의적 윤리의 출발점이기도 하다. 공리주의는, 이러한 이기적 개인들이 한데 모여 사는 사회 속에서 어떻게 서로 공존할 수 있는가를 모색한 결과물이라 할 수 있다. 다시 말해서, 각 개인들 간의 이익이 서로 충돌할 때, 그리고 사익과 공익이 서로 충돌할 때, 그것을 절충하고 조화시키기 위한 판단 기준을 세운 것이라 할 수 있다.

　그런데 이렇게 탄생된 윤리에는 다음과 같은 문제점이 있다. 우선, 이 윤리는 인간의 현실을 중시하므로 대부분의 인간이 추구하고 있는 것으로서 쾌락을 설정한 후 그것을 도덕적 당위의 근거로 삼는데, 어떻게 사실('is')을 근거로 당위('ought')를 도출할 수 있느냐 하는 문제이다. 다음으로, 이기적 개인들을 전제하고 그들이 모여서 사회를 형성한다고 가정하는데, 이기적 존재로 가정된 개인이 어떻게 그 가정에 모순되는 일, 즉 공익을 위해 자기 희생을 감수하는 것이 가능하겠느냐 하는 문제이다.

　그래서 초기 공리주의가 지닌 이론적 문제점으로서 우리는 다음과 같은 두 가지를 지적할 수 있다. 첫째, 초기 공리주의자들(대표적으로는 벤담과 밀)은 심리적 쾌락주의('모든 사람은 자기 자신의 쾌락을 추구한다')

로부터 윤리적 쾌락주의('모든 사람은 자기 자신의 쾌락을 추구해야 한다')
를 도출한 후 그것을 공리주의의 원리로 삼는데, 이것은 오류(이른바 자
연주의적 오류)를 범하는 것이다. 둘째, 설사 윤리적 쾌락주의를 받아들
인다 하더라도, 이기주의적 쾌락주의('각 사람은 자기 자신의 쾌락을 추구
해야 한다')를 근거로 보편주의적 쾌락주의('각 사람은 사회 전체의 쾌락을
추구해야 한다')를 도출할 수는 없다(이른바 결합의 오류).[1] 다시 말해서,
이들의 논거만을 가지고서는 왜 보편적 행복을 위해서 나의 행복을 희
생해야 하는지를 정당화할 수 없다.

시즈윅의 직관주의적 공리주의

이 시점에서 우리는 고전적 공리주의를 비판적으로 계승하여 현대 공
리주의로의 길을 개척한 시즈윅(Henry Sidgwick, 1838~1900)의 이론을
살펴볼 필요가 있다. 왜냐하면 그가 고민했던 문제들을 통해 우리는 공
리주의의 핵심적 쟁점들을 좀 더 분명하게 이해할 수 있기 때문이다.[2]

1 '결합의 오류'란 어떤 것이 각 부분들에 대해 참이기 때문에 전체에 대해서도 참이
라는 결론을 이끌어 낼 때 발생하는 논증상의 오류를 가리킨다. 코끼리의 각 부분은 작
지만 이로부터 전체로서의 코끼리도 작다는 결론을 이끌어 내는 것은 분명히 오류일 것
이다. 마찬가지로, 각 사람에게 있어 자기 자신의 쾌락 추구가 선이라고 해서 각 사람에
게 있어 (그들의 집합체인) 전체의 쾌락 추구도 선이라는 결론이 나오는 것은 아니다.
2 시즈윅은 개인적인 행복 추구와 사회 전체의 행복 사이에 야기되는 문제점을 해결
하는 데 혼신의 노력을 기울인 사상가이다. 그는 우선 '행복이란 한 개인에 의하여 주
관적으로 경험되는 것인데 왜 인류 전체의 행복 달성이 개인에게 의무로 부과되어야 하
는가?' 그리고 '개인이 경험할 수 있는 유일한 행복은 자기 자신의 행복인데 왜 다른
사람들의 행복을 걱정해야 하는가?' 등의 질문을 제기한다. 시즈윅의 해결책은 '칸트
적인 직관주의'를 직관주의적인 공리주의를 창출한 '밀의 공리주의'와 결합함으로써
얻어진다. 시즈윅은 밀의 윤리학적 쾌락주의의 타당성에 확신을 가지고 행복은 의문의

공리주의의 이론적 약점을 극복하기 위한 시즈윅의 전략은 칸트 윤
리학으로부터 직관주의적 요소를 도입하는 것이다. 그래서 시즈윅은
공리주의의 최고 원칙이 기초적인 도덕적 직관에 의존해야 한다고 주
장하게 된다. 더욱 자세히 말하자면, 시즈윅의 공리주의는 보편적 행
복('최대 다수의 최대 행복')이라는 실질적 원리와 더불어 몇 개의 자명
한 형식적 원리를 전제한다. 칸트의 정언명법과 같은 공정과 평등의 원
리인 정의(justice), 합리적 자기애의 원리인 타산(prudence), 개인의 선
이 아닌 모든 사람의 선을 지향하는 박애(benevolence)라는 세 가지 원
리가 그것이다.[3] 아래에서 시즈윅의 주장을 좀 더 상세히 살펴보기로
하자.

> 타산의 원리는, 내가 이미 제시했듯이, 이른바 합리적 이기주의(rational
> egoism)에 내포되어 있는 자명한 원리이다. 정의 혹은 공평의 원리는, 위에
> 서 언급한 〔'비슷한 경우는 비슷하게 취급되어야 한다'는〕것처럼, 이른바
> 직관주의 체계는 물론 공리주의에도 적용된다. 합리적 박애의 원리는, 내 생
> 각에 의하면, 공리주의 체계를 위한 합리적 근거로서 요구된다.[4]

이 박애의 원리를 입증하기 위하여 그는 다음과 같은 논리를 전개한
다. 타산의 원리에 있어서 자신의 행복을 현재의 시점에서만 바라보지

여지없이 인간의 윤리적 목표라고 주장하며, 동시에 칸트의 정언명법의 진실성에 설득
되어 인간은 누구나 보편적인 행복을 증진할 의무가 있다고 주장한다. 그는 "행동의 자
연스러운 목표는 개인적인 행복이며 의무로서의 목표는 보편적인 행복"이라고 말한
다.(W. S. Sahakian(송휘칠 · 황경식 역), 《윤리학의 이론과 역사》, 241~242면 참조)
3   H. Sidgwick, *The Methods of Ethics*〔이하 *ME*로 약칭〕, 7th ed., London: Mac-
millan, 1963, 381~383면.
4   *ME*, 386면 이하.

말고 '시간적으로 연장하여' 미래의 행복까지 동등하게 따져 봄으로써 자신의 전체적 행복을 증대할 수 있다고 한다면, 같은 논리를 '공간적으로도 연장하여' 나의 행복만이 아니라 남의 행복도 동등한 가치를 지닌 것으로 간주함으로써 인류의 보편적 행복을 증진할 수 있다는 것이다.

> 만일 공리주의자가 '왜 내가 다른 사람의 더 큰 행복을 위해 나 자신의 행복을 희생해야 하느냐?' 라는 물음에 대답해야 한다면, 이기주의자에게 '왜 내가 미래의 더 큰 쾌락을 위해 현재의 쾌락을 희생해야 하느냐?' 라고 묻는 것 또한 반드시 허용되어야 한다.[5]

현재의 작은 행복에 미혹되어 미래의 좀 더 큰 행복을 추구하지 않는 것이 근시안적이고 비합리적이라면, 자신의 행복에 집착하여 타인의 좀 더 큰 행복을 추구하지 않는 이기주의도 마찬가지로 비합리적이라 할 수 있다는 것이다. 다른 말로 하면, 현재의 행복을 시간적으로 확장해 미래의 행복까지 감안하는 것이 합리적이라면, 나의 행복을 공간적으로 확장해 남의 행복까지 감안하는 것 또한 합리적이라는 이야기이다. 그러나 이러한 시즈윅의 논리는 상식적으로 납득하기 어렵다. 왜냐하면 전자인 시간적 확장은 나를 위한 것이지만, 후자인 공간적 확장은 나를 위한 것이 아니기 때문이다. 나의 장기적 이익을 따져 보는 것도 '합리적'이고, 나의 이익과 상관없는 것을 따져 보는 것도 '합리적'이란 말인가? '합리적'이라는 말의 의미는 과연 무엇인가? 어쨌든 위와 같은 논리로 시즈윅은 박애의 원리가 합리적인 것이라 판단하고, 이

---

5 *ME*, 418면.

에 근거하여 공리주의의 타당성 또한 증명된 것이라 생각한다.

그러나 박애의 원리 및 공리주의의 타당성을 입증하기 위해 시즈윅이 그토록 노력했음에도, 이기주의와 공리주의 사이, 혹은 타산의 원리와 박애의 원리 사이에 생길 수 있는 갈등은 쉽게 해결될 수 없었던 것 같다. '어떤 개인이 타인의 좀 더 큰 행복을 위해서 자신의 행복을 희생하는 것이 합리적일 수 있다'고 공리주의가 주장하는 데 대해서, '어떤 개인이 자신의 행복을 궁극적 목적으로서 추구하는 것도 마찬가지로 합리적일 수 있다'고 이기주의는 주장할 것이기 때문이다.[6] 경험적으로 볼 때 이 두 원리는 분명히 조화될 수 없다. 왜냐하면 '자기 희생'이 항상 '자기 이익'으로 연결된다고 볼 수는 없기 때문이다. 이와 같이, 그 각각은 자명해 보이지만 상호 간에는 양립할 수 없는 두 개의 원리를 우리 이성이 동시에 인정하지 않을 수 없다는 데서 딜레마[7]가 생겨나는 것이다.

이기주의와 공리주의가 조화될 수 있는 유일한 방법은, 이 둘 사이의 근본적인 '이론상'의 차이가 '실제상'으로는 아무런 차이를 낳지 않음을 보여 주는 일일 것이다. 이러한 조화를 이룰 수 있는 방식에는 두 가지가 있다.[8] 첫째는 심리학적 방식이다. 그것은 공감(sympathy)의 쾌락과 고통에 의거한 것이다. 시즈윅은, 공감의 강도가 커질수록 이기주의적 행동과 공리주의적 행동은 서로 일치되는 방향으로 나아가겠지만 결코 완전한 일치에 이를 수는 없다고 말한다.[9] 둘째는 형이상학적

6　*ME*, 498면.
7　시즈윅은 이러한 딜레마를 '실천이성의 이원론(the dualism of practical reason)'이라 부른다.(*ME*, 404면 note 1)
8　C. D. Broad(박찬구 역),《윤리학의 다섯 가지 유형》, 철학과현실사, 2000, 197면.
9　*ME*, 500면 이하.

방식이다. 만일 합리적 박애의 원리에 따르는 사람에게는 그 희생을 보상해 주고 그렇지 않은 사람에게는 벌을 주는 어떤 도덕적 질서가 존재한다면, 이 둘 사이의 조화가 이루어질 수 있을 것이다. 그러나 그러한 도덕적 질서가 존재한다는 것이, 인격적인 신을 통해서이든 혹은 인격적이 아닌 어떤 형식을 통해서이든, 도무지 증명될 수 없다고 시즈윅은 말한다.[10]

마침내 시즈윅은 자명한 원리들이 이렇게 상충하는 결과를 놓고, 몹시 흔들리는 모습을 보여 준다. 그는 이러한 모순을 해결할 수 없다면 "도덕을 전적으로 포기하는 것이 합리적일 것"이라 토로하는가 하면, "그러나 도덕을 완전히 합리화할 생각 또한 포기하는 것이 필요할 것"이라 말하기도 한다.[11]

공리주의의 태생적 한계

이상의 논의를 통해 우리는 공리주의의 태생적 한계를 짐작할 수 있다. 그것은 그 이론의 경험주의적 배경에 기인한 것으로 보인다. 공리주의가 위의 딜레마를 벗어나기 위해서는 '타산'의 원리를 포기하는 길밖에 없다. 그렇게 되면 공리주의는 강한 규범성을 띠게 된다. 왜냐하면 이 입장은 모두의 행복을 위해 때로 자기 자신의 행복을 희생할 수도 있음을 함축하기 때문이다. 현대 공리주의의 '이익 평등 고려의 원칙'[12] 등에서 우리는 이러한 이행을 확인할 수 있다. 그러나 이처럼 강

---

10   *ME*, 505면 이하.
11   *ME*, 508면.
12   피터 싱어, 《실천윤리학》, 제1장 참조.

한 규범성을 띤다 하더라도 의무론적 윤리와의 차이점은 여전히 남는다. 그것은 도덕원리의 근거에 놓여 있는 이익 또는 쾌락(행복)이라는 개념이다. 공리주의는 보통 사람이 일반적으로 추구하는 이익과 쾌락에 주목하되, 그것을 개인적 차원을 넘어 보편적 차원에서 추구하고자 하였다. 이 점에 있어 공리주의는 합리적 이기주의를 넘어서서 도덕성의 핵심인 보편성을 획득하였다고 하겠다. 하지만 공리주의의 윤리적 기준이 '나'에게 있지 않고 '모두'에게 있음을 인정한다 하더라도, 왜 하필이면 '이익'과 '쾌락'인가? 다시 말해서, 경우에 따라서는 자기희생을 초래할 수도 있는 규범을 따라야 할 이유를 (예를 들어 사랑, 신념, 정의 등이 아니라) 왜 '이익'과 '쾌락'에서 찾으려 하는 것일까? 이렇게 생각할 때, 공리주의는 서구 근대 물질문명, 혹은 자본주의 사회의 한 특성을 반영하고 있는 이론으로 보인다. 다음 글은 이러한 공리주의의 문제점을 잘 지적하고 있다.

공리주의는 사회 윤리를 정립하는 데 있어서 적지 않은 장애가 되고 있는바, 그것은 다름이 아니라, 공리주의가 종국적으로 선의 가치를 이익의 가치에 종속시켜 도덕의 문제를 이익(분배)의 문제로 전환시키고, 게다가 가치 상대주의를 일반화시켜 도덕 상대주의를 조장하기 때문이다. 이 점이야말로 공리주의 풍조가 물리주의와 더불어 오늘날 도덕의 문제를 유야무야로 만드는 주 요인이라 하지 않을 수 없다. 이를 경계하기 위해서 일찍이 공자는 "군자는 무엇이 의로운가에 마음쓰고, 소인은 무엇이 이익을 가져다주는가에 마음쓴다"고 지적하면서 이익과는 다른 의로움을 말했고, 맹자 역시 양(梁)나라 혜왕을 만났을 때 "왕은 하필 이익을 말하십니까? 오로지 인의(仁義)가 있을 뿐입니다"라고 말하면서 이익 대신에 선의 가치를 추구할 것을 촉구하고, "의로움이란 곧 이익이다[義利也]"라는 묵가(墨家)류의 가치관을 배

격했던 것이다.[13]

공리주의의 태생적 배경과 관련하여 또 한 가지 지적할 점은, 공리주의 원리가 주로 사회적 갈등을 조정하기 위한 기준의 필요성에서 대두되었다는 것이다. 도덕의 형이상학적 기초를 먼저 굳건하게 한 후 거기로부터 일상적 윤리 문제로 넘어오는 칸트 윤리의 방식[14]과 달리, 사익과 공익의 충돌 같은 사회적 현안을 해결하기 위한 입법적 관심에서 출발했기 때문에 공리주의는 인간의 기본권 문제 등을 다루는 데 허점을 드러내고 있다. 이러한 측면은 공리주의가 이른바 역직관성(逆直觀性)[15] 문제에 직면하는 사례에서 잘 드러난다. 다음의 예를 보자.

어느 병원에 5명의 환자가 누워 있다. 이 중 4명은 각기 위, 간, 심장, 신장 한 가지씩의 내장 기관이 회복 불가능할 정도로 손상된 환자들이다. 이들은 장기 이식을 받지 않는 한 더 이상 생명을 유지하기가 힘든 상황이다. 그런데 나머지 1명은 신경 계통의 이상으로 전신마비 상태이긴 하지만 모든 내장 기관에는 이상이 없다. 이때 이 병원을 방문한 어떤 공리주의자가 다음과 같이 제안했다. "'최대 다수의 최대 행복'이라는 공리주의 원리에 의하면 전신마비 환자의 장기를 나머지 네 사람에게 이식하는 것이 좋다. 한 사람이 살고 네 사람이 죽는 것보다는 한 사람이 희생되더라도 네 사람이 사는 편이 그 행복의 총량에 있어서 더 크기 때문이다."

상식을 지닌 사람이라면 이와 같은 공리주의자의 제안이 실제로는

---

13   백종현, 《윤리 개념의 형성》, 철학과현실사, 2003, 171~172면.
14   칸트, 《도덕형이상학정초》, 머리말 참조.
15   우리의 상식적 직관에 위배된다는 의미임.

결코 받아들일 수 없는 것이라는 데 동의할 것이다. 사실상 이러한 제
안은 다수를 위한다는 명분으로 고의적인 살인을 용인하거나 소수의
기본권을 유린하는 결과를 낳을 수 있기 때문에 더욱 문제가 된다. 헤
어(R. M. Hare)는 이러한 방식으로 공리주의의 한계를 지적하는 논변
에 대해 그것은 '예외적 상황' 혹은 '비정상적 상황'이라고 규정함으
로써 공리주의를 옹호하고자 하지만,[16] 어떤 면에서 볼 때 이는 공리주
의가 이러한 유형의 문제를 다루기에는 적절하지 않은 이론임을 암시
하고 있다.

　사실 공리주의는 애초부터 의무론적 관심보다는 목적론적 관심에서
출발한 이론이다. 다시 말해서 절대적 가치, 무조건적 의무의 근거를
찾으려는 관심보다는 행복추구 또는 이해관계나 쾌락의 계산에 대한
관심에서 출발한 이론이다. 이렇게 볼 때 공리주의는 자유, 인간 생명,
인간 존엄성과 같은 도덕의 최종적 근거가 되는 개념을 다루기보다 오
히려 입법이나 공공정책 차원의 문제를 다루기에 적합한 이론이라고 말
할 수 있을 것이다. 어느 윤리학자의 다음과 같은 지적은 이를 잘 설명
해 주고 있다.

　공리의 원리에 대한 논의는 공공정책에 관한 주제에서 끝나야 한다. 왜냐하
　면 공리주의가 처음부터 — 지금도 여전히 가장 설득력 있는 것으로서 — 등
　장하게 되었던 것 자체가 기본적으로 공공정책 입안자들을 위한 지침을 제
　공하는 것이었기 때문이다. 벤담의 저술(《도덕 및 입법의 원리 서설》)도 결
　국 도덕과 입법의 원리를 위한 것이었다. 또한 방대한 그의 후속 저술들로

---

16   R. M. Hare, *Moral Thinking*, Oxford: Clarendon Press, 1981, 131~133면 참
조.

미루어 판단해 보건대, 벤담이 기본적으로 항상 입법가들과 법관들 그리고 기타 공공 관료들을 위하여 글을 썼다는 것은 분명한 사실이다. 그러므로 공리주의를 특징짓는 질문은 '우리가 집단적으로 무엇을 해야 하느냐?'이지, '내가 개인적으로 어떻게 살아야 하느냐?'가 아니다.[17]

공리주의의 이러한 특성을 잘 이해한다면, 우리는 무조건 공리주의를 비난하거나 또 지나치게 공리주의에 기대를 걸 필요가 없다. 왜냐하면 공리주의는 애초부터 개개인의 도덕성에 초점을 맞춘 이론이 아니라 사회 운영 원리의 하나로서 등장한 이론이기 때문이다. 그러므로 공리주의가 자신의 용도를 벗어난 주제에 적용되지 않고 예컨대 사회 집단들 사이의 이해관계가 충돌하는 일에 있어 최선의 대안을 찾는 기준으로서 사용될 경우, 그것은 매우 유력한 윤리 이론이 될 수 있을 것이다.

의무론적 윤리의 관점에서 공리주의와 같은 목적론적 윤리를 바라볼 때 가장 문제시되는 측면은, '과연 도덕이라는 것이, 쾌락이나 이익이라는 가치를 먼저 전제한 후 그것을 추구하기 위한 수단적 가치로 이해되어도 좋은가'하는 점이다. 즉, 도덕적 선이란, 어떤 물건이 그보다 상위의 어떤 목적에 대해서 가지는 것과 같은 실용적이고 수단적이며 상대적인 가치를 갖는 것이 아니라, 무조건적이고 절대적인 가치를 갖는 것이 아니냐 하는 것이다. 만약 이러한 문제 제기가 타당하다면, 우리는 이제 도덕적 가치를 도덕의 본질에 속하지 않는 어떤 다른 목적과 관련해 규정하는 태도로부터 도덕적 가치를 그 자체로 정당화하는

---

17   R. E. Goodin, "Utility and the good," in: P. Singer(ed.), *A Companion to Ethics*, Oxford: Basil Blackwell, 1991, 248면.

시도를 해 볼 필요가 있다. 이러한 시도는 칸트에게서 그 전형을 찾아
볼 수 있다.

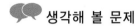 생각해 볼 문제

1 나치 시절 어느 유태인 수용소 안에서 일어난 일이다. 한 SS장교가
   카포(유태인 반장)에게 자신의 말을 듣지 않는 무고한 유태인 소녀
   를 자기가 보는 앞에서 칼로 찔러 죽일 것을 명령했다. 그리고 만일
   그렇게 하지 않을 경우, 그 대신 10명의 다른 유태인이 살해될 것이
   라고 위협했다. 공리주의 원리에 의하면 분명히 10명이 죽는 것보
   다는 1명이 죽는 편이 더 낫다. 이 카포는 소녀를 찔러 죽여야 할
   것인가?

2 스스로 공리주의자임을 자처하는 다음 사람들의 견해에 대해 여러
   분의 의견을 말해 보시오.

   어느 동물애호가: 나는 동물도 고통을 느낄 수 있는 존재라는 점에서 인간
      과 동등한 존재라고 생각한다. 만일 위급 상황을 만나 여러 마리의 동
      물과 한 인간 중 어느 한쪽을 선택적으로 구할 수밖에 없을 경우, 나는
      전자를 선택할 것이다.
   어느 평등주의자: 나는 인간은 모두 평등한 존재라고 생각한다. 만일 여러
      사람이 물에 빠진 상황을 만났고 내게는 불과 몇 사람을 구할 능력밖
      에 없을 경우, 나는 내 아이와 다른 사람을 구별하지 않고 우선 가까이
      에 있는 사람부터 구할 것이다.

3 다음 두 사람의 대화를 읽고, 본인의 의견을 말해 보시오.

   "나는 자네에게 진지한 문제를 제공할까 하네." 대학생은 점점 더 열을 내

었다. "(…) 자, 보게. 여기에 무의미하고 무가치한, 그리고 모든 사람한테 해가 되는 병든 노파가 있네. 그뿐만 아니라 아무짝에도 쓸모가 없으며 자기 자신도 왜 살아가는지 모르고 있는 다 늙어 빠진 노파일세, 알겠나?"

"음, 알겠네." 열띤 목소리로 말하는 친구를 골똘히 바라보며 장교가 대답했다.

"그런데 또 한편에서는, 단지 돈이 없어서 공연히 좌절하고 마는 젊고 신선한 힘이 있네. 이건 어디를 가나 있지. 그런데 수도원에 기부하기로 한 노파의 돈만 가지면 부활하고 재생할 수 있는 백 가지, 천 가지의 훌륭한 계획과 사업이 있네! 또는 몇백, 몇천 명이 그 돈으로 올바른 길에 들어설 수도 있을 테지! 또 몇십 개의 가정이 그로 인해 궁핍과 파멸과 타락과 화류병으로부터 구원받을지도 모르네! … 이런 일은 모두 노파가 가진 돈으로 해결할 수 있는 문제 아닌가? 그 할멈을 죽여서 돈을 빼앗는다면 — 이건 물론 그 돈을 온 인류의 복지와 공동사업에 쓴다는 조건 아래에서 하는 말일세 — 자네는 어떻게 생각하나? 한 번의 사소한 범죄가 몇천 명에 대한 선행으로 보답될 수 없을까? 오직 하나의 생명을 희생하여 몇천 몇만의 생명이 부패와 타락으로부터 구원받는다… 이건 간단한 산수 아닌가? 자네는 그 비열하고 간악한 폐병쟁이 노파의 생명이 인류 전체의 생명에 비해 얼마만 한 가치가 있다고 생각하는가! 아니, 벌레와 똑같은 노파의 생명이 아닌가! 아니, 오히려 벌레만도 못하지. 노파 쪽이 훨씬 더 해로우니까… 그 할멈은 다른 사람의 생명을 좀먹고 있어! 요전에도 홧김에 리자베타의 손가락을 물어뜯어 하마터면 끊어질 뻔했지."

"물론 그런 존재는 살아 있을 가치가 없어." 하고 장교가 말했다. "그러나 거기에는 자연의 법칙이라는 것도 있으니까."[18]

---

18   도스토예프스키(김재경 옮김), 《죄와 벌》(상권), 혜원출판사, 1994, 86~87면.

제6장

칸트 의무론(1)

선우: 나는 도대체 왜 도덕적으로 행동해야 하는지 그 이유를 모르겠어. 우리 사회를 보면 도덕적인 사람보다 부도덕한 사람들이 더 많고, 더 활개치며 사는 것 같아. 그런데도 내가 왜 도덕적이어야 하지?

민지: 그건 도덕적으로 행동하면 결국은 보상을 받을 수 있기 때문이지. 도덕적 행위의 대가는 언젠가 받게 되어 있어.

지훈: 내 생각은 달라. 이 세상에는 우리가 언제나 따라야 할 올바른 도리라는 것이 있다고 생각해. 그걸 따르는 데는 다른 이유가 있을 수 없어. 무엇 때문에 그걸 따라야 하느냐고 묻는 것은 이미 그걸 따르기 싫다는 말이나 마찬가지야. 만일 어떤 이유 때문에 그걸 따른다면, 그 이유가 바뀔 경우에 그 올바른 도리라는 것도 무의미해지는 것 아니겠니?

칸트 의무론의 특징

'의무론'이라는 용어는 영국의 철학자 브로드(C. D. Broad)가 윤리 이론들을 크게 두 가지로 구분하여 의무론적(deontological) 이론과 목적론적(teleological) 이론으로 부른 데서 비롯하였다. 그에 따르면, 의무론적 이론은 어떤 종류의 행동이 언제나 어떤 종류의 환경에서 그 행동

의 결과와 상관없이 옳거나 혹은 그르다고 주장하는 이론이다. 목적론
적 이론은 행위의 옳고 그름이 언제나 본래적으로 좋거나 나쁜 어떤 결
과들을 낳게 될 그 경향성에 의해 결정된다고 주장하는 이론이다. 전자
의 대표로는 칸트의 윤리를, 후자의 대표로는 공리주의를 포함한 범쾌
락주의 이론을 들 수 있다.[1]

목적론적 윤리란, 말 그대로 우리가 추구하고 또 추구해야 할 어떤
궁극 목적이 있음을 전제하는 윤리인데, 그 궁극 목적의 자리를 차지하
는 것은 대체로 행복(쾌락)이다. 그래서 이에 따르면 궁극적으로 행복
을 가져오는 행위가 선하고 옳은 행위가 된다. 반면 의무론적 윤리란,
우리가 추구해야 할 어떤 궁극 목적보다는 언제 어디서나 지켜야 할 행
위의 근본 원칙에 주목하는 윤리이다. 예를 들어 행복과 의무가 충돌할
경우, 목적론자는 행복 쪽을 선택한다면 의무론자는 의무 쪽을 선택한
다고 볼 수 있다. 여기서 우리는 목적론과 의무론이 각기 서로 다른 세
계관에 입각한 윤리임을 짐작할 수 있다. 전자가 행복한 삶과 감각적
경험을 중시하고 현실주의적 경향을 띤다면, 후자는 의로운 삶과 합리
적 이성을 중시하고 이상주의적 경향을 띤다. 물론 이 둘은 모두 우리
에게 낯선 것이 아니다. 우리는 지금 자본주의 경제 체제하에 살고 있
고, 여기서는 전자와 같은 요인들이 전반적으로 중시된다. 동시에 우리
는 인간 존엄성과 만민 평등에 기초한 자유 민주주의 사회 속에 살고
있고, 여기서는 후자와 같은 요소들이 존중된다. 다만 우리 중 누군가
가 어느 한쪽 윤리에 더 관심을 가진다면, 그것은 그가 보기에 현재 우
리 삶이 균형을 찾기 위해서는 그러한 측면을 더 강조할 필요가 있다고

---

1 C. D. Broad(박찬구 역), 《윤리학의 다섯 가지 유형》, 철학과현실사, 2000,
252~253면.

생각해서이거나 혹은 그가 지향하는 삶의 방식이나 세계관이 그러해서
일 것이다.

이제부터 칸트(Kant, I.) 윤리 이론의 특징을 알아보기로 하자. 그것
은 다음과 같이 요약될 수 있다.

첫째, 행위의 선·악을 결정하는 것은 행위의 결과가 아니라 오직
그 행위를 낳은 의지일 뿐이다. 그러므로 이 세상에서 참으로 선하다고
말할 수 있는 것은 오로지 '선의지' 밖에 없다.

둘째, 도덕적 명령 혹은 의무는 어떤 다른 목적을 달성하기 위한 수
단으로서의 명령 혹은 의무가 아니라 그 자체가 목적인 무조건적인 명
령 혹은 의무이다. 그러므로 행복도 결코 도덕에 우선하는 목적이 될
수 없다.

셋째, 우리의 의지가 무조건 따라야 할 도덕적 원칙은 보편성을 담
고 있어야 한다. 그러므로 최고의 도덕적 원칙은 "네 의지의 준칙이 보
편적 법칙이 되기를 네가 원할 수 있는 그런 준칙에 따라서만 행위하
라"는 것이 되어야 한다.

선의지와 도덕법칙

위의 첫 번째 원리를 우리는 동기주의라고 부른다. 칸트가 볼 때에, 행
위의 결과란 우리 의지의 역량 바깥에 놓여 있는 것으로서 너무나 많
은 변수와 우연에 의하여 좌우될 수 있기 때문에 도덕성의 척도가 될
수 없다. 도덕적 선·악의 판단은 오로지 행위자가 책임질 수 있는 영
역, 다시 말해서 행위자의 의지와 관련해서만 내려질 수 있는 것이다.
그러므로 선의지야말로 도덕적 선의 유일한 근거라고 할 수 있다. 칸

트는 그의 실천철학 저술의 첫 번째 장을 다음과 같은 말로 시작하고
있다.

> 이 세상에서, 아니 이 세상 밖에서까지라도 무제한적으로 선하다고 생각될
> 수 있는 것은 오로지 선의지(guter Wille)뿐이다. 지성, 기지, 판단력, 그 밖
> 에 정신의 재능이라 불릴 수 있는 것들, 또 용기, 결단력, 끈기 같은 기질상
> 의 속성들도 틀림없이 여러 가지 점에서 선하고 바람직하다고 할 수 있다.
> 그러나 이러한 천부적 재능이나 기질 ─ 그 특유한 성질을 우리가 성품
> (Charakter)이라 일컫는다 ─ 도 그것을 사용하는 의지가 선하지 못하다면,
> 지극히 악하고 또 해로운 것이 될 수도 있다.[2]

　　선의지란 말 그대로 선한 의지, 즉 선을 지향하는 의지일 것이다. 그
렇다면 무엇이 과연 선일까? '선하다'는 의미는 무엇일까? 칸트에게
있어 그것은 '도덕법칙을 따르는 것'이다. 그러므로 선의지란 곧 도덕
법칙을 따르려는 의지를 가리킨다. 여기서 칸트 윤리학의 한 중요한 특
징이 드러난다. 그것은 선의 개념이 도덕법칙에 앞서 있는 것이 아니라
도덕법칙이 선 개념에 앞선다는 것이다. 이제 선의 의미는 도덕법칙에
의해서, 도덕법칙을 통해서만 규정된다. 이는 목적론적 윤리설과 대조
되는 측면이다. 목적론적 윤리설에서는 우리 삶의 목적(예컨대 행복)이
먼저 설정되고 그 목적에 부합하는 행위가 선한 것으로 규정된다. 그러
나 칸트의 윤리에서는 도덕법칙이 먼저 설정되고 이 법칙에 부합하는
행위가 선한 것이 된다.
　　그렇다면 도덕법칙을 우리는 어떻게 알 수 있을까? 칸트는 사람이

2　칸트, 《도덕형이상학정초》, BA 1.

이러한 도덕법칙을 "직접적으로 의식한다"[3]고 말한다. "도덕법칙은 순수이성의 사실(ein Faktum der reinen Vernunft)로서 주어져 있고, 우리는 그것을 선험적으로 의식하며 절대적으로 확신한다"[4]는 것이다. 여기서 '순수이성의 사실'이라는 말에 대해 얼마간 설명이 필요할 것 같다. '순수한(rein)' 이성이라는 칸트의 표현에서 짐작할 수 있듯이, 넓은 의미에서 이성이란, 경험에 앞서서, 또는 경험과 상관없이 우리가 미리부터 가지고 있는 추론 능력이다. 수학적 계산 능력은 아마도 이성 능력의 가장 단순한 예가 될 수 있을 것이다. 그런데 이러한 이성 능력은 하나의 커다란 장점을 가지고 있다. 그것은 시공을 초월하고 주관을 초월한, 다시 말해서 시대와 장소 및 개개인의 특성을 초월한 보편적이고 필연적인 진리를 우리에게 알려 줄 수 있다. 아마도 이성적 존재라면 누구나 '2+2=4'라는 계산을 해낼 수 있을 것이며, 이것은 고대인이나 현대인, 유럽인이나 아시아인을 막론하고 동일할 것이다. 칸트는 도덕의 영역에서도 인간이 이와 같이 보편적인 사고를 할 수 있는 능력을 가지고 있다고 전제하며, 이것은 경험에 앞서서 또 경험과 상관없는 보편적이고 필연적인 도덕적 진리를 우리에게 알려 줄 수 있다고 본다. 그중에서 수학이나 논리학의 공리에 해당하는 것이 바로 도덕법칙인데, 그것은 그 자신 이외의 다른 어떤 것을 통해 증명되지는 않지만 직관적으로 자명한 것으로 전제되며, 모든 다른 추론들의 출발점이자 기본 원리가 된다. 칸트는 도덕법칙이 이렇게 우리의 이성을 통해 자명하게 드러난다는 것을 가리켜 '순수(실천)이성의 사실'이라 표현한 것이다.

---

3   칸트, 《실천이성비판》, A 53.

4   같은 책, A 81.

도덕법칙은 잘 알려져 있는 것처럼 다음과 같은 명령의 형태로 되어
있다.

"네 의지의 준칙이 항상 동시에 보편적인 입법의 원리로서 타당할 수 있도
록 행위하라."[5]
"너 자신의 인격이나 다른 모든 사람의 인격에 있어서 인간성을 항상 동시
에 목적으로서 대하고 결코 단순한 수단으로서 사용하지 않도록 행위하라."[6]

자율과 의무(정언명법)

이제 우리는 칸트 윤리의 두 번째 특징, 흔히 도덕 지상주의 또는 엄숙
주의라고도 불리는 측면에 관해 살펴볼 차례가 되었다. 도덕법칙이 위
와 같이 명령의 형식을 띠는 것은 인간의 의지가 그것을 따르는 일이
저절로 되는 것이 아니라 그 과정에서 자연적 경향성을 극복해야 하기
때문이다. 그래서 도덕법칙은 인간에게 항상 당위(當爲) 혹은 의무로
다가온다.

인간에게 있어서, 그리고 모든 이성적인 피조물에게 있어서, 도덕적 필연성
은 강요이자 강제이다. 그리고 거기에 근거한 모든 행위는 의무(Pflicht)로
(…) 생각되어야 한다. (…) 도덕법칙은 따라서 하나의 완전한 존재자의 의
지에게는 신성(Heiligkeit)의 법칙이지만, 모든 유한한 이성적 존재자의 의

---

5   같은 책, A 54.
6   칸트, 《도덕형이상학정초》, BA 66 이하.

지에게는 의무의 법칙이다.[7]

여기서 주목할 점이 있다. 첫째는 도덕법칙을 따라야 하는 자와 도덕법칙을 부과하는 자가 동일한 자기 자신이라는 점이다. 도덕법칙은 이렇게 외적 강제에 의해서가 아니라 자기 스스로에 의해 부과되는 것이므로 이는 타율(他律)이 아닌 자율(自律)의 성격을 띤다. 둘째는 이 양자가 동일하면서도 서로 다른 자기라는 점이다. 전자는 현상계(감성계)에 속해 있으면서 자연법칙의 지배를 받는 반면, 후자는 본체계(예지계)에 속해 있으면서 자유의지를 가지고 자신의 목표를 스스로 설정한다. 이와 같이 인간은 자연(존재)의 세계와 도덕(당위)의 세계에 동시에 속해 있으면서 전자의 한계를 극복하고 후자를 향해 나아갈 수 있는 능력을 지닌 존재이다.

이 시점에서 우리는 칸트의 자유 개념이 가지고 있는 특성을 분명히 해 둘 필요가 있다. 자유, 즉 의지의 자유란 '어떤 상태를 자신으로부터 시작하는 능력'[8]이다. 그것은 나의 의지가 어떤 외적 세력에 의해 규정되지 않는 것을 의미한다. 그런데 칸트는 이러한 외적 세력에, 우리를 둘러싼 여러 가지 사회적·역사적 제약뿐만 아니라 우리 자신의 타고난 경향성까지 포함시키고 있다. 왜냐하면 그것들은 모두 현상계에 속하는 것으로서, 한낱 타율의 근거이자 경험적인 제약들에 불과한 것이기 때문이다.[9] 여기서 우리는, 인간이 두 가지 세계에 동시에 속해 있다는 칸트의 인간관과 만나게 된다. 이에 따르면, 인간은 한편으로 동물과 공유하는 측면, 즉 본능적 욕구들(경향성)을 가지고 있지만, 다

7 칸트, 《실천이성비판》, A 145·146.
8 칸트, 《순수이성비판》, B 560.
9 칸트, 《실천이성비판》, A 113.

른 한편으로는 인간만이 지닌 측면, 즉 이성(자유의지)을 가지고 있다. 그리고 이 후자만이 진정한 '나'이다. 따라서 이 후자인 '본체적 자아' 가 전자인 '현상적 자아'를 통제하고 있는 상태가 바람직한 상태이자 진정으로 자유로운 상태라고 할 수 있다. 이러한 칸트의 자유 개념은 이제 인격(Person) 개념으로 연결된다. 칸트에 의해 존엄성을 지닌 것 으로 표현되는 인격은 오로지 이 '본체적 자아'와 관련되는 것이다.[10] 다시 말해서 '도덕법칙을 세우고 그것을 따를 잠재적 가능성을 지닌 나'를 말하는 것이다.

그것은 인간으로 하여금 (감성계의 일부로서의) 자기 자신을 초월하게 하는 것임에 틀림없다. 그것은 오직 지성만이 생각할 수 있는 사물의 질서에 인간 을 결합시키는 것이다. (⋯)

인간은 분명히 신성하지 않으나, 그의 인격 속의 인간성은 그에게 신성한 것이 아닐 수 없다. 모든 피조물 중에서 우리가 의욕하고 또 우리가 지배하 는 모든 것들은 단지 수단으로서 사용될 수 있다. 오직 인간, 그리고 그와 더 불어 있는 모든 이성적 피조물만이 목적 그 자체이다. 즉, 그는 도덕법칙의

---

10   흔히 인간 존엄(Menschenwürde)이라 할 때 '존엄'이란 단지 교환적 가치를 지 닌 존재에 대해 쓰이는 표현이 아니라 대체가 불가능한 절대적 가치에 대해 쓰이는 용 어이다. 따라서 존엄한 존재인 인간은 언제나 동시에 목적으로 대우받아야 단지 수단 으로 취급되면 안 된다. 왜냐하면 수단적 가치는 비교될 수 있는 가치요, 결코 절대적 가치가 아니기 때문이다. 그리고 이는 인간이 자연계에서 차지하는 특별한 지위를 전제 하고 있는 것이기도 하다. 이 자연 세계의 모든 피조물이 인과 필연의 자연법칙에 지배 되는 반면(자연 세계의 한 부분으로서 인간 역시 여기서 예외가 아니다) 도덕법칙의 입 법자로서의 인간은 도덕 세계의 주인이며 마치 신처럼 자유로운 존재일 수 있는 것이 다. 이처럼 서양 언어에서 '존엄'이라는 표현은 신에게만 부여되는 것이요, 따라서 인 간이 존엄하다는 말은 그가 신의 속성을 지니고 있다는 것을 의미한다. '인격'이라는 용어 또한 신성(神性)의 씨앗을 내포한 자를 의미한다.

주체이며, 도덕법칙은 그의 자유가 지닌 자율로 인해서 신성한 것이다.[11]

이제까지 우리는 도덕법칙이 인간에게 의무이자 명령의 성격을 가진다는 점에 대해 알아보았다. 그런데 우리는 그것이 '무조건적' 명령의 형태로 되어 있다는 점에 또한 주목할 필요가 있다. 이 세상에 있는 명령은 크게 두 가지로 나뉜다. 하나는 가언적 명령〔假言命法, hypothetischer Imperativ〕이고 다른 하나는 정언적 명령〔定言命法, kategorischer Imperativ〕이다. 전자는 어떤 조건이 붙은 명령으로서, "만약 네가 A를 원한다면, 너는 B를 행해야 한다"와 같은 형식으로 되어 있다. 여기서 우리는, 조건절의 A가 "B를 행하라"는 명령의 전제가 되고 있는 상위의 목표임을 알 수 있다. A의 자리에는 일상생활의 사소한 목표에서부터 건강 · 부 · 명예 그리고 행복에 이르기까지 여러 가지가 들어갈 수 있을 것이다. 경우에 따라서는 아주 부도덕한 목표도 들어갈 수 있을 것이다. 만약 도덕의 원리가 가언명법으로 구성되어 있다면, 그것은 단지 우리에게 우리가 가진 온갖 욕구들을 어떻게 효과적으로 달성할 것인지를 가르치는 전략적 지침이 되고 말 것이다. 그러므로 도덕의 원리는 가언명법이어서는 안 된다. 나머지 한 가지 종류의 명령은 정언명법이다. 그것은 "너는 무조건 이것을 행해야 한다"와 같은 형식으로 되어 있다. 도덕은 이러한 정언명법에만 근거해야 한다. 즉, 그 명령의 전제가 되는 어떤 상위의 목적이 있으면 안 되는 것이다. 다시 말해, 명령 그 자체가 목적이어야 하는 것이다. 이런 이유로 칸트는 도덕의 최고 원리인 도덕법칙을 정언명법의 형태로 제시하고 있는 것이다.

---

11   칸트, 《실천이성비판》, A 154~156.

보편화 가능성과 인간 존엄성

이 시점에서 우리는 하나의 평범한 질문을 던져 볼 필요가 있다. 도덕
법칙, 즉 정언명법은 왜 하필이면 칸트가 말한 것과 같은 내용의 명제
이어야만 할까? 가령 '이웃을 너 자신과 같이 사랑하라'와 같은 명제
는 왜 안 될까?

　이제 우리는 칸트 윤리의 세 번째 특징을 알아볼 차례가 되었다. 칸
트 윤리의 가장 중요한 특징이기도 한 이것은 바로 보편주의 정신이다.
칸트는 각 개인의 주관적 행위 규칙인 준칙의 '보편화 가능성'을 정언
명법의 핵심적 내용으로 삼았다. 그것은 우리로 하여금 행위할 때 항상
보편적 입장에 설 것을 요구한다. 그래서 우리는 항상 다음과 같이 자
문해 보아야 한다.

　나의 준칙이 보편적 법칙으로서 타당해야 한다는 것에 나는 정말 만족할 수
　있을까?
　너도 너의 준칙이 보편적 법칙이 되기를 원할 수 있느냐?[12]

　칸트의 이러한 주장을 상식적으로 이해하고자 시도한다면, 아마도
다음과 같은 정도의 설명이 가능할 것이다. '흔히 우리는 나의 입장과
남의 입장을 동일한 것으로 생각하기보다 의식적 또는 무의식적으로
자기의 입장을 예외적인 것으로 생각하려는 경향이 있는바, 모든 도덕
문제의 핵심은 바로 이러한 경향의 극복에 있다고 할 수 있으므로, 도
덕적 원리는 모두에게 똑같이 적용될 수 있는 객관적 타당성을 지녀야

12　칸트, 《도덕형이상학정초》, BA 19 · 20.

함을 제1의 법칙으로 삼아야 한다.'

그러나 과연 도덕법칙은 칸트가 말한 것처럼 "경험적으로 증명될 수는 없지만, 그런데도 그 객관적 실재성은 그 자체로 확실하다"[13]고 할 수 있을까? 인류 역사를 통해서 볼 때, 많은 사람들에게 있어 칸트가 말한 도덕법칙이 그 자체로 자명했던 것 같지는 않다. 과거의 왕이나 귀족이 평민을, 조선시대의 사대부가 노비를, 19세기 미국 남부의 농장 주인이 흑인 노예를 자기와 동등한 자격을 가진 인간으로 생각했을 것 같지는 않다. 그러므로 칸트의 이러한 명제는 확실히 상식이나 경험의 소산이라기보다는 그야말로 '순수이성의 사실'이자 서양 근대 문명의 이념(이상)이라 해야 좋을 것이다.[14]

---

13   칸트, 《실천이성비판》, A 81 이하.

14   우리가 오늘날 자명한 것으로 전제하고 있는 '인간 평등'이라든가 '인간 존엄'이라는 가치는 과연 시공을 초월한 보편적 가치일까, 아니면 한 특정한 시대의 가치관을 반영한 것일까? 기록에 따르면 선사시대부터 근대 문명 이전까지 지구상의 인구 증가율은 사실상 미미하였다. 이 시기 동안 인간들의 삶의 모습이란 늘 굶지 않고 살아남기에 급급한 그러한 것이었다. 따라서 수렵생활을 하건 농경생활을 하건 간에 힘을 합쳐 겨우 생존을 도모하던 시대에 개인의 인권이나 자의식을 따진다는 것은 소수의 지배자들을 제외한 대부분의 인간들에게는 상상할 수 없는 일이었을 것이다. 이는 고대나 중세 사회에서도 크게 다르지 않았다. 그러나 근대에 접어들면서 상황은 변하기 시작했다. 자연과학의 발달과 산업혁명을 통한 생산력의 비약적인 발전은 일반인의 삶의 모습을 크게 변화시키게 되었던 것이다. 식량증산과 의술의 발달로 인류의 사망률은 급격히 감소하였고, 따라서 보통 사람들도 자기 개인의 삶에 대한 전망을 가지게 되었다. 과거 의식주에 얽매이지 않은 소수 계층만이 누렸던 개개인의 자율성이 모든 계층의 사람들에게로 보편화되었다. 말하자면 이제는 모두가 물질적 · 정신적 측면에서 과거 왕후장상의 삶을 누리게 된 것이다. 인간의 존엄성이라든가 모든 생명은 그 자체로 살아갈 가치가 있다는 생각은 사실상 근대 문명의 확산이라는 이러한 배경과 밀접하게 관련된 것으로 보인다.

그렇다면 인간 존엄의 이념은 현대라는 한 특정 시대의 이데올로기에 불과한 것이라고 해야 할까? 얼핏 보기에 계몽된 생각처럼 보이는 이러한 견해에 그러나 우리는 선뜻 동의하기가 어렵다. 왜냐하면 이러한 이념은 시대적 가치이기도 하겠지만 동시에 인류

칸트는 이른바 '보편화 가능성 정식'이라 불리는 제1정식과 '인격주
의 정식'이라 불리는 제2정식이 사실상 같은 것이라고 말한 바 있는데,
이는 그의 **보편주의** 이념이 인간 존엄성의 이념과 통한다는 것을 의미한
다. 모든 인간을 동등하게 대우한다는 것은 개인의 입장에서 볼 때 각
자가 다른 사람을 자기와 같은 가치를 지닌 존재로 대한다는 것을 뜻한
다. 그런데 개개인은 자기 자신을 가장 귀한 존재로 여긴다. 그러므로
다른 사람을 자기와 동등한 존재로 대우한다는 것은 곧 모든 인간을 존
귀한 존재로 대우한다는 것과 같은 의미가 된다. 이는 바꾸어 말해도
똑같은 결과가 된다. 도덕이란 인간 상호 간의 관계를 규정하는 원리이
고, 모든 인간이 절대적 가치를 가진 인격체로서 결코 단지 수단이 아
니라 목적으로 대우받아야 한다고 할 때, 목적적 존재 상호 간의 관계
를 규정하는 도덕이란 결국 모두의 입장을 동등하게 취급하는 원리에
기초하지 않으면 안 된다는 결론이 나오는 것이다. 다시 말해서 모든
사람에게 동일한 도덕원리를 적용한다는 것은 곧 그들 각자를 목적으
로서(존엄한 존재로서) 대우한다는 것이고, 각자를 목적으로서(존엄한 존
재로서) 대우한다는 것은 곧 모든 사람에게 동일한 도덕원리를 적용한
다는 것과 같은 의미가 되는 것이다.

오늘날 우리는 자유 민주주의를 표방하면서 살고 있다. 자유 민주주
의 사회는 모든 인간이 평등하며 존엄한 존재임을 전제하는 사회이다.
그러므로 우리가 지향해야 할 윤리는 자명하다. 그것은 보편주의와 인
격주의에 입각한 윤리일 수밖에 없다. 그것은, 모든 인간이 도덕적으로
동등하게 고려되어야 하고, 인격을 지닌 존재로서 그 자체로 존중되어

의 진정한 진보가 이루어 낸 보편적 가치요, 아직도 그 실현이 진행 중인 그야말로 '이
념'으로서의 가치라 믿어지기 때문이다. 그리고 그것은 사실상 인류의 모든 실천의 밑
바탕에 놓여 있는 기본 전제로서의 가치라 여겨지기 때문이다.

야 한다는 정신을 담고 있어야 한다. 칸트의 윤리는 이러한 이념을 가
장 명확하게 그리고 가장 체계적으로 제시해 주고 있다.

생각해 볼 문제

1 다음 지문에 나오는 '나'의 태도를 평해 보시오.

> 나는 때때로 도색물(pornography)을 즐긴다. 요즈음은 마음만 먹으면 인 터넷 등을 통해 얼마든지 이른바 '야한' 그림을 구경할 수 있다. 나는, 성 적 욕구란 인간에게 있어 자연발생적인 것이기 때문에 도색물을 인위적으 로 통제하는 것은 가능하지도, 바람직하지도 않다고 생각한다. 남에게 피 해를 주지 않는 한, 인간이 도색물을 통해 자신의 성적 욕구를 충족하는 일 은 나쁘기는커녕 오히려 좋은 일이라고 본다. 하지만 나는 나의 가족(배우 자, 부모, 동생 또는 나의 자녀)이 도색물을 즐기는 것에는 거부감을 느끼 기 때문에 가급적 그것을 말리고 싶다.

2 우리는 흔히 '인간 존엄성'을 이야기하고, 또 그것을 도덕의 한 중 요한 근거로 여긴다. 여기서 '존엄하다'는 의미는 무엇이고, 우리 가 인간을 존엄한 존재로 생각해야 하는 이유는 무엇인가?

3 거짓말은 왜 나쁜가?

4 다음 한용운의 시를 칸트 의무론(특히 자율 개념)의 관점에서 해석해 보시오.

복종

남들은 자유를 사랑한다지마는,

나는 복종을 좋아하야요.

자유를 모르는 것은 아니지만,

당신에게는 복종만 하고 싶어요.

복종하고 싶은 데 복종하는 것은

아름다운 자유보다 달금합니다,

그것이 나의 행복입니다.

그러나 당신이 나더러 다른 사람을 복종하라면

그것만은 복종할 수가 없습니다.

다른 사람을 복종하랴면,

당신에게 복종할 수가 없는 까닭입니다.

제7장

칸트 의무론(2)

"이제까지 도덕 교육이 별로 성과를 거두지 못한 것은 지나치게 이 상적인 도덕만을 강요했기 때문이야. 너무 수준 높은 도덕은 평범한 사 람들로서는 사실상 실천하기 힘든 것 아니겠니? 그러니까 우리가 지키 기 어려운 이상적인 도덕을 목표로 하기보다 목표를 한 단계 낮추어 '자 기 자신을 위해서라도 그걸 지키는 편이 유리하다'는 식의 '최소한의 도 덕'을 지향하는 편이 오히려 더 현명한 방침이라고 생각해."

"아니야. 그건 네가 도덕이 뭔지 몰라서 하는 소리야. 도덕이란 원래 우리가 좋아하는 대로 하자는 게 아니잖아? '자기를 위해서' 하는 건 도 덕이 아니야. 그러니까 그건 처음부터 현실이 아니라 이상인 거야. '이 상이 현실적이지 못하다'는 게 말이 되겠니? 그 이상이 옳다고 여겨지 는 한, 비록 현실적으로 많은 어려움이 예상된다고 해도 우린 그걸 추 구하지 않을 수 없는 거야. 마치 북극성을 바라보면서 한 발짝씩 걸어 가듯이 말이지."

이 장에서는 오늘날 우리의 윤리적 삶을 위해 칸트의 의무론이 가지는 의미를 살펴보고, 이어서 칸트 윤리에 관한 전형적 오해들을 검토함으 로써 그것에 대한 좀 더 분명한 이해를 도모하고자 한다.

칸트 의무론의 현대적 의의

오늘날 이론 윤리와 응용 윤리를 막론하고 어떤 윤리 책, 어떤 윤리적 담론에서든 윤리 이론의 한 대표적 유형으로서 칸트 윤리가 거론되지 않는 곳은 없다. 사실 칸트 윤리학 없이는 존 롤스(John Rawls)가 정의론으로 전개했던 것이 이해될 수 없다. 또한 하버마스(J. Habermas)가 담론 윤리학으로, 아펠(K.-O. Apel)이 후기 칸트의 보편주의로 발전시켰던 것도 이해될 수 없다. 그뿐만 아니라 밀(J. S. Mill)의 공리주의조차도 칸트 윤리학의 대립 위치로 파악하는 데서만 그 윤곽이 그려질 수 있다.[1] 칸트 윤리학의 현대적 의의를 구체적으로 살펴보자면 다음과 같다.

첫째, 칸트 윤리학은 자연과학에 대한 깊은 이해, 다시 말해서 그 특성과 한계에 대한 명확한 인식에 근거하여 전개되고 있기 때문에 자연과학의 시대라고 할 수 있는 오늘날에도 여전히 무시할 수 없는 측면을 가지고 있다. 어떤 이는 오늘날을 일컬어 정보 시대, 생명공학의 시대, 또는 사이버네틱스의 시대라고 한다. 또 다른 이는 오늘날을 포스트모더니즘의 시대라고 부른다. 그러나 크게 볼 때, 오늘날 우리는 여전히 계몽의 시대, 즉 근대 과학 문명의 시대를 살고 있다고도 말할 수 있다. 그러므로 우리 시대에 어떤 이론이 설득력을 가지고자 한다면, 그것은 일단 과학의 언어로 설명되지 않으면 안 될 것이다. 그러나 다른 한편으로 보자면, 비트겐슈타인이 말한 것처럼, "비록 모든 가능한 과학적 물음들이 대답된다 하더라도, 우리는 우리의 삶의 문제들이 여전히 조금도 건드려지지 않은 채로 있다고 느낀다."[2] 그렇다면 우리는 다음과

---

1   M. Geier(김광명 역), 《칸트 평전》, 미다스북스, 2004, 381면 이하.

같이 물어볼 수 있다. 우리 삶에는 과학적인 방법으로 이해되거나 설명되지 않는 어떤 영역이라도 있는가? 그리고 이러한 영역에 접근하는 데 있어 과학적 방법 말고 다른 적절한 방법이라도 있는가?

이러한 질문에 대답하기 위해서는 우선 과학적 지식의 성격과 한계를 분명히 알아야 할 필요가 있다. 이것이 바로 칸트가 《실천이성비판》을 쓰기에 앞서 《순수이성비판》을 먼저 쓴 이유이기도 하다. 《순수이성비판》의 분석론(Analytik)에서 그는 과학적 지식이 필연적이고 보편적으로 타당할 수 있음을 보여 준다. 그렇지만 동시에 변증론(Dialektik)에서 그는 과학적 지식의 한계 또한 분명히 보여 준다. 근대 자연과학이 놀라운 성공을 거듭하던 그때에 이미 칸트는 경험적·과학적 방법이 적용될 수 있는 범위를 분명하게 설정하였던 것이다. 그래서 도덕철학에 대한 그의 탐구는 과학 세계의 경계선, 즉 현상계의 한계와 더불어 시작된다. 만일 칸트가 과학적 지식의 성격을 그토록 철저하게 연구하지 않았다면, 그의 윤리학이 가지는 영향력 또한 조금은 줄었을지도 모른다. 칸트 자신이 도덕을 다룬 "제2비판서"의 작업을 더 중요한 것으로 생각했는데도 과학적 인식을 다룬 "제1비판서"[3]가 그의 저술들 가운데 가장 중요한 업적으로 인정되고 있다는 사실은, 현대가 아직도 자연과학의 시대라는 것, 그리고 그의 이론이 왜 아직도 영향력이 있는지에 대한 한 이유를 말해 주고 있다.

칸트 윤리학을 주목하는 두 번째 이유는 그것이 우리 전통 윤리 사상의 기본 맥락과 통할 수 있는 측면을 가지고 있기 때문이다. 오늘날 우리 사회가 많이 현대화되고 서구화되었다고는 하지만, 아직도 우리

---

2 L. Wittgenstein, 《논리·철학 논고》, 6.52.

3 칸트의 3대 비판서: 제1비판서→《순수이성비판》(인식론), 제2비판서→《실천이성비판》(윤리학), 제3비판서→《판단력비판》(미학).

들의 가치관 속에는 전통적 유교 문화의 영향이 남아 있다. 유교 도덕은 수천 년에 걸쳐 동아시아인의 삶을 지배하는 규범으로 자리잡아 왔으며, 그중에서도 조선 왕조는 성리학을 국가의 지배 이념으로 삼았기 때문에 우리나라 사람들의 의식 속에는 이 유교 도덕규범이 중국이나 일본 사람들보다도 더 깊이 뿌리내려 있다. 그런데 유학의 인성론(人性論)에 따르면, 인간에게는 본래 하늘이 부여한 선한 본성이 있고 인간은 마땅히 그것을 따라야 하되 다만 인욕(人慾)이 앞을 가릴 수 있으므로 우리는 늘 수양에 힘써야 한다고 되어 있다.[4] 여기서 우리는 유학의 윤리가 칸트 윤리학의 구도와 유사한 데가 있음을 알 수 있다. 예를 들어, 유학 사상에서 천도(天道)와 인도(人道)에 대한 논의는 칸트 윤리학에서 도덕법칙(Sittengesetz)과 준칙(Maxime)의 관계에 비견할 수 있고, 전자에 있어서 존천리 거인욕(存天理 去人欲)에 대한 강조는 후자에 있어서 경향성(Neigung)을 극복하고 도덕법칙을 따를 것을 강조하는 점과 통한다. 또 이익보다 인의를 강조하는[5] 유학의 정신 역시 도덕은 결코 자기애에 근거할 수 없다고 본 칸트 윤리와 통하는 데가 있다. 이렇게 볼 때, 우리가 칸트의 윤리를 접하는 가운데 그것이 지향하는 바를 비교적 쉽게 이해하고 공감할 수 있는 것은, 우리 전통 윤리가 지니고 있는 형이상학적 토대가 칸트 윤리학의 그것과 유사한 측면을 가지고 있기 때문인지도 모른다.

마지막으로, 칸트 윤리학은 도덕적 허무주의와 냉소주의가 횡행하는 오늘날의 시대적 상황에서 윤리의 재건을 위해 강력한 메시지를 던져 줄 수 있다. 현재 우리 사회는 과거에 우리의 삶을 지탱해 주던 전통

---

4 《중용(中庸)》제1장의 "天命之謂性, 率性之謂道, 修道之謂敎" 참조.

5 "見利思義"(《論語》, 〈憲問〉 편) ; "何必曰利, 亦有仁義而已矣"(《孟子》, 〈梁惠王章句 上〉 편) 참조.

적 가치관과 윤리가 급격히 붕괴된 마당에 서구에서 도입된 자유 민주
주의 사회의 가치관과 윤리는 아직 정착되지 못한 상태에 있다. 또, 자
본주의 경제가 발달하면서 생겨난 이기주의, 금전만능, 물질숭상 등의
풍조로 말미암아 도덕의 권위가 땅에 떨어지고, 급기야 자기의 물질
적 · 금전적 이익을 위해서는 수단과 방법을 가리지 않는 경향까지 만
연하였다. 여기에 문화적 다원주의의 기치 아래 모든 가치는 단지 상대
적일 뿐이라는 주장까지 가세하면서 이제는 도덕적 회의주의가 널리
퍼지게 되었다. 이것은 분명 극복되어야 할 상황이다. 그러므로 우리에
게는 강력하면서도 보편적인 호소력을 지닌 윤리학이 필요하다. 이에
칸트 윤리학은 그 깊이 있는 형이상학적 토대 및 일관된 논리와 더불어
우리 시대의 윤리를 다시 세우는 데 하나의 출발점을 제공해 줄 수 있
을 것이다.

칸트 윤리와 관련된 전형적 오해들에 대한 검토

이제 아래에서는 칸트 윤리학에 대한 대표적인 비판들 몇 가지를 검토
하고 해명하고자 하는데, 이를 통해 칸트 윤리의 본래적 면모가 좀 더
분명하게 드러나리라 생각한다.

첫째, 칸트 윤리는 단지 형식적이라는 비판이다. 칸트의 이른바 도덕
법칙은 우리의 실제 삶에 있어서 구체적인 행위의 규칙들을 제공해 줄
수 없다는 이유로 자주 비난받아 왔다. 그것은 공허하고, 빈약하며, 단
지 형식적이라는 것이다.

칸트는 도덕법칙이 단지 형식적이라는 것을 잘 알고 있었고, 또 이
것을 그의 이론의 커다란 장점으로 생각했기 때문에, 이러한 비난은 일

단 초점이 빗나간 것으로 보인다. 칸트의 도덕법칙은 구체적인 경우에서 우리가 무엇을 해야 할지를 지시해 주려는 의도를 가지고 제시된 것이 아니다. 《도덕형이상학정초》의 도입부에서 그가 밝혔듯이, 그것은 도덕의 최고 원리, 다시 말해서 어떤 준칙이 도덕적인지 아닌지를 가릴 수 있는 최소한의 기준을 의미한다. 도덕법칙이 우리에게 요구하는 것은 우리의 준칙이 보편화 가능한지를 스스로 검사해 보라는 것이다. 우리가 마땅히 해야 할 것과 해서는 안 될 것을 객관적으로 판단하는 데 있어 가장 큰 장애는, 판단의 순간에 우리 자신의 입장을 타인의 입장보다 앞세우지 않는 마음가짐이 부족한 데 있다. 그래서 칸트의 정언명법은, 우리가 어떤 규칙을 따르고자 할 때, 만일 우리가 당하는 입장이 된다 하더라도 모든 사람이 그러한 규칙을 따르기를 우리가 원할 수 있는지 스스로 자문해 볼 것을 요구하는 것이다. 말하자면 그것은 우리의 이해관계가 걸린 일을 판단할 때 그 공정성 여부를 검사하고자 하는 것이다. 이것이 이른바 보편화 가능성 검사이다. 처음부터 도덕법칙의 임무는 행위의 특수한 규칙들(준칙)을 제공하는 데 있었던 것이 아니라 그것을 검사하는 틀(형식)을 제공하는 데 있었던 것이다. 그런데 이 검사는 오직 소극적인(negative) 방식으로만 이루어진다. '소극적'이라 말하는 이유는, 이 검사를 통과하지 못한 규칙은 물론 도덕적으로 그른 것(악한 것)으로 판정되지만 이것을 통과했다고 해서 반드시 옳은 것(선한 것)으로 판정되는 것은 아니기 때문이다.[6] 그러나 도덕법칙이 이

---

6 보편화 가능성 검사를 통과한 행위들은 단지 합법성(legality)만을 가진다. 거기에는 경향성에서 나온 선호의 감정에 의해 선택된 행위가 있을 수 있는 것이다. 참으로 선한 행위, 즉 도덕성(morality)을 지닌 행위는 오직 준칙에 도덕적 감정(도덕법칙에 대한 존경심)이 더하여진 자유로운 선택의 힘을 통해서만 가능하다. 칸트에게 있어 '도덕적' 행위란 오로지 '의무로부터', 즉 '법칙에 대한 존경심에서' 비롯한 행위이다.

렇게 소극적인 방식으로만 기능한다고 해서 결코 그 의미가 작다고는 할 수 없다. 왜냐하면 그것은 우리로 하여금 '도덕적인 것'과 '도덕적이 아닌 것'을 구분할 수 있게 하는 기준을 제공해 주기 때문이다. 그리고 이것이야말로 우리가 도덕의 담론을 시작하는 데 있어서 가장 중요한 근거가 되는 것이라 아니 할 수 없다. 왜냐하면 "만일 올바른 도덕 판단을 위한 최고의 규범이 없다면, 도덕 자체가 온갖 종류의 타락으로 빠져 버릴 수도 있기 때문이다."[7]

둘째, 칸트 윤리는 결과를 무시한다는 비판이다. 칸트의 윤리는 선의지를 강조하는데, 이는 행위의 도덕성을 가리는 데 있어서 오로지 동기에만 주목할 뿐 결과를 완전히 무시한다는 이유로 비난받아 왔다. 이것은 도덕을 선한 심정이라는 순수한 주관성으로 환원함으로써, 우리 행위의 실제 결과에 대해서는 책임을 지지 않는, '비현실적'이며 '부도덕한' 윤리라는 것이다.

그러나 이러한 비판 역시 오해에서 비롯된 것이다. 사실상, 행위의 결과를 절대적으로 무시하는 윤리란 있을 수 없다. 왜냐하면 특정한 결과를 염두에 두지 않고 행위를 정의한다는 것은 불가능한 일이기 때문이다. 행위는 '결과를 낳는 것'이다. 예를 들어, 모든 거짓말을 비난받아 마땅하다고 여기는 사람도 모든 결과를 무시하는 것은 아니다. 그는 단지 한 가지 결과, 즉 거짓말을 거짓말로 만드는 기만, 또는 다른 사람을 속이는 결과만을 고려하는 것이다. 이런 결과가 없다면 거짓말은 있을 수 없다. 그렇지 않다면, 동화, 소설, 영화 등도 모두 거짓말이 되고 말 것이다. 그러므로 문제는 동기냐 결과냐가 아니다. 문제는 행위자가 그의 행위의 '어떤' 결과에 대해 책임을 져야 하며, 또 시간적·공간적

7 칸트, 《도덕형이상학정초》, BA X.

으로 파급되는 결과들 가운데 '어느 정도의 범위까지' 책임을 져야 하느냐 하는 것이다.[8]

칸트에 따르면, 의욕(Wollen)은 우리가 단순히 무언가를 원한다는데서 성립하는 것이 아니라 (우리의 힘이 미치는 한) 그것을 실현할 수있는 모든 수단까지 고려하는 데서 성립하는 것이다. 의지는 그것이 현실세계에서 실현되는 것에 관하여 결코 무관심하지 않다. 의지는 피안(彼岸)에 있는 것이 아니다. 물론 의지의 실현은 신체적·정신적·경제적 여건 등이 뒷받침되지 못할 경우 원래의 목적에 미치지 못할 수도있다. 이와 같이 인간이 하는 모든 행동은 자연적·사회적 조건의 영향을 받기 때문에 순전히 행위자의 의지에 의해서만 규정되지는 않으며, 그가 결코 완전히 예견할 수 없는 힘의 영역 속에서 이루어진다. 도덕성은 오로지 행위 주체가 책임질 수 있는 영역, 즉 행위자에게 가능한것하고만 관련된다. 따라서 드러난 결과, 객관적으로 관찰된 결과는 도덕성의 척도가 될 수 없다. 다시 말해서, 그것은 행위 자체에 의하여 결정되는 것이 아니라 행위의 근거가 되는 의지, 즉 행위의 준칙에 의해서 결정되는 것이다. 그런데 이러한 윤리를 비판하면서 그 대안으로 제시된 (공리주의 같은) 윤리는 인간이 결코 완전히 책임질 수 없는 조건들에 대해서도 인간에게 완전히 책임이 있는 것처럼 취급한다. 이는 인간이 처해 있는 기본적인 상황을 오인한 것이며, 근본적으로 비인간적이라 할 수 있다.[9]

셋째, 칸트 윤리는 인간의 경향성과 행복을 도외시한다는 비판이다. 칸

---

8 슈페만(박찬구·류지한 역),《도덕과 윤리에 관한 철학적 사유》, 철학과현실사, 2001, 98면.

9 O. Höffe, *Immanuel Kant*, München: Beck, 1992: 이상헌 역,《임마누엘 칸트》, 문예출판사, 1997, 212~214면 참조.

트 윤리는 인간의 경향성, 즉 자연스러운 감정과 행복을 추구하는 경향을 도덕에 반하는 것으로 여김으로써, 도덕을 너무 딱딱하게 만들었을 뿐만 아니라 현실세계에서 도덕이 실현되는 것을 오히려 어렵게 만들고 말았다는 것이다. 그뿐만 아니라 감정이 도덕적 속성의 주요 내용이 될 수 있다고 확신하는 사람들은 칸트의 추상적 주지주의가 도덕 교육에서 중요한 정서의 함양을 소홀히 하는 과오를 저지를 수 있다고 지적하기도 한다.

분명히 칸트는 어떤 행위가 도덕적 가치를 지니기 위해서는 의무에 일치하기만 해서는 안 되고 의무로부터 비롯한 것이어야 한다고 주장한다. 또 어떤 행위가 단지 경향성으로부터, 혹은 행복을 얻으려는 동기에서 행해질 경우에는 도덕적 가치가 없다고 주장한다. 그러나 이러한 칸트의 언급이, 의무를 행하는 데 있어서 경향성의 충족에서 오는 만족감이나 행복이 동반되면 안 된다(그럴 경우에는 도덕적 가치가 없어진다)는 뜻은 결코 아니다. 칸트는 단지, 경향성이나 행복의 동기는 무엇이 의무인가를 결정하려고 할 때 고려되어서는 안 된다는 것을 강조할 뿐이다. 더 나아가 그는, 도덕법칙과 양립할 수 있는 한 자신의 행복을 추구하는 것은 바람직한 일일 뿐만 아니라 때로는 의무일 수도 있다고 본다. 그의 말을 들어 보자.

'행복원리' 와 '도덕원리' 를 이같이 구별하는 것은, 그렇다고 해서 곧 양자의 대립을 의미하는 것이 아니다. 순수한 실천이성은, 사람이 행복에 대한 모든 요구를 포기해야 할 것을 의욕하는 것이 아니다. 오직 의무가 문제일 때에, 행복을 전혀 고려하지 않으려고 할 뿐이다. 자기의 행복에 마음을 쓰는 일은, 어떤 점에 있어서는 '의무' 이기도 하다. 일부는 행복 — 숙련 · 건강 · 부등 — 이 그의 의무를 실현하는 수단이기 때문이요, 다른 일부는 행복이 없

는 것은 (가령 가난은) 자기의 의무에 어긋나게 하는 유혹을 포함하기 때문
이다. 그러나 자기의 행복만을 촉진하는 것은, 결코 직접적으로 의무일 수
없으며, 더구나 모든 의무의 원리일 수는 없다.[10]

또한 칸트는, 의무와 일치되는 것에 대한 타고난 경향성(예컨대 동정
심)은 비록 그 자체로 도덕적 준칙을 산출할 수는 없지만 그런 준칙의
효과를 크게 촉진한다고도 말한다.[11] 이런 맥락에서 그는 도덕 교육에
참고가 될 만한 언급을 한다. 우리의 목적이 일단 설정된 다음에는 그
것을 달성하기 위한 수단으로서 타고난 공감능력을 길러야 하는 간접
적 의무를 우리가 지닌다는 것이다. 그리고 그런 공감능력은 단지 '생
각만으로는' 잘 행해지지 않는 의무를 행하기 위하여 자연적으로 우리
에게 주어진 충동 중의 하나라는 것이다.[12]

이상의 논의를 통해서, 우리는 칸트가 도덕 문제에 있어서 경향성과
행복을 도외시했다는 비판은 잘못되었다는 것, 그리고 그는 오히려 도
덕법칙의 실현을 위해 그러한 요소들을 활용해야 한다는 생각을 가졌
다는 것을 알 수 있다.

넷째, 칸트 윤리는 지나치게 엄격하다는 비판이다. 칸트 윤리는 너무
이상적이고 엄격한 도덕주의를 표방함으로써 현실과 괴리되어 있다는
것이다. 다시 말해서, 그것은 요구하는 도덕적 기준이 너무 높아 평범
한 사람들이 실천하기가 어렵다는 것이다.

하지만 의무론적 윤리의 관점에서 볼 때, 이러한 비판은 도덕의 본
질을 전혀 이해하지 못한 데서 나온 주장일 뿐이다. 도덕(특히 도덕의

10　칸트, 《실천이성비판》, A 166 이하.
11　같은 책, A 212~213.
12　칸트, 《도덕형이상학(Metaphysik der Sitten)》, 〈덕론(Tugendlehre)〉, §35.

최고 원리)이란 현실에서 벌어지고 있는 사실에 근거한 것이 아니다. 지금 우리 눈앞에 보고 있는 모든 사람이 '자신에게 유익하다면 언제든지 거짓말을 해도 좋다'고 생각한다고 해서 거짓말이 선하다거나 당연하다고 말할 수는 없는 것이다.[13] 도덕은 원래 당위이기 때문에, 현실에 대해서는 늘 하나의 이상으로 다가올 수밖에 없다. 따라서 '이상이 현실적이지 못하다'는 말은 성립할 수 없다. 우리는 그 이상이 옳다고 생각되는 한, 비록 현실적으로 많은 어려움이 예상된다고 하더라도 그것을 추구하지 않을 수 없는 것이다. 다시 말해서, 자기가 놓여 있는 현실의 자리에서 그 이상을 향해 한 발자국씩 전진해야 한다. 만일 우리가 '현실적이지 않다'는 이유로 이상의 지표를 버린다면, 우리의 현실은 급전직하(急轉直下) 도덕적 타락의 나락으로 떨어지고 말 것이다.

---

13   칸트 윤리에 대한 비판 중에서 가장 흔히 제기되는 것 가운데 하나는, 칸트가 그의 말년에 쓴 짧은 논문("인간애로부터 거짓말할 사이비 권리에 관하여")에서 '살인할 의도를 가지고 나의 친구를 쫓는 악한 앞에서라 할지라도 거짓말하는 것은 잘못'이며 이에 비해 '진실을 말할 의무를 다하여 결과적으로 친구가 살해되어도 내게는 잘못이 없다'고 주장한 부분과 관련된다. 이에 대해서는 다양한 해석과 논란이 있어 왔지만, 여기서는 두 가지 핵심적 착안점만을 제시하고자 한다.

우선 '인간 존엄성'을 그의 정언명법의 핵심 정신으로 삼고 있는 칸트가 과연 '거짓말하지 마라'라는 원칙을 지키기 위해 무고한 인간 생명이 희생되어도 좋다고 생각했을까? 하는 의문이다. 필자가 이해하는 한, 이 경우에 칸트의 도덕법칙을 적용하자면, '나는 무고한 생명이 희생되는 한이 있더라도 절대 거짓말하지 않겠다'는 준칙을 우리가 과연 보편화할 수 있는지 검사해야 한다. 이 준칙은 아마도 보편화가능성 테스트를 통과할 수 없을 것이다.

다음으로 고려할 점은 칸트의 진의(眞意)에 관한 것이다. 칸트의 위의 말은 '진실을 말하는 것은 오직 진실에 대한 권리를 가진 자에 대해서만 의무이다'라는 콩스탕의 주장에 대해 '살인자의 위협에 쫓기는 친구라 할지라도 나에게 거짓말을 요구할 권리는 없다'는 칸트의 반론의 맥락에서 이해해야 한다. 실제 현실에서 원칙이 유보되는 예외적 경우가 있다고 해서, 원칙 자체를 무너뜨려서는 안 된다는 것이다. 왜냐하면 진실성의 의무는 사회계약의 토대가 되는 형식적 원칙의 하나이기 때문이다.(김종국, 〈인류의 권리와 거짓말〉, 《철학》, 제67집, 2001 참조)

칸트 의무론에서처럼, '도덕'이라는 것이 (어떤 다른 목적을 달성하기 위한 가언명법이 아니라 그 자체가 목적인) 정언명법에 그 근거를 두고 있다면, '우리는 왜 도덕적으로 살아야 하는가?'라는 물음은 '우리가 도덕적으로 살아야 할 도덕과 무관한 이유를 대라'는 요구인 셈이다. 즉, 그것은 정언명법을 가언명법으로 바꾸려는 시도라 할 수 있다. 이러한 요구는 물론 충족될 수 없다. 왜냐하면 이른바 '자연주의적 오류'의 벽을 넘어설 수 없기 때문이다.[14] 그뿐만 아니라 도덕적 가치를 통찰한 사람에게 있어서 위와 같은 물음은 사실상 사이비 물음(pseudo-question)에 불과하다. 그것은 물질문명에 물든, 그래서 진정한 삶의 의미를 상실한 시대에 사는 사람들의 병든 모습을 반영하고 있다. 우리에게 필요한 일은 '도덕적으로 살아야 할 도덕과 무관한 이유'를 찾는 것이 아니라, 도덕적 가치의 왕국을 향해 그냥 한 발 내딛는 것이다. 그럴 때 비로소 우리는 새로운 차원의 세계를 열어 갈 수 있을 것이다.

---

14 다른 말로 하자면, 본래 무조건적 명령으로 되어 있는 것(그 자체가 궁극 목적으로서 달리 이유를 댈 수 없는 것)에 대해서 (마치 그것을 행하는 어떤 다른 이유나 상위의 목적이라도 있는 것처럼) 조건을 묻고 있는 것이기 때문이다.

🗨 생각해 볼 문제

1 의무론적 관점에서 볼 때, "왜 도덕적이어야 하는가?"라는 물음은 잘못된 물음(pseudo-question)으로 보인다. 그 이유는 무엇인가?

2 다음 글에서, 공자가 그의 제자에게 하는 말의 핵심적 교훈은 무엇인가?

> 염구가 말했다. "저는 선생님의 도(道)를 좋아하지 않는 것은 아니나, 다만 힘이 부족합니다." 이에 공자가 말했다. "힘이 부족하다고 하는 것은 중도에 그만두는 것이니, 지금 너는 스스로 한계를 긋는 것이다."
> (冉求曰 非不說子之道 力不足也, 子曰 力不足者 中道而廢 今女畫. 〔《論語》, 〈雍也〉편])

"우리가 도덕적 삶을 살기 위해서는 추상적 윤리 이론이나 원리를 아는 것보다 각자가 좋은 습관이나 덕을 함양하는 일이 훨씬 더 중요하다고 생각해. 도덕적 행동이란 단지 머리로 안다고 해서 가능한 것이 아니라 몸에 밴 습관이나 선한 품성의 발로가 아니겠니?"

"나는 우리가 도덕적으로 살아가기 위해서는 윤리 이론이 꼭 필요하다고 생각해. 왜냐하면 윤리 이론의 도움 없이 복잡한 삶 속에서 매 경우마다 올바른 판단을 내린다는 것은 사실상 불가능하기 때문이야. 도덕적 선·악에 대한 판단은 임의적인 개인의 품성이 아니라 보편적 행위 원리에 따라 내려지는 것이 아닐까?"

덕 윤리의 특징

오늘날 윤리학에서 덕 윤리가 새로이 관심을 끌게 된 것은 무엇보다 근대 윤리학이 도덕을 논의해 온 방식에 대한 불만의 결과라고 할 수 있다. 덕 윤리의 입장에서 보기에 근대 윤리학은 인간 내면의 도덕성의 근원과 개인의 인성을 무시한 채 도덕적 의무와 도덕법칙만을 강조했다. 그래서 현대의 덕 윤리학은 이러한 결함을 보완하고자 했고, 특히 고대의 덕 개념을 오늘날 윤리 이론의 요구에 맞추어, 또 응용 윤리의 실천적 과제에 맞추어 적용하고자 했다. 이러한 과정에서 덕 윤리학은 아리스토텔레스의 윤리학 모델에 큰 영향을 받았다. 잘 알다시피 아리스토텔레스는, 인간 행위에 있어 무엇이 바람직하고 무엇이 옳은지는 보편적 규칙이나 원칙을 통해 이해될 수 있는 것이 아니라 오히려 도덕적 사고, 욕구, 행위의 좋은 습관과 결부되어 있는 감수성이나 세련된 식견의 문제라고 보았다. 그래서 현대의 많은 덕 윤리학자들은 윤리에 대한 '이론적' 접근 자체를 근본적으로 잘못된 것으로 보는 경향이 있다. 인간의 도덕적 삶은 너무나 풍부하고 복잡한 것이기 때문에 윤리를 단일한 제1원리에 근거 짓는 공리주의나 칸트주의 같은 접근법으로는 결코 해명될 수 없다는 것이다.[1]

그러므로 다른 윤리 이론에 비해 덕 윤리가 지닌 특징은 무엇보다도 그것이 도덕법칙, 규칙, 원리 대신 유덕한 개인들, 특히 그들을 유덕하다고 규정짓게 하는 내적 특성, 성향, 동기에 주목한다는 점일 것이다. 다시 말하면, 그것이 '행위'에 주목(act-focused)하기보다 '행위자'에 주목(agent-focused)한다는 점일 것이다. 또 하나의 특징은, 기존의 규칙 윤리학이 기본적으로 행위가 타당한 규칙들에 일치하는지 여부를 통해 무엇이 의무이고(obligatory) 무엇이 허용될 수 있고(permissible) 무엇이 옳고 그른지(right or wrong)의 관점에서 생각한다면, 덕 윤리학은 무엇이 훌륭하고(noble) 무엇이 칭찬할 만하고(admirable) 무엇이 좋고 나쁜지(good or bad)의 관점에서 생각한다는 점이다.[2]

1 Baron · Pettit · Slote, *Three Methods of Ethics*(Malden, Mass.: Blackwell, 1997), 175면 이하.
2 같은 책, 177면.

덕 윤리와 배려 윤리

여기서 우리는 덕 윤리가 추상적 원리보다는 구체적인 사람의 덕성에, 법적인 의무보다는 바람직한 인간관계의 맥락에 더 주목하고 있음을 알 수 있다. 상식적인 의미에서 도덕이란 곧 '인간관계의 도리' 라고 할 때, 사람들이 서로서로를 배려해 주는 마음이야말로 우리의 도덕적 삶에서 아주 중요한 요소가 아닐 수 없다. 이런 의미에서 우리는 길리건 (C. Gilligan)과 나딩스(N. Noddings)로 대표되는 배려 윤리(care ethics)에도 주목할 필요가 있다. 배려 윤리는 무엇보다도 사람들 사이의 관계를 근간으로 전개되는 관계적 윤리이다. 배려 윤리에서는 인간관계의 맥락을 벗어난 개인적 판단이나 결단은 의미가 없다. 이러한 관계 중심의 윤리라는 점에서 배려 윤리는 개인적이고 주체적이고 인지적인 판단을 중시하는 근대 윤리학과 구별된다.

또한 배려 윤리는 구체적인 상황중심의 윤리이다. 구체적 상황 속에서의 개별적 윤리 현상을 강조한다는 점에서 배려 윤리는 추상적 상황 속에서 보편적 윤리 현상을 강조하는 근대 윤리학과 대립된다. 배려 윤리에서 볼 때, 도덕적 행위를 하고자 하는 사람은 도덕원리를 찾기에 앞서 배려를 필요로 하는 사람이 처하여 있는 상황과 그의 구체적 요구를 먼저 살펴야 한다.[3]

배려 윤리의 또 다른 특징은 그것이 인간의 자연스러운 감정을 중시한다는 점이다. 배려 윤리는 도덕의 근원을 인간의 타고난 자연스러운 마음이 아니라 인위적인 도덕적 의무감에서 찾는 윤리 이론을 거부한다. 그런데 이와 같이 타고난 심성에서 자연스럽게 우러나오는 배려는 모

---

3 넬 나딩스(추병완 · 박병춘 · 황인표 역), 《배려교육론》, 다른우리, 2002, 8장 참조.

든 사람에게 동등하게 작용하는 것이 아니라 친소관계에 따라 차등적일 수밖에 없다. 예컨대 우리와 아주 멀리 떨어져 있는 타자는 우리의 배려 대상이 될 수 없다. 상대방에 대해 우리가 제대로 인식하고 반응할 수 없기 때문이다. 만일 정서적인 유대관계를 형성하지 않은 채 상대방을 배려하고자 한다면, 추상적인 지식에 의존할 수밖에 없는데 그럴 경우 우리는 그를 서로 다른 필요를 가진 개별적 인간으로 대우할 수 없게 된다. 여기서 나오는 결론은 명백하다. 우리는 사실상 모든 사람을 다 우리의 배려 대상으로 삼을 수는 없으며, 또 그럴 필요도 없다는 것이다. 그러나 그렇다고 해서 이것이 우리와 친분이 없는 모든 사람에 대한 배려가 전혀 불가능함을 의미하는 것은 아니다. 우리의 '자연적' 배려를 인위적으로 확장할 수도 있기 때문이다. 이것은 참으로 도덕 교육의 과제라 할 수 있을 것이다.

덕 윤리와 유교 윤리

이상과 같이 덕 윤리와 배려 윤리의 특징을 살펴보노라면, 우리는 이들 윤리가 우리의 **전통적 유교 윤리**와 매우 유사한 데가 있음을 알게 된다. 유교의 공동체적 윤리, 혹은 유교적 가족주의는 개인보다 구성원들 사이의 관계성에 초점을 맞춘다. 유교 윤리는 가장 가까운 가족 내에서 형성되는 혈연적 · 자연적 사랑과 배려를 토대로 점차 그것을 확산해 나가는 윤리이다. 그래서 남의 어버이를 나의 어버이처럼 생각하고 집밖의 세상을 내 집안처럼 생각할 때 '온 세상이 한 집안(天下一家)'이라는 유교의 이상이 실현되는 것이다. 우리가 자주 사용하는 '우리'라는 표현도 이런 맥락에서 이해될 수 있다. '나'라는 표현보다 '우리'라는 표현이 더 자연스러운 까닭은 혈연을 바탕으로 하는 가족 공동체 안에서는 혈연적 관계에 따른 역할만 주어질 뿐 너와 나라는 구분이 있을 수 없기 때문이다. 나의 운명은 가족의 운명과 직결되며, 가족 밖의 '내'가 따로이 존재할 수 없는 것이다. 따라서 가족 공동체 안의 구성원들은 자연히 '우리'라는 의식을 가지게 되고, 이러한 '우리'가 될 때에 비로소 안도하고 따스함을 느끼게 되는 것이다. 우리의 전통적 공동체 의식 및 거기에 토대를 둔 전통적 윤리 의식은 바로 이러한 인간관계에 근거한 윤리, 자연적 심성에 근거한 윤리에서 나오게 된 것이라 하겠다.[4]

다음과 같은 《논어》의 구절은 이러한 유교 윤리의 특징적 면모를 잘 보여 준다.

섭공이 공자에게 말했다. 우리 고장에 정직한 사람이 있는데, 그 아비가 남의 양을 훔친 것을 아들이 증언했습니다. 이에 공자가 말했다. 우리 고장의 정직한 사람은 그와 다릅니다. 아비는 아들을 위해 숨겨 주고 아들은 아비를 위해 숨겨 줍니다. 정직한 것은 그 가운데 있습니다.[5]

위의 구절은 언뜻 보기에 상식을 벗어난 공자의 도덕관을 보여 주고 있는 듯하다. 도덕규범의 타당성은 모든 사람에게 보편적으로 적용되어야 할 것이 아니겠는가? 양을 훔치는 행위가 범죄라면, 양을 훔친 자가 남이든 아버지든 상관없이 똑같은 범죄에 해당된다. 그러므로 아들이 아버지를 고발하는 것이야말로 도덕적으로 옳은 것이고, 아버지의

4 홍원식, 〈한국인의 관계 맺기〉, 《철학의 눈으로 오늘의 한국을 본다》(2005년 한국철학회 춘계학술대회 자료집, 2005. 5. 28), 99면 이하 참조.
5 《論語》, 〈子路〉 편.

범죄를 숨겨 주는 행위는 비도덕적이다. 그런데 놀랍게도 공자의 의견은 정반대이다. 그에 따르면 위의 아들의 경우 자신의 아버지를 범죄자로 고발하는 행위야말로 비도덕적 행위, 즉 잘못된 행위라는 것이다. 아들은 아버지의 범죄를, 아버지는 아들의 범죄를 숨겨 주는 것이 보편성을 갖는 '법'의 이름으로 혹은 '공평성'이라는 명목으로 아버지와 아들이 서로를 고발하는 것보다 도덕적으로 옳은 행동이라는 것이다. 여기서 공자가 말하고자 했던 진정한 의미는 무엇일까? 그것은 아마도 사회적으로 존재하는 도덕규범이 무조건 모든 경우에 일률적으로 적용되어서는 안 된다는 점일 것이다. 다시 말해서 도덕의 실천에는 보편적이고 형식적이며 논리적이고 이성적인 사유 못지않게 특수한 상황이나 관계, 자연스런 느낌이나 정서 등도 매우 중요하게 고려해야 한다는 점일 것이다. 공자는, 인간의 자연스런 느낌에 바탕을 두지 않고 오직 형식적 규범에만 맞추어진 행위는 도덕적으로 아무 의미가 없다고 말하고 있는 것이다. 사실 생물학적으로, 그리고 사회적·문화적으로 가장 가깝게 맺어진 부모 자식 간의 사랑과 의리보다 인간관계에서 더 중요한 것이 어디 있겠는가? 이렇게 볼 때 유교 윤리는 가장 가까운 인간관계에서 우러나오는 자연스러운 느낌을 기반으로 동심원을 그리듯 그것을 점차 확산해 나감으로써 형성되는 끈끈한 공동체 윤리를 지향하였다고 볼 수 있을 것이다.[6]

이처럼 전통적인 유교 윤리와의 유사성이라는 관점에서 볼 때, 덕 윤리란 우리에게 전혀 생소한 것이 아니다. 그것은 동서고금을 막론하고 어느 곳에서나 전통적으로 강조되고 지켜져 왔던 윤리의 전형이자, 우리가 상식적으로 이해하고 있는 윤리 그 자체라 할 수 있다. 그렇다

6   박이문, 《〈논어〉의 논리》, 문학과지성사, 2005, 145~148면 참조.

면 이렇게 평범한 덕 윤리를 왜 오늘날 새삼스럽게 거론하게 되었을까? 그것은 서구 근대 시민사회의 등장이라는 배경적 요인과 관련된 것으로 보인다. 따라서 아래에서는 근대 시민사회의 등장과 근대 윤리학, 그리고 덕 윤리의 관계를 역사적 맥락에서 살펴봄으로써 덕 윤리의 재등장이 가지는 의의 및 그 한계에 대해 생각해 보고자 한다.

근대 시민사회의 등장과 덕 윤리의 부활

잘 알다시피 인간은 한편으로 홉스가 가정한 것처럼 '이기적' 존재이기도 하지만, 다른 한편으로 아리스토텔레스가 말한 바와 같이 '사회적' 존재이기도 하다. 이는 인간을 포함한 모든 동물이 지니고 있는 개체보존본능과 종족보존본능으로도 설명된다. 그런데 인간에게 이기적 속성과 이타적 속성이 모두 존재한다 하더라도, 보통 사람의 경우 이타심보다는 이기심이 더 강하다는 데 대부분의 사람이 동의할 것이다. 어떤 의미에서 윤리란 우리가 '많이 가지고 있는' 이기심을 억제하고 '적게 가지고 있는' 이타심을 증진하는 장치라 할 수 있을 것이다. 그렇다면 우리는 과연 '어느 정도까지' 이타심을 발휘할 수 있을까?

　사회 생물학에 따르면, 인간은 이기적인 본성 외에 분명히 이타적인 본성도 지니고 있다. 그러나 인간의 이타적 본성은 대체로 좁은 범위까지만 미친다. 인간이 생물학적 본성상으로 이타심을 발휘할 수 있는 공동체의 규모는 소규모 집단 정도라고 한다.[7] 인간의 진화 단계는 아직

7　E. Wilson(이한음 역), 《인간본성에 대하여》, 사이언스북스, 2000, 220면 이하 참조.

까지 그러한 수준에 머물러 있는 것이다. 그런데 역사시대에 접어들면
서 인간의 집단생활은 그 규모가 급속히 커지기 시작했고, 이에 따라
자연히 그 규모에 걸맞는 이타적 감정이 요구되었음에도, 인간의 생물
학적 본성은 아직 이를 뒤따르지 못함으로써 괴리가 생기기 시작했던
것이다. 인간의 윤리 체계는 바로 이러한 괴리를 극복하기 위해서 등장
하게 된 사회적 장치라고 볼 수 있다. 다시 말해서, 인간의 생물학적 본
성의 한계를 집단적인 이성적 사고의 힘으로써 극복하려는 전략이라
할 수 있다.[8]

고대 그리스의 위대한 철학자들이 도덕적 이상을 그들이 속한 폴리
스 차원에서 추구하였으며, 폴리스의 좋은 시민이 되는 것, 즉 시민의
덕을 함양하는 것을 젊은이들의 교육 목표로 삼았다는 것은 윤리의 이
러한 성격과 당시 도덕 공동체의 규모를 말해 준다. 아리스토텔레스는
개인에 대한 폴리스의 절대적 의미를 다음과 같이 말하고 있다.

> 국가(폴리스)가 본래 개인보다 우선한다는 것은 분명한 사실이다. 왜냐하면
> 만일 각 개인이 따로 떨어져 있을 때 자족적이지 않다면, 그는 전체 국가와
> 연결되어 있는 것이 틀림없기 때문이다. 마치 부분들이 그 전체에 연결되어
> 있듯이 말이다. 반면에 어떤 사람이 이러한 사회 체제 속에 들어갈 능력이
> 없거나 혹은 그렇게 할 필요가 없을 정도로 자족적이라면, 그는 국가의 일부
> 분이 아니다. 그는 짐승이거나 신(神)임에 틀림없다.[9]

그러므로 고대 그리스 시대의 사람들에게 (폴리스의 차원을 벗어난)

---

8 P. Singer(김성한 역), 《사회생물학과 윤리》, 인간사랑, 1999, 271면 참조.
9 Aristoteles, *Politics*, 1253 a, *The Works of Aristotle*, Chicago · London · Toron-
to: Encyclopedia Britannica, 1952, Book I, 2.

'모든 인간 존재'라는 생각 및 거기에 호소하는 어떤 주장은 터무니없는 것으로 보였을 것이다.[10] 그런데 알렉산더 대왕의 세계제국과 그에 뒤이은 로마제국의 등장은 윤리의 변모에 하나의 전기를 마련해 주었다. 사람들은 이제 도시국가 차원이 아니라 세계적 차원의 윤리에 눈뜨게 되었던 것이다. 헬레니즘 시대의 윤리에서 우리는 이러한 면모를 엿볼 수 있다.

> 헬레니즘의 풍조는 그리스적인 국가주의에 대립하여 전면적인 세계주의(cosmopolitanism) 사조를 일으킨다. 이 사조는 그리스인과 이민족 간의 정치적 · 민족적 · 문화적 차별을 무시하고 폴리스의 시민 대신 인류(세계시민)라는 새로운 개념[사해동포주의]을 낳았으며 폴리스를 중심으로 하는 생활 관념을 버리고 개인적 행복을 추구하는 개인주의 사상을 낳았다. 그리고 철학은 눈앞의 어지러운 현실에서 어떻게 처신할 것인가, 어떻게 하면 안심입명(安心立命)의 경지에 도달할 수 있는가를 해결하는 것을 그 사명으로 한다.[11]

우리는 이러한 헬레니즘 시대의 윤리에서 세계주의와 개인주의가 동시에 추구되었다는 점에 주목할 필요가 있다. 이는 근대의 시민사회에서 반복되는 현상으로서, 중간규모의 구체적인 도덕공동체가 해체될 때 윤리 체계가 어떤 모습을 띠게 될지를 암시하고 있기 때문이다.

헬레니즘 시대 이후, 모든 인간을 대상으로 하는 윤리 개념은 근대 계몽주의에 이르러 비로소 다시 전면에 등장하게 된다. 자연과학의 발

---

10   P. Singer, 《사회생물학과 윤리》, 213면.
11   한전숙, 〈헬레니즘 로마 철학〉, 《세계철학대사전》, 교육출판공사, 1980, 1234면.

달과 더불어 근대화에 성공한 서구 제국의 세력이 확산되면서 로마제
국 이래 다시금 세계적 차원의 사고가 등장할 수 있게 된 것이다. 서양
근대의 보편주의 혹은 인격주의를 표방하는 윤리는 바로 이러한 시대
의 윤리적 이상을 대표한다고 할 수 있을 것이다.

   이러한 윤리는 이전의 전통적 윤리와는 다른 특성을 가진다. 예전에
는 소규모 또는 중간규모 공동체의 삶에 필요한 규칙을 배우고 익힘으
로써, 다시 말해서 덕을 쌓음으로써 충분했으나, 이제는 추상적 거대
공동체 또는 익명적 타인과의 관계에도 적용될 수 있는 윤리가 필요해
진 것이다. 이러한 윤리는 원리 중심이 되지 않을 수 없다. 왜냐하면 개
별적 행위자나 집단의 특수성을 넘어서 보편적으로 적용될 수 있어야
하기 때문이다. 또 이러한 윤리는 강한 의무 의식을 수반하지 않을 수
없다. 왜냐하면 우리의 일반적인 도덕적 감수성이 미치는 범위를 훨씬
넘어서까지 적용되어야 하기 때문이다. 근대 윤리학이 행위자보다 행
위 자체에 주목하고, 행위자의 덕성보다 도덕원리나 규칙을 중시하며,
좋거나 나쁘다는 표현보다 옳거나 그르다는 표현을 주로 사용하는 것
도 이런 맥락에서 이해될 수 있다.[12]

   그런데 이러한 윤리가 지닌 한 가지 문제점은 그것이 적용되는 공동
체의 범위가 지나치게 넓어서 실천하기가 그만큼 어렵다는 것이다. 콜
버그(L. Kohlberg)가 가정한 도덕 발달의 6단계에서도 높은 단계일수록
거기 도달하기가 힘든 것은 그것이 작은 집단에서 큰 집단으로, 구체적
인 데서 추상적인 데로 나아가기 때문이다. 사실 이처럼 높은 수준의
보편주의를 표방하는 윤리란 아직은 한낱 이성적 추론의 산물이요, 이

---

12 역시 같은 맥락에서 '근대 윤리학은 도덕성을 법적 개념에 근거시키고 있다'는
앤스컴의 지적도 충분히 이해될 만한 것이다.(G. E. M. Anscombe, "Modern Moral
Philosophy", in: *Philosophy* 33(1958))

상(理想)의 수준에 머물러 있는 것이라고도 하겠다. 생물학적 본성상 우리의 공감능력, 타인에 대한 감수성이 미치는 범위는 대개 소규모 공동체 정도이고, 역사적·문화적 발전을 감안한다 해도 기껏해야 중간 규모의 세계(meso-cosmos: 동향 혹은 같은 나라 사람들, 같은 종교 신자들, 같은 종족이나 계층의 구성원들로 이루어진 세계)[13]까지이기 때문이다. 피터 싱어는 이러한 측면을 다음과 같이 지적하고 있다.

공평한 합리성에만 호소하는 윤리는 공평한 합리주의자들만이 따를 수 있을 따름이다. 인간을 위한 윤리는 있는 그대로의 인간을 기준으로 만들어지거나 그들이 도달할 수 있는 기준에 입각해 만들어져야 한다. 만약 진화로 인해 사람들이 인간 일반보다 도움을 준 사람과 혈연들에게 친근감을 강하게 느끼게 된 것이 사실이라면, 모든 사람들의 선을 도모하라는 권고는 선천적인 인간 본성을 무시한 요구라고 할 수 있을 것이다.[14]

이처럼 인간은 추상적인 사해동포주의를 실천하는 데에는 분명히 한계를 지닌 존재이다. 그러나 우리의 전통적 유교 사회가 그러했듯이, 가족이나 친족으로 구성된 소규모 공동체까지는 어느 정도 이타적으로 행동하는 것을 기대할 수 있다. 이것도 물론 쉽게 되는 일은 아니겠으나 교육과 훈련을 거듭한다면 그래도 가능한 일일 것이다. 동서양을 막론하고 우리가 아는 문명사회에서 늘 공동체와 이웃에 대한 사랑과 예의가 가르쳐졌던 것은 이 때문이다. 그런데 우리 시대는 도덕적 실천에

13 G. Vollmer, "Können wir den sozialen Mesokosmos verlassen?", in: Mahnke·Treml(Hrsg.), *Total Global. Jahrespublikation der Zeitschrift ETHIK & UNTERRICHT 2000*, Frankfurt a.m.: Diesterweg, 2000, 9면.
14 P. Singer,《사회생물학과 윤리》, 299면.

관한 한 과거보다 훨씬 힘든 상황에 놓여 있는 듯하다. 우리가 속한 공동체가 근대적 국가와 세계라는 거대 공동체로 확대되어 버렸기 때문이다. 다시 말해서, 쉽진 않지만 그래도 도덕적 실천이 어느 정도 가능했던 '중간규모의 세계'가 해체되고, 이제는 개개인으로 구성된 '거대규모의 세계(macro-cosmos)'만이 남게 되었기 때문이다. 덕 윤리는 바로 이렇게 개인들로 구성된 거대한 세계의 윤리의 추상성과 실천력 부재를 과거 중간규모 세계의 윤리가 지니고 있었던 실천적 성격을 되살림으로써 극복해 보려는 시도로 보인다.

하지만 그렇다고 해서 덕 윤리가 기존의 근대 윤리를 대체하거나 혹은 대체해야 한다고 말할 수는 없다. 왜냐하면 오늘날 우리의 상황이 이미 보편윤리를 지향하면서 살 수밖에 없게 되어 있기 때문이다. 잘 알다시피 오늘날 우리가 몸담고 살고 있는 집단생활의 규모는 사실상 전 세계로 확대되었다. 또, 기후 문제, 식량 문제, 에너지 문제, 환경 문제, 핵 문제 등이 전 지구적 생존의 문제와 결부되어 있을 뿐만 아니라, 교통과 통신 및 인터넷의 발달로 세계가 하나의 생활권으로 인식되기에 이르렀기 때문이다. 그러므로 이제 우리에게는 모든 인간을 염두에 둔 게임의 규칙이 필요하다. 이는 근대 윤리학과 덕 윤리학이 우리에게 양자택일의 문제가 아님을 시사하고 있다.

지금까지 이 장에서는 근래 덕 윤리가 대두하게 된 배경을 살펴보았고, 이어서 인류의 공동체적 삶의 규모가 점차 확대되어 가는 과정과 관련하여 덕 윤리가 가졌던 전통적 위상 및 그것의 재등장 요구를 근대 윤리학의 특성과 대비해 논하였다. 이미 언급한 바와 같이 사실상 덕 윤리란, 우리의 전통적 유교 윤리가 그러하듯이, 가장 오래되고 가장 친숙한 윤리 그 자체라 할 수 있다. 왜냐하면 인간은 가장 기본적인 생활 단위인 가정을 비롯하여 늘 어떤 일정 규모의 공동체 속에서 살아왔고, 그러한 공동체 속에서의 삶을 잘 영위할 수 있는 능력과 지혜가 곧 덕이며, 그러한 덕으로 이루어진 체계가 곧 윤리였기 때문이다. 그런데 그러한 윤리는 근대 시민사회의 도래와 더불어 하나의 전기를 맞게 되었다. 삶의 단위가 소규모 또는 중간규모 공동체를 넘어 거대규모 공동체로 변하고, 이에 응집력이 약한 익명의 개인들이 한데 모여 살아가는 형국이 되었기 때문이다. 이제 이러한 시대의 윤리는 더 이상 특수한 인격 모델이나 특정 사회의 전통이 아니라 모든 사람에게 동일하게 적용될 수 있는 보편적 원리에 근거할 수밖에 없게 되었다. 근대 윤리학은 바로 이러한 시대적 요구에 맞추어 등장한 것이라 할 수 있다. 그러나 이렇게 보편주의를 표방하는 윤리의 문제점은 그것이 추상적 원리만을 중시하고 구체적인 상황 및 개인적 욕구나 감정 등을 무시함으로써 실천력이 떨어진다는 것이다. 덕 윤리의 재등장은 이러한 문제점을 극복해야 한다는 요구의 반영으로 이해된다.

하지만 오늘날 우리가 근대 시민사회라는 구조 속에서 살 수밖에 없게 된 이상, 덕 윤리가 근대 윤리를 대체해야 한다는 주장은 설득력을 가지기 힘들다. 아마도 우리는 이 둘을 양자택일의 문제로서가 아니라 상호 보완의 관계로 이해하는 편이 옳을 것이다. 따라서 "신 아리스토텔레스주의냐 칸트적 윤리학이냐"와 같은 양자택일적 명제는 더 이상 적절한 문제 제기라 할 수 없다.

필자가 생각하기에, 가장 바람직한 대안은 의무 윤리의 토대 위에 덕 윤리의 장점을 수용하는 것이다. 덕 윤리를 토대로 삼기 힘든 것은 그것이 상대주의의 위험성을 안고 있기 때문이다. 덕이란 어쩔 수 없이 특정 사회의 전통과 관행, 그리고 문화와 뗄 수 없는 관계에 있다. 이런 측면에서는 근대 의무 윤리가 강점을 가진다. 그것은 모든 인간의 자유, 평등, 존엄, 행복에 근거한 기본 원칙을 분명히 제시하고 있기 때문이다. 그러므로 우리는 의무 윤리의 기본 원칙을 분명히 확인한 토대 위에서, 구체적 행위의 장(場)에서는 타인을 배려할 줄 아는 등의 품성 교육 및 습관화 교육을 병행해야 할 것이다.

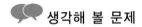 생각해 볼 문제

1 다음 글을 읽고 유교 윤리의 특징에 관해 토론해 보자.

공자께서 일찍이 무리와 더불어 천하를 주유하실 때, 난(亂)을 만난 나라의 변방에 이르셨는데, 아비규환으로 피비린내 자욱한 마을이 온통 적군의 말발굽에 짓밟히고 창칼에 도륙이 되어 차마 눈뜨고 볼 수가 없는 지경이었습니다 그려.

그 와중에 남녀노소 할 것 없이 머리에 이고 등에 지고, 손에는 어린 자식, 앞에는 늙은 부모, 잡고 끌고 아우성인데, 저만큼 어떤 사람이 두 아이를 양팔로 붙안고 사뭇 섧게 섧게 울더니만, 단호히 한 아이를 떼어 놓고 한 아이만 데리고 피난을 가더랍니다. 돌아보지도 않고. 돌아보면 차마 갈 길을 갈 수 없어 그랬겠지요.

공자가 제자를 시켜 남겨진 아이한테 가서 그 연유를 물어오라 했습니다. 다녀온 제자는, 아내도 없는 처지의 그 사람이 데리고 간 아이는 형님의 아이요, 떼어 놓고 간 아이는 자기 자식이더이다, 말씀드렸지요. 떨어진 아이는 두려움과 놀람과 슬픔으로 거의 까무러칠 지경이어서 목을 놓아 울고 있었습니다. 그렇게 우는 자식을 놓고, 형님의 아들을 데리고 가는 아비의 심정인들 오죽했으리요.

이 말씀을 들으신 공자는 한동안 묵묵히 계시더니

"참으로 장한 일이로다."

칭찬하셨답니다.

그러나 곧 이렇게 말씀하시었소.

"이제 두고 보라. 저 사람은 무후(無後)할 것이다."

대를 이을 자손이 끊어져 절사(絶嗣) 절손(絶孫)이 된다니.

"저와 같이 장한 사람이 어찌 아들이 없으리라 하십니까."

제자들이 의아하게 여기고 놀라서 여쭈었습니다.

"장하기는 그지없는 사람이다마는 저렇게 독하고 모진 성품이라면 다시 부
모 되어 아이 낳기는 어려울 것이니라."

하셨다지 않습니까?

인간으로서 마땅히 끓어오르는 육친의 본능을 뛰어넘어 명분과 도리를 지
킨 것은 만고에 없이 훌륭한 일이겠지만, 부모된 심정으로 어찌 그 자식을
아수라장 피비린내 속에 버려두고 아비 혼자 피난을 갈 수가 있느냐는 것
이지요. 차라리 같이 끌어안고 죽을지언정. 그런 냉혹한 냉혈의 핏속에 어
떻게 자식 낳을 만한 정을 지니고 있겠는가 하신 게요.

"참으로 형님이라면 이에 어찌하시리까?"[15]

2 덕 교육과 관련하여 다음 글이 말하고자 하는 바는 무엇인가?

담배를 끊으려고 할 때 담배를 끊으려는 마음은 금방 달성되고 완성될 수
있다. 하지만 우리가 그러한 굴뚝 같은 마음에도 불구하고 담배를 못 끊는
것은 마음 때문이 아니고 몸 때문이다. 몸이 담배를 요구하지 않는 상태에
이름으로써만 그것은 가능해지는 것이다. 마음의 작심(作心)이 그러한 몸
의 상태를 도울 수는 있다. 그러나 마음 먹는 일 그 자체 또한 몸의 공부(工
夫)다. 도둑질, 마약, 음주벽 등 우리 사회 죄악의 대부분을 형성하는 이러
한 사태들이 모두 마음의 죄가 아니요 몸의 죄다. 그런데 초·중·고·대
학 교육을 통하여 마음의 교훈을 말하는 선생님은 많아도, 몸의 훈련, 즉
참다운 공부를 시키는 선생님은 없다. 우리나라의 교육은 한마디로 몸이

---

15 최명희, 《혼불》(4권), 한길사, 1996, 307~309면.

부재한 교육인 것이다.[16]

3 다음 글을 읽고, 우리는 '우리'의 배려 범위를 어디까지 넓힐 수 있
는지, 그리고 그것이 어떻게 가능한지에 관해 토론해 보자.

우리는 우리나라(미국) 국민의 이익을 다른 나라 국민의 이익보다 훨씬 더
우위에 둔다. 그렇게 하는 이유가 방글라데시 사람들에게 홍수를 일으키더
라도 미국인의 경제적 이익이 손상당하는 것을 피하려는 것이건, 코소보에
있는 무고한 생명들을 더 많이 희생시키는 대가로 나토군의 생명이 위험해
지는 것을 피하려는 것이건, 아니면 해외의 곤궁한 사람들보다 우리나라에
있는 가난한 사람들을 도우려는 것이건 간에 상관없다. 그러면서도 우리
대부분은 모든 인간이 어떤 권리를 가지고 있으며 모든 인간 생명은 동등
한 가치를 가진다고 주장하는 선언을 의심의 여지없이 지지한다. 다른 인
종에 속하거나 다른 국적을 가진 사람의 생명이 우리 인종에 속하거나 우
리 국적을 가진 사람의 생명보다 덜 중요하다고 말하는 사람을 우리는 비
난한다. 이런 서로 다른 태도를 조화시킬 수 있을까? 한때 우리가 자선을
베푸는 대상이었을 수 있지만 이제는 기본적 필요에 대비할 수 있게 되었
고 우리의 높은 생활수준에 비해서만 상대적으로 가난해 보이는 '우리나
라' 사람들에 대해서도, 같은 동포라는 것이, 더 큰 곤궁에 처해 있는 다른
나라 사람들보다 그들을 우선시하는 이유로 사실상 충분한가?[17]

---

16   김용옥, 《삼국통일과 한국통일》 (상권), 통나무, 1994, 132면 이하.
17   피터 싱어(김희정 옮김), 《세계화의 윤리》, 아카넷, 2003, 198면.

제9장

메타 윤리학

"도덕이란 우리의 생각과 감정을 떠나 객관적으로 존재하는 것이 아니야. 도덕은 우리가 어떤 사람의 행동을 볼 때 느끼는 좋거나 싫은 감정 또는 유쾌하거나 불쾌한 감정에 뿌리를 둔 거지."

"도덕이 주관적 감정에 근거한 것이라면 우리가 어떻게 세상사의 옳고 그름을 논할 수 있겠니. 도덕적 진리란 마치 2+2=4라는 수식이 언제 어디서나 참이듯이, 개인적 감정이나 평가를 떠나 객관적으로 존재하는 것이라고 생각해."

"도덕적 사실이 존재한다 하더라도 그것을 자연과학적 사실처럼 다룰 수는 없어. 또 과학적 방법으로 입증될 수 있는 것도 아니고. 과학적 방법으로 증명될 수 없는 사실은 그 참과 거짓을 논하기도 어렵지. 따라서 윤리학은 학문이 될 수 없을 것 같아."

"과학적 방법만이 능사는 아니라고 생각해. 도덕은 자연과학의 결정론을 넘어선 담론이야. 도덕은 인간의 자유의지에 근거한 것이고, 모든 이의 자유를 실현하기 위해 우리 스스로 만들어 가는 규범의 세계라고 할 수 있을 거야."

메타 윤리학의 기원: 흄과 무어

'메타 윤리학(metaethics)'이라는 말에서 '메타(meta)'란 '~뒤에(af-ter)', '~을 넘어(beyond)', '~배후에(behind)'라는 뜻을 지닌 접두어이다. 따라서 메타 윤리학이란 '무엇이 선하고 악한지, 무엇이 옳고 그른지'를 묻는 일반적인 윤리학(즉, 규범 윤리학)의 범위를 넘어 '도덕적 지식의 성격과 근거는 무엇인지', '도덕적 속성이라는 것이 과연 존재하는지', '도덕적 언어가 의미가 있는지', 더 나아가 '윤리학 자체가 성립 가능한지'를 문제 삼는 분야이다.

위의 물음에서 엿볼 수 있듯이, 메타 윤리학은 윤리학에 대해 매우 회의주의적인 색채를 띠고 있다. 이는 사실상 근대 자연과학의 성공으로 말미암은 그늘로 볼 수 있다. 자연과학이 모든 학문의 모델이 되고 과학적 방법이 진리 탐구의 가장 믿을 만한 방법이라는 인식이 퍼지면서, 그러한 방법을 통하지 않은 지식, 예컨대 형이상학이나 윤리학에서의 지식은 진리로서의 자격조차 의심스럽게 되었던 것이다.

메타 윤리학은 20세기 초 논리실증주의와 언어분석철학의 발전과 더불어 본격적으로 논의되기 시작했지만, 그 기원은 영국의 경험주의자 흄(D. Hume)의 문제 제기에서 찾아볼 수 있다. 흄이 제기한 문제를 흔히 '사실-가치(fact-value) 문제'라고 부른다. 이것은 가치가 사실과 본질적으로 다른지, 도덕적 판단이 사실로부터 도출될 수 있는지, 도덕적 명제도 사실적 명제와 마찬가지로 참과 거짓을 가릴 수 있는지를 따지는 문제이다.

흄은 당시의 대표적인 윤리 이론들을 살펴보던 가운데 그것들이 모두 근본적인 오류를 범하고 있다는 것을 깨달았다. 그 이론들은 세계에 관한 특정 사실들을 관찰하는 것에서 시작하여 이 사실들로부터 우리의 도덕적 의무에 관한 진술들을 결론으로 이끌어 냈던 것이다. 흄에 따르면 이는 존재(사실)에 관한 진술에서 당위(가치)에 관한 진술로 건너뛰는 것으로서, 흔히 '존재에서 당위를 도출하는 오류'라고 불린다. 그의 말을 직접 확인해 보자.

> 내가 보기에, 지금까지 접한 모든 도덕 체계에서 저자들은 한동안 일상적 추론을 진행하고, 신의 존재를 입증하거나 또는 인간사에 관해 관찰하다가, 놀랍게도 갑자기 명제들을 일반적 계사인 '이다(is)' 또는 '아니다' 대신에 '해야 한다(ought)' 또는 '해서는 안 된다'로 연결한다. 나는 그렇지 않은 명제를 보지 못했다.[1]

흄이 보기에, 이러한 오류가 생기는 이유는 도덕 판단을 수학(또는 논리학)이나 과학에서 사용하는 것과 같은 이성적 연역으로 간주하기 때문이다. 따라서 이 문제에 대한 흄의 해결책은, 도덕 판단을 이성적 추론으로 보는 대신, 우리의 정서적 반응, 즉 쾌락과 고통의 감정으로 보는 것이다. 이러한 흄의 생각은 두 가지 측면에서 현대 윤리학에 큰 영향을 미쳤다. 첫째, 이성적 관찰이나 추론을 통해서 알게 된 사실과 이와는 다른 방식으로 파악되는 가치 사이에 중요한 차이가 있음을 일깨워 주었다는 것이다. 둘째, 도덕 판단의 본질이 이성적 추론이 아니라 감정이라는 것이다. 특히 이성주의를 거부한 이 후자의 입장은 20세기 정의주의(emotivism)의 등장에 직접적인 계기가 되었다.[2]

흄이 제기한 문제를 이어받아 이를 한 단계 심화한 사람은 무어(G.

---

1 D. Hume, *A Treatise of Human Nature*, 3.1.1.

2 포이만 · 피저(박찬구 · 류지한 · 조현아 · 김상돈 역), 《윤리학: 옳고 그름의 발견》, 울력, 2010, 363~366면 참조.

E. Moore)이다. 무어는 우리가 윤리적 문제를 다루기에 앞서 윤리적 용어의 의미를 분명히 하는 일이 매우 중요하다고 강조하면서, 그중에서도 윤리학의 토대인 선(good)의 개념을 명확히 이해할 필요가 있다고 주장했다. 그가 보기에, 일부 학자들은 선을 쾌락과 같은 자연적 속성과 동일시하는 경향이 있는데, 이는 오류이다.[3] 왜냐하면 선은 단순 관념(simple idea)으로서, 다른 개념을 통해 정의될 수 없는 개념이기 때문이다. 이는 마치 '노랑'이라는 색이 다른 개념(색)을 통해 정의될 수 없는 것과 마찬가지이다. 우리는 노란색이 무엇인지 아직 모르는 사람에게 노란색에 대해 설명할 수 없으며, 단지 직관적으로 그것을 인식시킬 수 있을 뿐이다. 마찬가지로, 우리는 도덕적 선에 대해서도 설명할 수 없으며, 오직 직관적으로 그것을 인식할 수 있을 뿐이다.[4]

만약 내가 '선이란 무엇인가'라는 질문을 받는다면 나의 대답은 '선은 선이다'라는 것이며, 그것이 대답의 전부이다. 그리고 내가 '선이란 어떻게 정의되는가'라는 질문을 받는다면 '선은 정의될 수 없다'고 대답할 것이며, 그것이 내가 말할 수 있는 전부라고 대답할 것이다.[5]

무어는 이처럼 선을 다른 개념이나 자연적 사실과 구분함으로써 그 고유성을 주장했고, 이는 도덕적 진리의 독자성을 옹호한 셈이다.

이러한 무어의 지적과 더불어 이제 기존의 윤리 이론들은 다음의 둘 중 어느 하나로 분류될 수밖에 없게 되었다. 하나는 도덕적 선을 독자

---

3 무어는 이러한 오류를 자연주의적 오류(naturalistic fallacy)라고 불렀다. (이 책의 88면 참조)
4 포이만 · 피저, 《윤리학: 옳고 그름의 발견》, 366~367면 참조.
5 G. E. Moore, *Principia Ethica*, Cambridge University Press, 1903, 6면.

적인 개념으로 보기보다 쾌락과 같은 자연적 사실에 의존하는 개념으로 보는 견해이고, 다른 하나는 선을 그러한 자연적 현상과는 다른 방식으로 존재하는 독자적인 개념으로 보는 견해이다. 전자에 따르면, 도덕적 지식은 경험적인 것이고 자연 현상과 관련된 것이다. 반면 후자에 따르면, 도덕적 지식이나 도덕성은 선험적인 것이고 자연 현상과 무관하며, 모종의 독자적인 직관 능력을 통해 파악된다. 우리는 전자를 자연주의(naturalism), 후자를 비자연주의(nonnaturalim)라 부를 수 있을 것이다. 이 두 가지 견해는 20세기의 도덕 실재론 논쟁과 더불어 다시 주목받게 된다.

비인지주의: 정의주의와 규정주의

20세기 메타 윤리학의 전성기는 논리실증주의(logical positivism)의 대두와 더불어 시작되었다. 논리실증주의는 그 말뜻에서 짐작할 수 있듯이, 수학적 · 논리적 사고방식과 과학적 · 실증적 사고방식에 대한 절대적 신뢰를 바탕으로 한 이론이다. 논리실증주의자들이 어떤 명제가 의미가 있는지 없는지를 가리는 기준으로 제시한 이른바 검증원리(principle of verifiability)는 이 점을 잘 보여 준다. 검증원리에 따르면, 모든 유의미한 문장은 동어반복(tautology)이거나 경험적으로 검증 가능한 것, 이 둘 중 하나이어야 한다. 동어반복이란 정의(定義)에 의해 참인 진술 및 그러한 진술로 환원 가능한 진술로서, 수학적 · 논리적 명제들이 여기에 해당한다. 경험적으로 검증 가능한 것이란 외부 세계의 관찰에 입각한 진술로서, 과학적이거나 사실적인 명제들이 여기에 해당한다.

그런데 검증원리에 비추어 볼 때, '도둑질은 나쁘다'와 같은 가치 명제는 동어반복도 아니고 경험적으로 검증 가능한 진술도 아니기 때문에 무의미하다. 이는 선과 악, 옳음과 그름 같은 도덕적 개념들을 포함한 모든 도덕적인 명제는 그 참과 거짓을 가릴 수 있는 방법이 없으므로 무의미(nonsensical)하다는 결론을 함축한다. 그렇다면 우리가 알고 있는 모든 도덕 언어는 단지 헛소리에 불과한 것인가? 이러한 반문에 대해 논리실증주의자 에이어(A. J. Ayer)는, 도덕적 명제는 비록 어떤 사실을 보고하는 것은 아니지만, 그 대신 우리의 감정을 표현한다고 대답한다. 예컨대 '도둑질은 나쁘다'라는 말은 우리가 "도둑질 — 정말 나빠!"라고 외칠 때와 같이 도둑질에 대한 우리의 부정적 감정을 표현한다는 것이다. 이러한 견해를 정의주의(emotivism)라고 한다.[6] 정의주의는 도덕 판단을 단지 개인의 주관적 감정이나 태도의 표출로 간주함으로써 윤리적 상대주의와 회의주의를 대표하는 이론으로 자리매김하게 된다.

여기서 일부 학자들은 사실적 명제와 사실과 무관한 명제를 구별하기 위해서 '인지적(cognitive)', '비인지적(noncognitive)'이라는 용어를 도입했다. 어떤 명제가 사실적 내용을 가질 때, 그것은 인지적이다. 즉, 우리는 그것이 참인지 거짓인지를 파악(인지)할 수 있다. 반면에 어떤 명제가 사실적 내용을 가지지 않을 때, 그것은 비인지적이다. 즉, 그 참이나 거짓 여부를 파악할 수 없다. 그런데 전통적인 윤리 이론들은 모두 인지주의를 표방한다. 다시 말해서, 자신들의 진술이 모두 유의미하다고 주장한다. 하지만 정의주의에 따르면, 모든 인지주의적 이론은 잘못된 것이다. 그들이 제시하는 도덕적 명제들은 검증원리를 충족하지 못하기 때문이다. 이처럼 모든 도덕적 명제들을 비인지적인 것으로 여

---

6 포이만·피저, 《윤리학: 옳고 그름의 발견》, 370~372면 참조.

기는 견해를 가리켜 비인지주의(noncognitivism)라고 한다.[7] 비인지주의는 도덕에 대한 이성적 인식의 가능성을 포기함으로써 보편적이고 객관적인 도덕적 진리의 존재를 부정한다.

도덕에 대한 상식적 견해를 가진 사람들에게 에이어의 정의주의는 어떤 면에서 극단적인 주장으로 보인다. 모든 도덕적 진술을 단지 감정의 표현이라고 주장하기 때문이다. 여기서 정의주의보다 다소 온건한 이론으로서 규정주의(prescriptivism)가 등장하게 된다. 규정주의는 헤어(R. M. Hare)에 의해 대표된다. 헤어는 도덕 판단이 감정이나 태도의 반영이라는 정의주의의 주장에 기본적으로 동의하면서도, 도덕 판단에는 규정적(prescriptive) 요소도 내포되어 있다는 점에 주목한다. 규정적 요소란 다른 사람으로 하여금 우리의 가치 태도를 받아들이도록 명령하거나 권유하는 성질을 가리킨다. 예컨대 '도둑질은 나쁘다' 라는 도덕 판단은 '도둑질은 고통을 증가시킨다' 와 같은 기술적(사실) 요소와, '너는 도둑질을 해서는 안 된다' 와 같이 다른 사람들이 우리의 태도를 받아들이도록 권유하는 규정적(가치) 요소를 동시에 가지고 있다는 것이다. 헤어에 따르면, 이 밖에도 도덕 판단은 논리적 관계를 보여 주고, 보편화 가능하며, 원리와 관계된다. 헤어는 만약 모든 사람이 자신(헤어)의 접근법을 사용하여 자유롭게 도덕원리를 선택한다면 하나의 공통된 규범윤리 이론, 즉 모종의 공리주의에 도달하게 될 것이라고 주장한다.[8]

헤어의 규정주의는 도덕 판단에 내포된 인지적 요소를 어느 정도 인정함으로써 도덕을 이성적으로 다룰 수 있는 여지를 남긴 셈이다. 그렇

---

7   같은 책, 372~373면 참조.
8   같은 책, 376~386면 참조.

다고 해서 헤어가 보편적이고 객관적인 도덕법칙의 존재를 인정한 것으로 보기는 어렵다. 왜냐하면 그는, 우리가 자신의 주관적 신념 차원에서 원칙을 세우고 그것을 따라야 한다는 점을 이야기할 뿐, 그러한 신념 자체가 과연 보편적으로 타당한지를 검증할 수 있는 기준을 제시하지는 않기 때문이다. 이는 도덕 판단은 궁극적으로 개인의 결단에 의존할 수밖에 없다는 주장으로 이해되며, 이로써 우리는 여전히 헤어가 도덕 판단의 진위 여부는 알 수 없다는 비인지주의적 입장에 서 있음을 확인하게 된다.

실재론 논쟁

흄의 문제 제기로부터 시작된 비인지주의 담론에서 논의의 초점은 한마디로 객관성의 문제라고 할 수 있다. 다시 말해서, 윤리적 개념이 자연 세계의 실제 속성을 나타내는 것이냐, 아니면 단지 주관의 생각이나 감정의 산물이냐를 묻는 문제이다. 이른바 도덕 실재론 논쟁은 바로 여기에서 비롯한다. 도덕 실재론(moral realism)은 도덕적 사실이나 도덕적 속성이 우리의 생각이나 감정과 무관하게 이 우주에 실제로 존재한다고 주장하는 이론이다. 반면에 도덕 반실재론(moral antirealism)은 도덕적 사실이나 도덕적 속성이 실제로 존재한다는 것을 부정하는 이론이다. 반실재론의 예로는 도덕적 가치가 객관적으로 사실적이라는 점을 부인하는 도덕 회의주의와, 여기서 더 나아가서 '도덕적 사실, 도덕적 진리, 도덕적 지식은 전혀 존재하지 않는다'고 주장하는 도덕 허무주의를 들 수 있다. 사실 도덕 반실재론이 내세우는 논거들은 우리에게 그리 생소한 것이 아니다. 논리실증주의에서 주장하는 것들과 크게 다르지 않기 때문이다. 그 논거들은 결국 '도덕은 과학적 방법에 의해 검증될 수 없다' 는 한마디 말로 요약될 수 있다. 이를 좀 더 자세히 살펴보자.

　도덕 회의주의는 우선 도덕적 가치와 같은 것들이 우주에 실재한다는 가정은 부적절하다는 것을 보여 주고자 한다. 만약 객관적인 가치들이 존재한다면, 그것들은 우주 안의 다른 것들과는 전적으로 다른, 매우 이상한 종류의 것이어야 할 터인데, 이러한 가정들 자체가 너무도 기이해서 도저히 믿을 수 없으며, 그러한 것들을 감지하는 능력이 우리에게 있다는 것도 또한 믿을 수 없다는 것이다. 이러한 논증을 바탕으로 도덕 회의주의는, 도덕이란 주관적인 믿음을 외부 세계에 투영한 것에 불과하며, 따라서 모든 곳의 모든 사람들이 준수하는 보편적인 도덕률은 존재하지 않는다고 주장한다. 위의 논증에서 도덕적 가치가 우주의 다른 것들과 다르다는 것은 사실상 자연과학적 사실들과 다르다는 것을 의미한다. 과학적 방법에 의해 검증 가능한 것이 아닌 모든 것은 기이한 것이며, 그러한 것들이 존재한다고 전제하는 것은 부당하다는 것이다.[9] 도덕 허무주의의 주장도 이와 비슷하다. 그 주요 논거에 따르면, 과학 이론은 관찰에 의해 검증될 수 있는 반면에 도덕원리는 그런 식으로 검증될 수 없기 때문에 도덕적 사실들은 존재하지 않는다는 것이다.[10] 다음 글은 이러한 입장이 다다르게 될 마지막 지점을 잘 보여 준다.

　극단적인 버전의 허무주의는, 도덕은 단지 환상에 불과하다고 주장한다. 즉,

9　같은 책, 402~407면 참조.
10　같은 책, 410~413면 참조.

어떤 것도 옳거나 그르지도, 정의롭거나 부정의하지도, 좋거나 나쁘지도 않다고 말한다. 이 버전에서 우리는 도덕을 포기해야 한다.[11]

도덕 회의주의와 도덕 허무주의가 도덕의 존재를 부정하게 된 것은 결국 그들의 과학주의적 전제 때문이라고 할 수 있다. 과학주의(scientism)의 문제점은 과학적 방법을 모든 진리의 검증 기준으로 설정하는 데 있다. 그러나 과학적 방법은 인간이 세계를 이해하는 한 가지 방법에 불과할 뿐, 그것만이 우리 삶의 모든 진리를 담보해 주는 유일한 방법이라고 단정할 수는 없다. 그뿐만 아니라, 과학적 방법에는 결정론이 전제되어 있다. 인과율을 기본으로 하는 자연법칙이 늘 전제되어 있는 것이다. 하지만 도덕은 결정론의 틀 안에서 이루어지는 담론이 아니다. 도덕은 결정론을 넘어 인간의 자유의지를 전제로 하는 담론이다. 그러므로 과학적 방법은 도덕을 다루는 데 한계가 있으며, 과학주의에 입각한 도덕 회의주의와 허무주의의 주장도 한계를 지닌 것이라고 말할 수밖에 없다.

도덕 실재론은 반실재론과 달리 도덕적 가치와 도덕적 사실들의 존재를 긍정한다. 문제는 그러한 입장을 어떻게 설명할 것인가에 있다. 도덕 실재론은 도덕적 사실들이 어떠한 형태로든 '실제로 있다'고 말하는데, 이 '실제로 있는 것'이 무엇인지가 문제인 것이다. 우리가 어떤 것이 '실재한다'고 말할 때 그것은 대개 경험과 관찰을 통해 확인할 수 있는 것을 의미한다. 반면에 우리의 상상으로 만들어 낸 것들은 실재한다고 말하지 않는다. 그러한 것들은 우리 머릿속에만 있는 가상의 존재들이기 때문이다. 그래서 도덕 실재론은 도덕적 사실이 단지 우리

---

11   G. Harman, *The Nature of Morality*, Oxford University Press, 1979, 4면.

머릿속에만 있는 존재가 아니라 객관적으로 실재하는 것이라고 말한
다. 이는 도덕적 사실이 과학적 방법에 의해 검증할 수 있는 형태로 존
재한다는 뜻인가?

　도덕 실재론은 이러한 물음에 답하는 데 있어서 대답이 엇갈린다. 자
연주의적 도덕 실재론은 도덕적 사실이 과학적 방법으로 검증할 수 있는
자연적 사실들과 같은 형태로 존재한다고 주장한다. 도덕적 속성을 행
복이나 쾌락 같은 자연적·경험적 사실과 관련된 것으로 파악하는 아
리스토텔레스나 공리주의의 입장이 여기에 속한다.[12] 그런데 자연주의
에 반대하는 견해에 따르면, 도덕이 자연적 사실로 환원될 수 있다는
주장은 그 자체로 잘못된 것이다. 도덕적 가치가 자연적 사실로 환원될
수 있다면, 도덕의 독자성이 사라지고 말기 때문이다. 예컨대 도덕적
의무가 쾌락이나 행복이라는 사실로 설명될 수 있다면, 도덕은 그러한
행복을 달성하기 위한 2차적 요소로 전락할 것이고, 특히 양자가 충돌
할 경우 도덕은 여지없이 버려지고 말 것이다. 칸트의 말을 빌리면 이
는 '정언명법을 가언명법으로 바꾸는 일'이고, 무어의 용어를 빌리면
'자연주의적 오류를 범하는 일'이 된다. 자연주의의 또 다른 문제점은
도덕을 자연(현상) 세계의 차원, 즉 결정론적 차원에서만 다룬다는 데
있다. 이는 자유의지를 전제하는 도덕의 기본 특성을 무시하는 일이라
할 수 있다.

　한편, 비자연주의적 도덕 실재론은 도덕을 단지 우리가 만들어 낸 가
상의 존재로 여기지 않으면서도 동시에 과학적 방법으로 검증될 수 있
는 것도 아니라고 주장한다. 도덕적 속성을 자연적·경험적 속성과 확
연히 구별되는 독자적인 실재로 파악하는 플라톤이나 무어의 입장이

12　포이만·피저, 《윤리학: 옳고 그름의 발견》, 401면 참조.

여기에 속한다. 이에 따르면, 도덕적 사실은 자연적 사실과는 다른 고차원적 영역에 존재한다.[13] 그리고 이것은 우리의 독특한 능력에 의해 감지될 수 있으며, 이를 토대로 우리는 현실 세계에서 도덕법칙들을 고안하고 적용할 수 있다. 그런데 이러한 관점의 문제점은 무엇보다 그러한 '독자적인 실재'와 '독특한 능력'을 어떻게 객관적으로 입증할 수 있느냐 하는 것이다. 이것이 쉽지 않은 과제임은 이미 반실재론의 비판에 의해 드러난 바 있다. 이 관점의 또 다른 문제점은 도덕적 사실이나 가치가 우리 외부에 실재한다고 전제하는 데 있다. 도덕이란 자유의지의 주체인 우리의 결단에 의해 선택된 가치가 실현되어 가는 영역일 터인데, 그러한 가치가 우리 외부에 이미 존재하고 거기로부터 우리에게 주어지는 것이라면 이는 자율이 아닌 타율인 것이며, 이것 역시 도덕의 기본 특성을 무시하는 일이 되는 것이다.

이제까지 우리는 메타 윤리학의 비인지주의 이론들이 전통적인 도덕 이해에 제기한 도전들을 살펴보았다. 또 비인지주의 이론들이 주도한 실재론 논쟁을 통해 도덕 회의주의와 도덕 허무주의 같은 대표적인 반실재론의 주장도 살펴보았다. 그리고 반실재론자들이 도덕을 송두리째 부정하게 된 것은 사실상 그들의 과학주의적 태도 때문이라는 것을 확인하였다. 하지만 이에 맞선 실재론 또한 ─ 자연주의적이건 비자연주의적이건 간에 ─ 고유한 도덕적 지식, 도덕적 진리, 도덕적 사실의 존재를 설득력 있게 입증해 주지 못한다는 점도 알 수 있었다. 그렇다면 메타 윤리학의 관점에서 볼 때 우리가 제8장까지 진지하게 검토해 왔던 주요 윤리 이론들은 어떤 위상을 가지는 것일까? 그것들은 과연 신뢰할 만한 근거를 가진 이론들일까, 아니면 근거가 박약한 이론

---

13   같은 책, 같은 곳 참조.

들일까?

이러한 문제의식을 가지고 이제부터 메타 윤리학의 관점에서 칸트
와 비트겐슈타인의 윤리 이론을 검토해 보고자 한다. 칸트의 윤리는 근
대 규범윤리의 대표적 모델이며, 비트겐슈타인의 윤리는 메타 윤리학
의 원조이자 그것을 넘어서고자 했던 포스트모던 윤리의 모델이라는
점에서 이러한 분석은 흥미로운 시사점을 제공해 줄 것이다.

메타 윤리학적 관점에서 본 칸트와 비트겐슈타인의 윤리

칸트와 비트겐슈타인의 윤리를 메타 윤리학적 관점에서 검토하기 위한
분석틀로서 여기서는 일단 실재론과 반실재론, 자연주의와 비자연주
의, 인지주의와 비인지주의의 이분법적 척도를 활용하고자 한다. 위 두
사람의 이론을 우리가 이제까지 살펴본 이 세 가지 척도에 비추어 봄으
로써, 우리는 이 두 이론이 지닌 특징은 물론, 메타 윤리학 자체의 특징
과 한계도 확인할 수 있을 것이다.

'칸트의 윤리를 도덕 실재론으로 볼 수 있는가?' 라는 물음은 많은
논란을 불러일으킨 물음이다. 이 물음에 대해 긍정적으로 대답하는 사
람들은 무엇보다 칸트가 도덕법칙을 순수이성의 '사실(fact)' 이라고 표
현한 점을 지적한다.[14] 물론 여기서 '사실' 이라는 말이 '자연적 · 경험
적 사실' 을 가리키지 않음은 분명하다. 왜냐하면 칸트는 "우리가 도덕
법칙을 선험적으로 의식한다"[15]고 명시하고 있기 때문이다. (이로써 칸

---

14   이 책의 113면, 271~272면 참조.

15   칸트, 《실천이성비판》, A 81.

트의 입장이 '자연주의'가 아니라는 점은 확인된 셈이다.) 그렇다면 그것은
플라톤의 이데아와 같은 것인가? 다시 말해서, 현상 세계를 초월한 참
된 실재의 세계인 이데아의 세계에 존재하는 도덕적 실재를 가리키는
가? 만일 그렇다면 칸트는 '비자연주의적 실재론자'로 분류될 수 있을
것이다.

하지만 칸트의 도덕 이해는 플라톤과도 근본적으로 다른 면모를 보
인다. 도덕법칙이라는 것이 인간에게 주어져 있는 것은 사실이지만, 이
러한 도덕법칙이 우리의 의지와 무관한 객관적 사실로서 존재하는 것
은 아니라고 말하기 때문이다. 칸트에 따르면, 도덕법칙은 우리 외부에
이미 정해진 것으로서 존재하는 법칙이 아니라, 우리 자신의 결단에 의
해 스스로 세워야 하는 법칙이다. 이는 칸트의 초월철학[16]이 지닌 일관
된 입장을 보여 주는 것이기도 한데, 칸트가 인식론을 논하는 자리에서
'자연법칙은 우리가 자연에서 길어오는 것이 아니라 우리가 자연에 부
과하는 것'[17]이라고 말한 것과 같은 맥락이다. 자연 세계가 그 자체로
존재하는 것이 아니라 우리의 선험적 감성과 지성의 형식을 통해 구성
된 것이듯이, 도덕 세계 또한 우리의 순수한 실천이성(자유의지)을 통
해 구성된 것이라고 보는 것이다. 이러한 입장을 '실재론'이라고 말하

---

16   '초월철학'의 의미를 간단히 살펴보면 다음과 같다. 《순수이성비판》 서론에서 칸
트는 "나는 대상이 아니라 대상 일반에 관한 우리의 선험적인 개념들에 관계하는 모든
인식을 초월적이라 부른다"(《순수이성비판》, A 11 이하)라고 말한 바 있다. 칸트에 따
르면, 인간은 대상 세계를 인식할 때 물 자체로서의 대상을 직접 인식하는 것이 아니라
인간에게 선험적으로 주어져 있는 주관적 형식(감성 형식인 시간과 공간, 지성 형식인
범주)을 통해 인식한다. 따라서 이러한 형식은 우리에게 인식을 가능하게 하는 근거이
자, 대상 세계가 존재할 수 있게 하는 원리이기도 하다. 이러한 의식의 기능을 칸트는
초월적(transzendental)이라 부르며, 이로써 그의 철학은 '초월철학'이라는 이름을 얻
게 된다.

17   칸트, 《미래의 모든 형이상학을 위한 서설》, §36.

기는 어려울 것이다. 그렇다고 '반실재론'이라고 말하기는 더욱 어려울 것이다. 칸트는 "우리가 도덕법칙을 선험적으로 의식하고 절대적으로 확신하고 있다"[18]고 표현하기 때문이다. (도덕법칙을 이성을 통해 의식하고 확신한다고 주장하는 점에서 칸트는 '인지주의'에 속한다고 볼 수 있다.)

칸트의 윤리가 이처럼 실재론, 반실재론 어느 쪽으로도 적절히 설명될 수 없다면, 이는 실재론의 기본 전제에 문제가 있으며 따라서 실재론 논쟁이 무의미함을 시사한다.

이러한 문제점은 사실 흄의 경험주의적 관점에서부터 잉태된 것이라고 할 수 있다. 경험주의는 인식 주관이 관찰과 경험을 통해 대상 세계를 알아간다고 전제한다. 이 경우, 관심의 초점은 '안에' 있지 않고 '밖에' 있게 된다. 다시 말해서, 인식 주관의 선험적 조건에 놓여 있지 않고, 객관적 관찰 대상 자체에 놓여 있게 된다. 이와 같은 구도에서는 회의주의적 결론이 나올 수밖에 없다. '나(주관)는 대상(객관)이 아닌데 어떻게 있는 그대로의 대상을 알 수 있단 말인가?'라고 묻게 되기 때문이다. 흄이 인과법칙의 필연성과 자연법칙조차 부정하게 된 것은 이러한 추론의 결과로 보인다.[19]

인식론의 논의가 이렇게 회의주의적으로 흐를 정도라면 윤리학은 더 말할 것도 없을 것이다. 따라서 도덕 실재론에서처럼 도덕을 우리 외부에 실재하는 것으로 보는 한, 도덕 회의주의를 극복하기는 힘들어

---

18   칸트, 《실천이성비판》, A 81.

19   칸트는 흄의 회의주의적 결론을 받아들일 수 없었다. 그것은 형이상학은 물론이고 자연과학의 학적 가능성마저 부정하는 것이기 때문이다. 칸트는 흄이 자연의 인과법칙을 부정한 것은 현상 세계와 물 자체의 세계를 구분하지 못했기 때문이라고, 다시 말해서 현상 세계에 불과한 것을 물 자체의 세계로 간주했기 때문이라고 보았다. 칸트가 보기에, 인과법칙은 우리가 (현상) 세계를 이해하는 데 이미 전제되어 있는 것으로서, 우리가 세계를 이해하는 방식(지성의 범주)의 하나일 뿐이다.

보인다. 결국 이 문제는 우리 마음이 가진 조건에 주목함으로써, 즉 윤리학의 경우 도덕적 주체(자유의지)에 주목함으로써 해결책을 찾을 수밖에 없어 보인다. 이제 우리는 메타 윤리학의 원조이면서도 메타 윤리학을 넘어서는 비트겐슈타인의 생각을 살펴보기로 하자.

명시적 표현만으로 볼 때 비트겐슈타인의 입장은 일단 '도덕 반실재론', '비인지주의', '비자연주의'로 분류될 수 있을 듯하다. 반실재론적 입장은 "세계 속에는 가치(價値)가 존재하지 않는다"[20]고 말하는 데서, 비인지주의적 입장은 '윤리학은 말로 표현될 수 없으며, 윤리학의 명제들도 존재할 수 없다'[21]고 주장하는 데서, 그리고 비자연주의적 입장은 '윤리학이 행위의 사실적 결과로서의 상벌과는 아무 상관이 없으며, 만약 상벌이 있다면 그것은 행위 자체 속에 놓여 있어야 한다'[22]는 언급에서 찾아볼 수 있다.

비트겐슈타인의 반실재론적 입장은 도덕 허무주의만큼이나 단호하다. '말해질 수 있는 것'은 오직 자연과학적 명제들뿐이며,[23] 따라서 여기에 속하지 않는 것을 말하려는 윤리학의 시도는 무의미한 일, 즉 넌센스에 해당한다고 보기 때문이다. 흥미로운 점은, 그럼에도 비트겐슈타인은 윤리에 관한 언급을 멈추지 않는다는 사실이다. 역설적이지만 그는 '말할 수 없는 것'에 관해 계속해서 말해 나간다. 특히 "윤리학 강의"에서는, 우리가 윤리학을 통해 삶의 궁극적인 의미, 절대적인 선, 절대적인 가치에 관해 언급하려 하는 것은 언어의 한계를 넘는 일로서 무모한 시도에 불과하지만, 이는 인간의 어쩔 수 없는 경향을 보여 주

---

20   L. Wittgenstein, 《논리 · 철학 논고》, 6.41.
21   같은 책, 6.42~6.421.
22   같은 책, 6.422.
23   같은 책, 6.53.

는 것이며, 자신은 이에 대해 개인적으로 깊이 존경하지 않을 수 없다고 말한다.[24] 어떻게 무의미하고 무모한 일이 동시에 깊이 존경할 만한 대상이 될 수 있을까?

얼핏 딜레마처럼 보이는 이러한 문제는 우리가 윤리의 개념을 '철학적으로 성찰'[25]하는 경우와 '일상적으로 사용'하는 경우로 나누어 봄으로써 해소될 수 있다. 이에 따르면, 윤리란 엄밀한 철학적 성찰을 통해서는 '말해질 수 없는 것'인 반면, 일상적으로 쓰이는 맥락에서 볼 때는 '결코 무시할 수 없는 것'이기도 하다. 대체로 비트겐슈타인은 "말할 수 있는 것을 분명하게 표현함으로써 말할 수 없는 것을 나타내려는"[26] 소극적 입장을 견지하지만, 때로는 '말할 수 없는 것'이 "스스로 드러난다(show itself)"[27]고 주장한다. 여기서 '스스로 드러난다'는 말은, 언어 내부의 논리로는 설명될 수 없으나 그것을 벗어나 언어의 한계를 전체로서 성찰할 때 어떤 경이롭고 신비스러운 느낌을 통해 전달된다는 의미로 이해된다.

비트겐슈타인이 '말해질 수 있는 것'만을 말하는 것, 즉 과학적 설명만으로 만족할 수 없었음은 "비록 모든 가능한 과학적 물음들이 대답된다 하더라도 우리는 우리의 삶의 문제들이 조금도 건드려지지 않은 채로 있다고 느낀다"[28]라는 말이나 "정말 해결되어야 할 것은 자연과학의 문제들이 아니다"[29]라는 표현을 통해 충분히 짐작할 수 있다. (이로써

---

24   이 책의 20면 참조.
25   이때 '철학적으로 성찰한다'는 의미는 분석철학을 통해, 즉 엄밀한 언어분석의 관점에서 고찰한다는 뜻이다.
26   L. Wittgenstein, 《논리 · 철학 논고》, 4.115.
27   같은 책, 6.522, 5.62.
28   같은 책, 6.52.
29   같은 책, 6.4312.

우리는 그가 결코 '과학주의'를 받아들이지 않았음을 알 수 있다.) 하지만 '말해질 수 없는 것'을 말하려 할 경우, 이는 언어나 논리의 한계를 벗어난 관점을 전제하기 때문에, 보통의 언어 표현과는 다른 은유적이고 역설적인 표현이 될 수밖에 없을 것이다. 비트겐슈타인의 글이 때로 난해하게 느껴지는 것은 이 때문이기도 하다.[30]

윤리학에서 비트겐슈타인이 '말할 수 없는 것'에 대해 말하고자 하는 주된 대상은 '도덕적 주체로서의 의지'이다. 이 의지는 심리학의 관심사인 '현상으로서의 의지'가 아니라 '윤리적인 것의 담지자로서의 의지'이다.[31] 이러한 윤리적 의지(선하거나 악한 의지)는 세계의 사실들(언어에 의해서 표현될 수 있는 것)을 바꿀 수는 없지만, 세계의 한계를 바꿀 수는 있다. 그리고 이를 통해 세계는 전혀 다른 세계로 된다.[32] 여기서 '세계의 한계'란 '주체' 자체를 가리키므로,[33] '세계의 한계를 바꾼다'는 뜻은 세계를 바라보고 의욕하고 거기에 의미를 부여하는 주체의 가치 체계를 바꾼다는 뜻이 된다. 이렇게 변화된 주체의 가치관에 따라 그의 세계는 '행복한 자의 세계'가 되거나 혹은 '불행한 자의 세계'가 될 것이다.[34] 이제 비트겐슈타인은 세계를 한계 지어진 전체로서, 즉

---

30 비트겐슈타인의 역설적인 표현은《논리 · 철학 논고》의 '머리말(Preface)'에서도 엿볼 수 있다.

"이 책은 그러므로 생각에 한계를 그으려 한다. 또는 차라리, 생각이 아니라 사고의 표현에 한계를 그으려 한다. 왜냐하면 생각에 한계를 긋기 위해서는, 우리는 이러한 한계의 양쪽 측면을 다 생각할 수 있어야(그러니까 생각될 수 없는 것을 생각할 수 있어야) 하기 때문이다."

이 글에서 비트겐슈타인은 우리에게 '생각될 수 없는 것을 생각할 수 있어야 한다'고 요구하고 있는데, 이 말은 그 자체가 역설이다.

31 같은 책, 6.423.

32 같은 책, 6.43.

33 같은 책, 5.632.

34 같은 책, 6.43.

영원의 상(相) 아래 바라볼 것을 제안한다.[35] 그리고 이를 통해 삶의 신비가 스스로 드러날 것을 기대한다.

지금까지 윤리에 대한 비트겐슈타인의 생각을 검토해 본 결과, 과학주의를 넘어 그토록 열정적으로 윤리의 심연을 추구하고 이를 통해 삶의 신비를 해명해 보려는 그의 입장을 우리가 단순히 도덕 반실재론이나 도덕 허무주의로 규정할 수는 없을 것 같다. 이 점에서도 우리는 메타 윤리학의 한계를 엿볼 수 있다.

메타 윤리학은 한편으로 도덕적 지식, 도덕적 사실, 도덕적 언어의 의미와 성격을 분명히 함으로써 윤리학의 논의를 학적으로 한 차원 높여 주었지만, 다른 한편으로는 지나치게 논리적·과학적 분석에 치우침으로써 도덕의 고유한 특성을 무시하거나 간과한 면이 있다. 《논리·철학 논고》의 마지막 부분에 나오는 비트겐슈타인의 역설적 표현은 우리가 메타 윤리학의 도전을 어떤 자세로 받아들여야 할지 시사해 주는 바가 크다.

나를 이해하는 사람은, 만일 그가 나의 명제들에 의하여 — 나의 명제들을 딛고서 — 나의 명제들을 넘어 올라간다면, 그는 결국 나의 명제들을 무의미한 것으로 인식한다. (그는 말하자면 사다리를 딛고 올라간 후에는 그 사다리를 던져 버려야 한다.)
그는 이 명제들을 극복해야 한다. 그러면 그는 세계를 올바로 본다.[36]

비트겐슈타인은 우리에게, 모든 이론은 특정한 관점의 반영으로서

---

35   같은 책, 6.45.
36   같은 책, 6.54.

각기 인간이 지닌 일정한 가능성과 한계를 보여 준다는 것, 그리고 우리는 독단과 회의주의의 늪을 건너 더 높은 차원의 깨달음을 향해 나아가야 한다는 점을 일깨워 준다.

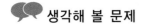 생각해 볼 문제

1 메타 윤리학의 관점에서 볼 때, 다음 두 글은 실재론/반실재론, 인지주의/비인지주의, 자연주의/비자연주의 중 어떤 입장으로 분류될 수 있는가?

(가) 사물의 예지적(intelligible) 본질과 요소는 임의적이거나 환상적인 것이 아니다. 즉 어떤 의지에 의해 변할 수 있거나, 의견에 의해 변화될 수 있는 것이 아니다. 그러므로 모든 사물은 현재의 과학과 지식에 있어서, 그리고 모든 마음과 지성에 있어서 필연적이고 불변적인 것이다. 그래서 만약 도덕적 선과 악, 정의와 불의가 그렇게 이름 붙여진 사물 안의 어떤 실재를 표시한다면 — 그것들은 인간의 행위나 정신 안의 어떤 본성들을 지니고 있음에 틀림없는데 — 그것들은 결코 의지나 의견에 따라 변경될 수 있는 그런 것이 아니다.[37]

(나) 우리의 가정은 단순하다. 그것은 도덕성이란 감정(sentiment)에 의해서 결정된다는 것이다. 따라서 어떤 행위나 성질이든 그것이 관찰자에게 긍정적인 호감을 가져다준다면 덕이요, 그 반대라면 악덕으로 규정된다. 그러므로 우리는 하나의 단순한 사실, 즉 어떤 행위가 이러한 영향을 미치는지를 검사해 보기만 하면 된다.[38]

---

37 *British Moralists*, ed. by L. A. Selby-Bigge, Oxford, 1897, Book I, Chap. II; Book IV, Chap. VI.

38 D. Hume, *Enquries concerning Human Understanding and concerning the Principles of Morals*, ed. by L. A. Selby-Bigge, rev. by P. H. Nidditch, Oxford, 1975, 289면.

2 다음 글에서 칸트는 '도덕법칙의 필연성이 증명될 수는 없으나, 그 것이 증명될 수 없음은 증명된다'고 말한다. '증명될 수 없음은 증 명된다'는 이러한 역설적인 표현을 통해 칸트가 말하고자 하는 바 는 무엇일까?

비록 우리는 도덕적 명령의 실천적이고 무조건적인 필연성을 개념적으로 파악하지 못하지만, 그럼에도 이것을 개념화할 수 없음은 개념적으로 파악 한다. 이것이야말로 그 원리상 인간 이성의 한계에까지 추구해 가려는 철 학에 대해 우리가 정당하게 요구할 수 있는 것의 전부이다.[39]

3 다음 글에서 비트겐슈타인은 '만일 참된 윤리학 책이 있다면, 그 책 은 이 세상의 다른 모든 책들을 파괴하고 말 것'이라고 주장한다. 그가 이렇게 말하는 이유는 무엇일까?

이제 나는, 윤리학과 같은 과학이 있다면 그것은 진정 어떤 것이어야 할지 에 대한 내 생각을 말하지 않을 수 없다. 그 결론은 상당히 분명해 보인다. 우리가 생각하고 말할 수 있는 어떤 것도 그것이 될 수 없다는 것, 즉 우리 가 다른 모든 주제들을 초월한 본질적으로 숭고한 주제들을 다루는 과학 책을 써낼 수 없다는 것은 분명해 보인다. 나는 단지 나의 느낌을 은유로 표현할 수밖에 없는데, 만일 어떤 사람이 참으로 윤리에 관한 책인 윤리학 책을 쓸 수 있다면 그 책은 엄청난 폭발력으로 이 세상의 다른 모든 책들을 파괴할 것이라고 말이다.

우리가 과학에서 사용하는 용어들은 오직 자연적 의미만을 담고 전달할

---

[39]   칸트, 《도덕형이상학정초》, BA 128면.

수 있는 도구들이다. 이 용어들은 단지 사실들만을 표현할 수 있다. 반면에 윤리학은, 만약 그런 것이 있을 수 있다면, 초자연적(supernatural)이다.[40]

---

40 L. Wittgenstein, "Vortrag über Ethik," in: *Wittgenstein Vortrag über Ethik und andere kleine Schriften*, hrsg. von J. Schulte, Frankfurt a. M.: Suhrkamp, 1991, 13면.

제 2 부

"피고는 피고의 동료들과 함께 지난 ○월 ○일 서울시 소재 ○○산 기슭에서 등산객 이 모씨를 폭행하고 금품을 갈취한 사실을 인정합니까? 피고는 본 사건뿐만 아니라 중학생 시절부터 이미 수많은 범죄를 저질러 왔으며, 동일 수법의 전과만도 10건이 넘는군요. 피고는 몇 번에 걸친 사법부의 관대한 처벌과 보호기관의 선도 노력이 있었음에도 자신의 의지 부족과 방탕함으로 범죄의 유혹을 이기지 못하여 반복적으로 범행을 저질렀습니다. 피고는 자신의 범죄 행위를 인정합니까?"

"인정합니다. 하지만 재판장님, 저도 한마디만 하겠습니다. 저도 원래부터 그렇게 나쁜 놈은 아닙니다. 저도 남들처럼 잘 살아 보려고 노력했습니다. 하지만 세상은 언제나 저를 냉대했고 저의 노력을 인정해 주지 않았습니다. 어쩌면 저의 비행은 부모가 어린 저를 고아원에 버렸을 때부터 이미 예정되어 있었던 것인지도 모릅니다. 저를 범죄인으로 키운 것은 사실상 사회입니다. 따라서 저의 행위에 대한 일차적인 책임도 바로 당신들에게 있습니다."

자유란 보통 '어떤 구속이나 제약을 받지 않고 자기가 하고 싶은 대로 하는 것'을 의미한다. 그런데 우리를 제약하는 요인들 중에는 외적인 것과 내적인 것이 있다. 외적 제약에는 물리적 또는 정치적 제약 등이 있고, 내적 제약으로는 인간의 동물적 본능이나 욕구, 그리고 운명 등이 있다. 전자와 관련된 것을 외적 자유, 혹은 행동의 자유라 하고, 후자와 관련된 것을 내적 자유, 혹은 의지의 자유라 한다.[1]

행동의 자유

행동의 자유란 쉽게 말해서 '각자가 자기 스스로의 힘으로 움직일 수 있음'을 가리킨다. 이런 의미에서라면 자연 세계의 동물들도 자유롭다고 말할 수 있다. 그러나 좀 더 좁은 의미에서, 즉 인간적인 의미에서 본 행동의 자유는 '가능한 여러 대안들 중에서 하나의 행동을 선택할 수 있는 가능성'을 가리킨다. 여기서 자유는 행동을 하거나 안 하는 것, 또는 이 행동이나 저 행동을 할 수 있음을 의미한다. 그러나 이러한 선택의 가능성이 사람들에게 실제로 주어져 있는지 우리는 따져 볼 필요가 있다. 예컨대 어린애, 병자, 가난한 사람, 허약한 사람들은 성인, 건강한 사람, 부유한 사람, 힘 있는 사람들에 비해 선택의 여지가 훨씬 제한되어 있다. 또 지식과 경험이 많을수록, 성격적으로 자신의 감정과 정념을 잘 통제할수록, 또 사회적 억압이 적은 열린 사회에 살수록, 그만큼 행동의 선택 폭이 넓어짐으로써 좀 더 많은 자유를 누릴 수 있다. 자유의 가능성은 다음의 예에서 볼 수 있는 것처럼, 물리적·심리적·경제적·정치적 조건 등 여러 가지 요인에 의해 제약될 수 있다.

인영이는 졸업을 앞둔 고등학생이다. 지금 그는 대학에 진학할 것인지 안 할

---

1   O. Höffe(ed.), *Lexikon der Ethik*, München: Beck, 1992, 70~73면 참조.

것인지 선택의 기로에 있다. 자, 그는 선택의 자유를 '실제로' 가지고 있는 것일까? 만일 그가 대학 공부에 필요한 학비를 낼 돈이 없다면, 실제로는 진학할 수 있는 가능성이 그에게 열려 있는 것이 아니다. 또, 만일 그가 최소한의 학비는 가지고 있지만 넉넉지 않은 가정 형편을 생각해서 차마 대학 진학을 고집할 수 없다면, 이때도 선택의 가능성은 그에게 실제로 열려 있는 것이 아닐 것이다.

그러므로 행동의 자유는 인간의 타고난 속성이라기보다, 사람에 따라서 또 형편에 따라서 각기 다르게 성취될 수 있는 어떤 실현 가능성이라 이해하는 편이 좋을 것이다.

사회적(정치적) 자유

행동의 자유와 관련하여 고려해야 할 또 한 가지 측면은, 어떤 한 사람의 자유가 다른 사람의 자유와 항상 충돌할 가능성이 있다는 것이다. 만약 어떤 사람이, 자기의 행위가 이웃에게 미치는 영향을 전혀 고려하지 않고 자기 하고 싶은 대로만 한다면, 그는 이웃이 하고 싶은 대로 하는 것을 방해할 수가 있다. 예를 들어, 어떤 사람이 한밤중에 큰 소리로 노래를 부르고 싶다면, 이때 그의 자유는 이웃의 자유를 침해하게 된다. 만일, 이런 의미의 자유를 제한하는 어떤 법이나 규범이 존재하지 않는다면, 그것은 역설적이게도 우리에게 자유가 거의 없는, 하고 싶은 대로 할 기회가 거의 없는 상태를 가져오고 말 것이다. 왜냐하면, 우리의 자유는 타인들의 '자유로운' 행동들에 의해서 제약될 것이기 때문이다. 우리는 누군가의 일시적 기분이나 욕망에 의해 피해를 입거나 희생될지도 모른다. 또, 우리들 중 어느 누구도 타인들의 모든 공격을 물리칠 수 있을 정도로 충분히 영리하거나 강하지는 않다. 그러므로 완전한 행동의 자유란, 누구에게도 실제로는 거의 자유롭지 않은 상태를 의미할 뿐이다. 이러한 문제는, 규범 이전의 자연상태를 가리켜 "만인의 만인에 대한 투쟁"이라 규정했던 홉스에 의해 이미 지적된 바 있다. 여기서 우리는 인간의 자유권이 다른 사람들의 자유권 앞에서 한계를 가진다는 것을 알게 된다.

그러므로 이러한 충돌을 규제하고, 각 사람의 자유를 제한하는 동시에 또한 그것을 지켜 줄 어떤 정치적 법이 필요해진다. 그런데 문제는 어떻게 자유를 제한하는 동시에 또 그것을 지킬 수 있느냐 하는 것이다. 즉, (자신이 동의하지 않은) 외부 권력으로부터는 자유로우면서도 (자신의 동의에 근거한) 공인된 권력으로부터는 안전을 보장받는 상태인 정치적 자유를 어떻게 확보할 것인가 하는 문제이다.

이 문제에 대해 하나의 해답을 제시한 사람은 루소(J. Rousseau)이다. 루소는, 이해(利害)관계를 달리하는 개인들의 집합인 사회에서 우리가 진정한 자유를 누릴 수 있는 길은 오직 모든 시민의 자발적인 동의를 통해서, 즉 개인의 의지가 사회의 의지와 일치됨을 통해서만 가능할 것이라고 생각했다. 그의 구상에 따르면, 만약 모든 사회 구성원들이 상호 계약을 통해서 각자의 사적 의지를 포기하고 스스로 사회의 통합된 의지에 복종한다면, 이 경우 법 안에서 구체화된 일반의지는 사회의 각 구성원의 의지가 모여 이루어진 것이기 때문에, 개인은 오직 자기 자신에게 복종하는 셈이 된다.

사회계약은 집결된 공동의 힘으로 각 구성원의 능력과 인격을 지키는 하나의 동맹의 형식이다. 이를 통해 각자는 전체와 하나가 됨으로써 오직 자기

스스로에게 복종하는 것이고, 예전과 마찬가지로 여전히 자유로운 것이다.[2]

계약을 통해서 각 개인으로서의 인간은 자기의 '자연적 자유'를 포기하지만, 동시에 사회의 한 성원으로서의 인간은 그것을 '법적·도덕적 자유'의 형태로 되찾는다. 이는 인간이 스스로에게 어떤 도덕적 의무를 지운다는 것을 의미하며, 이제 그는 합의를 통해 형성된 일반의지(general will)의 구속을 받게 된다. 이렇게 '스스로 의무 지운다는 것'을 통해 자기 만족만을 추구하던 한 자연적 존재는 이제 도덕법칙의 세계로 들어서게 되는 것이다.

바로 이 점에서 루소의 이론은 홉스의 이론과 차별성을 갖는다. 홉스의 이론에는 행위 주체자가 '스스로에게 의무를 부과'한다는 의미의 내적 도덕성이 결여되어 있다. 거기서는 각자의 자기 보존 욕구에서 기원하는 사적 이익 추구라는 현상이 하나의 불가피한 자연 조건이었다. 따라서 자발적으로 추구되는 어떤 공동의 목적이라는 것이 없다. 그러나 루소는, 홉스의 경우 단지 자기 보존의 수단에 불과했던 사회적 합의를 도덕적 자유의 행위로 고양했던 것이다.[3]

의지의 자유

다음으로 '의지의 자유'에 대해 알아보기로 하자. 의지의 자유란 '어떤

2 J.-J. Rousseau, *Oeuvres complètes*, ed. by B. Gagnebin · M. Raymond, Paris, 1959~1969, vol. III, 360면.

3 K.-H. Nusser, "Vertragsethik," in: A. Pieper(ed.), *Geschichte der neueren Ethik*, Tübingen · Basel, 1992, vol. 1, 57면 이하.

상태를 자신으로부터 처음 시작하는 능력'[4]이다. 그것은, 의지가 어떤 외적인 세력, 예컨대 감성적 충동이나 사회적 강제에 의해서 규정되는 것(타율)이 아니라, 스스로가 자기 의지의 근원이 되는 것이다. 우리가 위에서 살펴본 행동의 자유가 타인들과의 공동생활에서의 외적 자유, 즉 자유의 법적 측면과 관련된다면, 의지의 자유는 자신의 내적인 본능, 즉 욕구와 열정으로부터의 독립성을 의미하며 이는 내적 자유, 즉 자유의 도덕적 측면과 관련된다.[5]

　흔히 상식적 의미에서 자유란 '자기가 하고 싶은 대로 하는 것'이다. 그렇다면 이것은 '우리가 욕구하는 것을 마음대로 행할 수 있는 가능성'을 의미할 것이다. 그런데 욕구란, 그 정도가 강하면 강할수록 인간은 그만큼 부자유스럽게 된다. 즉, 욕구에 끌려다니는 노예 상태에 놓이게 된다. 다음의 경우를 보자.

　알코올 중독자나 마약 중독자 또는 니코틴 중독자는 끊임없이 술과 마약과 담배를 원한다. 그는, 그것이 자신의 심신을 병들게 하기 때문에 그것을 끊어야 한다는 것을 잘 알고 있다. 그렇지만 그는 유혹에 저항하기에 충분한 의지력을 발휘할 수가 없다. 따라서 술이나 마약이나 담배를 찾는 그의 행위는 자유로운 행위가 아니라 '욕구에 굴복해서' 하는 행위인 것이다. 그러므로 만약 술이나 마약이나 담배에 대한 접근이 엄하게 제지되고, 그 결과 그것을 지속적으로 섭취하지 않게 되어 술이나 마약이나 담배를 향한 그의 욕구가 소멸해 버린다면, 그때 비로소 그는 무서운 폭군으로부터 해방된 것이

4　칸트,《순수이성비판》, B 560.
5　"법은 어떤 타인의 강제적 의지로부터 독립하여 행위하는 외적 자유와 관련되며, 본능, 욕구, 열정으로부터의 의지의 독립성, 즉 내적 · 도덕적 자유와는 관련되지 않는다."(O. Höffe, *Immanuel Kant*, München : Beck, 1992 ; 이상헌 역, 251면)

라고 말할 수 있다.[6]

위와 같은 의미에서 볼 때 욕구는 분명히 타율적이다. 그래서 욕구들을 만족시키려는 요구가 크면 클수록 인간은 더욱 부자유한 상태에 놓이게 된다. 그러므로 우리는, 우리 의지가 어떠한 외적 힘이나 내적 본능에 의해서가 아니라 오직 이성적 분별력에 의해 결정될 때에만 진정으로 자유로운 것이라고 말할 수 있다.

이와 같은 논증의 밑바탕에는 한 가지 전제가 놓여 있다. 그것은, 인간은 한편으로 다른 동물들과 공유하고 있는 측면, 즉 본능적 욕구들을 가지고 있지만, 다른 한편으로는 인간만이 지닌 측면, 즉 이성을 가지고 있다는 것이다. 그리고 이 후자(이성적 존재로서의 '나')가 전자(본능적 존재로서의 '나')를 통제하고 있는 상태가 바람직한 상태이자 정상적인 상태라는 것이다. 이는 플라톤으로부터 칸트에 이르는 서양의 이성주의적 전통을 대변하고 있는 관점인 동시에, 인심(人心)에 대하여 도심(道心)을 강조했던 유학의 전통 속에서 찾아볼 수 있는 관점이기도 하다.[7]

---

6 D. D. 라파엘(김영철 · 김우영 역),《현대도덕철학》, 서광사, 1987, 158면 참조.
7 "인간의 욕망이나 감정[人心]은 항상 지나치기 쉬워 위태롭고, 타고난 본성이나 이성[道心]은 미미하여 잘 보이지 않으니, 우리는 사욕을 버리고 마음을 전일(專一)하게 가짐으로써 그 중심을 굳게 붙잡아야 한다." ("人心惟危 道心惟微 惟精惟一 允執厥中" —《書經》,〈大禹模〉편)

자유의지와 결정론

한편, 자유의 조건으로서 의지가 외적 또는 내적 강제로부터 자유로울
뿐만 아니라 절대적 필연, 즉 운명으로부터도 자유로워야 한다는 점을
강조하는 주장도 있다. 이것은 의지가 자연의 인과적 필연성으로부터 자
유로울 수 있는 측면, 즉 자연 필연성과 초월적(transcendental) 자유의
양립 가능성에 관한 문제이다. 이제 우리는 자유의지와 결정론이라는
유명한 논쟁거리에 다가가 보기로 하자.

  자유의지와 결정론에 관한 논쟁은 근대 과학의 발달과 더불어 대두
되었다. 과학적 설명은 일반적으로 우리가 바라보는 현상들의 원인을
밝혀 준다. 특히 물리학은 과학적 방법의 최상의 모델로 여겨진다. 물
리학에서 한 사건의 원인을 밝힌다는 것은 그 사건이 어떤 필연적 법칙
의 산물이라는 것을 보여 주는 것이다. 이른바 과학주의(scientism)를
표방하는 결정론자들의 논지는 대체로 다음과 같다.

  옛날 사람들은 밝은 대낮에 해가 갑자기 어두워지는 일식 현상에 대해 매우
  신비스러워하고 두려워했다. 그러나 오늘날 과학자들은 해, 달, 지구의 공전
  궤도를 계산함으로써 일식을 얼마든지 예언할 수 있다. 이러한 과학적 설명
  방식을 인간의 행동에 적용한다면, 인간의 행동도 물리적 대상의 운동처럼
  필연적 법칙을 통해 설명할 수 있을 것이다. 실제로 현대 심리학이나 정신의
  학의 발달은 그러한 가능성을 보여 준 바 있다. 물론 인간의 행동을 다루는
  심리학이나 사회과학자는 물리학자가 사물들의 역학 법칙에 대해 알고 있는
  만큼 인간 본성에 작용하는 힘이나 법칙들에 대해 알고 있지는 못하다. 그래
  서 사회과학적 설명이나 예측은 물리학의 그것들에 비해 불완전한 것이 사
  실이다. 그러나 우리가 비록 인간 행동의 원인들에 대해 물리학에서처럼 정

확한 지식을 가지고 있지는 못할지라도, 그와 같은 원인들이 실제로 존재하고 있음에는 틀림없다. 다만 우리가 그러한 원인들에 대해 아직은 충분히 알고 있지 못할 뿐이다. 아마도 과학이 더욱 발달되어 우리가 인간 행위의 심리적 메커니즘을 완전히 밝혀낸다면, 우리는 물리학의 법칙에 못지않은 인간과학이나 사회과학의 법칙을 가지게 될 것이며 그 예측도 더욱 정확해질 것이다.

인간의 행동이 물리적 세계에서 일어나는 모든 다른 사건들과 마찬가지로 어떤 원인들에 의해 필연적으로 결정되어 있다고 가정하는 결정론과는 달리, 자유의지론은, 인간의 어떤 행동은 그의 자유로운 의지로 선택되기 때문에 선행 조건에 의해 결정되어 있는 것이 아니라고 주장한다. 물론 인간의 행위에 영향을 미치는 많은 외적 요인들이 있는 것이 사실이고, 행위는 때때로 그것들에 의해 큰 영향을 받지만, 그렇다고 하여 필연적으로 결정되어 있지는 않다는 것이다.

자유의지론자들이 주장하는 첫 번째 논거는 '우리는 우리의 의지가 자유롭다는 것을 직관적으로 안다'는 것이다. 예컨대 나는 지금 내 앞에 놓여 있는 소설책과 시집 중 내 마음대로 하나를 선택하여 읽을 수 있다. 또는 내가 마음먹기만 한다면 나는 어느 책도 선택하지 않고 다른 일을 할 수도 있다. 또, 우리가 선거철마다 투표장에서 자유로이 선거권을 행사하는 경우 등을 생각해 본다면, 우리에게 선택의 자유가 있다는 것은 누구나 어렵지 않게 경험하는 사실이다.

그러나 얼핏 보기에 당연해 보이는 이러한 논거에 대해서 결정론자는 이의를 제기한다.

만약 내가 소설책 대신 시집을 선택했다면, 그러한 결정을 내리게 만든 여러 가지 원인이 있을 수 있다. 예를 들어, 내가 원래 산문보다는 시를 좋아하는 경향을 가지고 있다거나, 요즘 마음에 드는 시인이 생겨서 무의식적으로 그의 시를 더 읽고 싶다는 생각을 가지고 있다거나 하는 사실이 내 마음을 결정하는 데 영향을 미쳤을지도 모른다.

　조금 특수한 경우를 가정해 본다면 이러한 사실은 더욱 분명해진다. 내가 지금 고층 아파트 옥상의 난간에 기대어 서 있다고 하자. 나는 지금 그 아래로 뛰어내릴 수도 있고 뛰어내리지 않을 수도 있다. 나는 그렇게 할 수 있다는 것을 물론 잘 알고 있다. 그러나 실제에 있어 나는 뛰어내리지 못하는 것이 보통이다. 정말로 뛰어내릴 수 있으려면, 내게 자살할 만한 동기가 있어야 한다. 그러므로 '내가 마음만 먹으면 그렇게 할 수도 있다'는 주장은 하나의 허구일 뿐이다. 그렇게 하려고 마음먹는 일이 생각처럼 자유롭지 않기 때문이다.[8]

　그러나 이러한 반론에는 무리한 측면이 있어 보인다. 어떤 행위가 이미 행해진 후에 객관적으로 그 원인을 분석하는 것과 그것이 행해지기 전에 (절대적인) 선택의 자유를 행위 당사자가 가지고 있다는 것은 서로 모순되는 일이 아니라고 여겨지기 때문이다.[9] 다시 말해서, (현상계의) 자연 필연성과 (예지계의) 초월적 자유는 양립이 가능하기 때문이다. 인간은 자살할 만한 온갖 이유를 가지고 있으면서도 생존을 선택할 수 있고, 또 남이 보기에 죽음을 무릅쓸 아무런 이유가 없는데도 (자기가 귀하게 여기는 가치를 위해) 죽음을 선택할 수도 있는 존재가 아닐까?

　자유의지론을 지지하는 두 번째 논거는 좀 더 주목할 만한 것이다.

8　김태길, 〈의지의 자유와 책임의 유무〉, 《윤리학》, 박영사, 2002, 379면 참조.
9　이러한 측면은 제1부 제3장에서 쾌락주의자의 주장을 비판할 때 이미 검토한 바 있다.

그것은 도덕이 존재하고 있다는 것 자체가 우리에게 자유의지가 있음을
전제하고 있다는 논증이다. 우리가 어떤 행위를 해야 한다거나 그것을
해야 할 의무가 있다는 말은 우리가 그것을 할 수도 있고 하지 않을 수
도 있다는 것, 즉 선택의 자유를 이미 전제하고 있다는 것이다. 누군가
에게 '너는 마땅히 어떤 일을 해야 한다'고 말하는 것은, 만일 그런 행
위를 할 수 있는 가능성이 그에게 주어져 있지 않거나 또는 그가 필연
적으로 그것을 하게 되어 있다면 단지 무의미한 말에 불과할 것이다.
또, 우리는 이른바 부도덕한 행위 또는 법을 위반한 행위에 대하여 도
덕적 책임을 묻고 때로는 처벌을 함으로써 그것을 징계하기도 한다. 그
러나 만약 모든 행위가 필연적이라면, 비록 도덕규범이나 법률에 어긋
나는 행위라 할지라도 그것에 대해 책임을 묻거나 처벌하는 것은 불합
리한 일이 아닐 수 없다. 이러한 측면은《구약성서》'창세기'에 나오는
다음과 같은 이야기에 상징적으로 잘 표현되어 있다.

신은 천지를 창조하고 난 후, 맨 마지막 날에 '자신의 형상을 본떠서' 인간,
즉 아담을 만들었다. 그리고 신은 에덴 동산에서 살도록 한 아담에게 모든
것을 누릴 수 있도록 허용하였으나, '선악과'만은 손대지 말도록 지시하였
다. 그러나 뱀의 유혹을 이기지 못한 아담은 결국 선악과를 따먹고, 분노한
신에 의해 낙원에서 추방되어 생존을 위해 힘든 노동을 계속하다가 수명이
다하면 죽는 벌을 받게 된다.[10]

이 이야기에 대해 우리는 몇 가지 소박한 의문을 제기할 수 있다. 천
지와 인간을 창조한 주인이자 전지전능한 신이 쉽게 유혹에 빠지는 성

---

10 공동번역《성서》, 창세기 2: 15~3: 24 참조.

격을 지닌 아담의 행위를 과연 예측할 수 없었을까? 만약 신이 그 모든 것을 알고 있었고, 또 모든 일이 섭리에 의해 예정되어 있었던 일이라면, 자신의 명령을 지키지 않은 아담에게 책임을 묻고 그를 징벌하는 신의 처사는 부당한 것이 아닐까? 그러나 한편으로 우리는 다음과 같이 생각해 볼 수 있다. 신이 처음에 아담에게 (선악과에 손대지 말라는) 명령을 했다는 것은 아담이 자유의지를 가지고 있다는 것을 의미한다는 것이다. 즉, 아담은 신에 의해 창조되기는 하였지만, 자유의지를 가진 존재로 창조되었기 때문에 아담의 선택은 신 자신도 관여할 수 없는 영역에 속한다는 것이다. 이렇게 생각할 때, '신의 형상을 따라' 인간이 창조되었다는 말은 곧 그가 자유의지를 지닌 존재로 창조되었다는 의미로 해석될 수도 있다. 이러한 해석은 근대 서구의 계몽사상을 반영하고 있는 것이기도 한데, 여기서 인간 존엄 사상이 도출되기도 하였다. 즉, 자연의 모든 피조물이 선행조건과 자연법칙에 따라 필연적으로 움직이고 있는 데 반해, 오직 인간만이 그러한 결정론의 세계를 넘어 자기 자신의 의지를 스스로 결단할 수 있는 자유로운 존재라는 것이다.

만약 위와 같은 해석이 타당하다면 우리는 이 장의 서두에서 예로 들었던 범죄 피고인의 항변에 대하여 다음과 같이 반박할 수 있을 것이다.

우리의 삶은 사실상 우리가 좌우할 수 없는 많은 우연한 조건들과 외부적 요인들에 의해 규정되는 측면이 많다. 타고난 질병, 주어진 가정적 여건, 우연한 사고, 어쩔 수 없는 인연 등은 의지의 자유를 가지고 있다는 우리의 자부심을 빼앗기에 충분한 듯하다. 그러나 그 모든 외적 요인들이 우리의 의지에 커다란 영향을 미치는 것이 틀림없는 사실이라 하더라도, 그것이 우리의 의지를 완전히 결정하는 것은 아닐 것이다. 이는 온갖 역경을 극복하고 좀 더 큰 가치를 위해 자신을 던졌던 역사상의 위대한 인물들의 삶에서 우리가 이미 보고 있는 사실이다.

사실상 의지의 자유는, 우리가 우리를 둘러싼 수많은 제약들로부터 벗어날 수 있다거나 무(無)로부터 어떤 것을 새로이 시작할 수 있다는 것을 의미한다기보다, 제약들이 존재하되 그 제약들을 운명적인 사실로 받아들이는 것이 아니라, 우리가 그것들에 대해 스스로 어떤 태도를 취할 수 있음을 의미한다. 그래서 우리는 그것들을 받아들이거나 거부할 수 있으며, 다양한 시도를 통해 그것들을 변화시키고자 노력한다. 그러므로 간혹 '실천이성'이라고도 불리는 이 '자유의지'는 경험적으로 파악되는 어떤 독립적인 정신적 실체가 아니라, 하나의 초월적 반성 능력으로 이해되어야 한다.[11]

그렇다면 앞의 피고인의 항변을 우리는 어떻게 이해해야 할 것인가? 그것은 이웃의 삶에 대해 냉담한 우리들 자신, 그리고 불우한 사람들을 제도적으로 돌보아야 할 우리 사회구조의 모순을 향한 절규일 수 있을 것이다. 그러나 여기서 간과해서는 안 될 중요한 점은 행위 당사자의 책임이다. 그가 자유의지를 지닌 존재로서 자기 행위에 대한 반성을 하기에 앞서 사회에 책임을 전가한다는 것은 일종의 합리화요, 자기도피라 하지 않을 수 없다. 마치 신의 부름 앞에서 숨으려 했던 아담처럼 인간은 항상 무의식적으로 자기 반성의 무거운 짐을 회피하려는 경향이 있는 것 같다. 그러나 그것은 스스로 존엄한 인간이기를 포기하는 태도가 아닐 수 없다.

그의 불우했던 과거를 동정하고 책임을 느끼는 것은 그의 이웃의 몫

---

11   O. Höffe(ed.), *Lexikon der Ethik*, 72면.

이다. 이런 의미에서 사회 부정의 혹은 사회 제도의 미비로 말미암아 한 개인에게 지워지는 무거운 부담을 덜어 주기 위해서 사회 정의와 사회 제도의 확립이 필요하다. 그러나 자기 스스로의 행위에 대한 책임은 어디까지나 당사자의 몫일 뿐이다. 인간은 그러한 책임에서 영원히 벗어날 수 없을 것이다. 만약 늘 올바른 자기 결단을 내려야 할 인간이 그러한 용기가 부족하거나 또는 노력했는데도 좌절할 수밖에 없는 상황에 처했다면, 그때야말로 이웃의 사랑이, 또는 신의 사랑이 필요한 시점일 것이다.

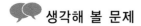 생각해 볼 문제

1 일찍이 직업 전선에 뛰어드는 삶을 택하는 대신, '자유의사로' 대
   학교에 진학하여 계속 공부하기를 선택한 사람이 있다고 하자. 그
   는 분명히 '스스로 원하여' 공부하기를 선택하였다. 그러나 그는
   때때로 공부가 하기 싫다. 이 경우, 그가 스스로 원했던 것을 위반
   하는 것은 자유인가, 아닌가? 처음에 공부하기를 원했던 것도 나의
   자유이고 지금 공부하기를 싫어하는 것도 나의 자유인가, 아니면
   내가 처음에 자유로이 선택한 것을 지키도록(계속 공부하도록) 스스
   로를 강요하는 것이 참된 자유인가? 자기 스스로 선택하고 스스로
   정한 원칙을 자기 자신에게 강요하는 것도 구속이라고 말할 수 있
   는가, 그렇지 않은가?

2 만일 한밤중에 큰 소리로 노래를 부르고 싶은 사람과 조용히 자고
   싶은 사람의 선호가 서로 충돌할 경우, 또 흡연자와 비흡연자의 이
   해(利害)가 서로 충돌할 경우, 어느 편의 권리가 우선하는가? 그리
   고 그 이유는 무엇인가?

3 다음 지문을 읽고, 자유와 도덕의 관계를 설명해 보시오.

   "우리는, 우리가 무엇을 해야 한다(sollen)고 의식하기 때문에 우리가 무엇
   을 할 수 있다(können)고 판단하며, 도덕법칙이 아니었다면 우리에게 알
   려지지 않았을 자유를 자신 안에서 인식한다."[12]

   _____

   12   칸트, 《실천이성비판》, A 54.

제2장

평등과 정의

"모든 인간은 평등하기 때문에 모두 동등하게 대우받아야 해. 따라서 우리가 어떤 능력을 가졌든, 얼마만큼 성취했든 모두 똑같이 분배받아야 해."

"아니야. 인간은 모든 면에서 평등하지는 않아. 사람은 타고난 재능이나 소질이 다 다르잖아? 그런데도 개인차를 무시하고 획일적으로 똑같이 취급하는 것은 잘못이라고 생각해. 진정한 평등은 기회균등이야. 모든 사람에게 똑같은 기회를 부여함으로써 각자는 자기의 타고난 능력을 발휘할 수 있고, 또 그가 이룬 업적에 따라 보상을 해야 사회가 더 발전하는 것 아니겠니?"

"너는 '각자 자기 능력에 따라 일하고, 자기가 거둔 업적에 따라 분배받는 사회'가 평등한 사회라고 보는 모양인데, 그렇다면 부모 잘 만나서 좋은 환경에서 자란 사람만 유리하고, 아무리 재능이 있어도 나쁜 환경 때문에 그걸 발휘할 기회조차 못 가진 사람은 억울한 것 아니겠니? 게다가 이런 사회는 각 개인의 능력을 충분히 살릴 수 없기 때문에 발전하지도 못할 거야. 따라서 제도적 장치를 통해 사회적 조건상의 불평등을 제거해서, 비슷한 능력을 지니고 비슷한 노력을 하는 사람에게는 비슷한 대가가 돌아가도록 하는 사회가 바람직한 사회라고 생각해."

"하지만 그것만으로는 부족해. 그런 사회에서는 우연한 자연적 조건인 천부적 자질에 의해 개개인의 성취가 좌우된다고 하겠는데, 자연적

으로 타고난 조건이 자기 책임은 아니잖아? 우연히 부여받은 재능에
의해서가 아니라 오로지 자신의 노력 여하에 따라 대가를 받는 사회가
올바른 사회라고 생각해."

불평등한 인간 현실과 평등을 향한 요구

"인간은 권리에 있어서 자유롭고 평등하게 태어나 생존한다. 사회적
차별은 공동 이익을 근거로 해서만 있을 수 있다." 이것은 프랑스 혁명
의 정신을 담고 있는 '인권 선언'[1] 제1조의 구절이다. 만민 평등을 선
언하는 이 사상은 원래 그리스도교에서 비롯한 것으로서, 신의 형상을
따라 창조된 존재로서의 인간 존엄성에 그 근거를 두고 있다. 즉, 인간
은 신의 형상을 지니고 있기 때문에 누구나 존귀한 존재로서 동등하게
대접받아야 한다는 것이다. 그래서 이러한 정신이 현실 사회에서 그대
로 실현되어야 한다고 생각하는 평등주의자들은, 모든 인간은 동등하
기 때문에, 엄격한 평등주의적 사회가 정의로운 사회라고 주장한다. 모
든 사람은 똑같은 방식으로 취급되어야 한다는 것이다. 그래서 이들은
분배 문제에 있어서도 산술적 평등을 주장한다. 이것은 동일한 업적에
대해 동일한 보상을 받는 것을 의미하는 게 아니라, 업적과 무관하게
동일한 보상을 받는 것을 의미한다.

　그러나 문제는, 사람은 항상 똑같이 취급되어야 할 만큼 서로 유사
하지 않다는 데 있다. 사실상 사람들은 자연적으로 타고난 조건에서 많
은 차이를 보인다.

1　1789년 프랑스 국민의회가 인간의 자유와 평등에 대한 권리를 분명히 한 선언문.

어떤 사람은 키가 크고, 어떤 사람은 작다. 어떤 사람은 100미터를 10초에 뛰는가 하면, 어떤 사람은 20초도 더 걸린다. 어떤 사람은 타고난 미성(美聲)과 음감(音感)을 가지고 있는 반면, 어떤 사람은 아무리 연습해도 음치(音癡)의 수준을 벗어나지 못한다. 어떤 사람은 선천적 질병 혹은 허약한 체질을 가지고 태어나는가 하면, 어떤 사람은 강인한 체력을 지니고 태어난다. 어떤 사람은 여린 마음을 가지고 늘 남의 입장을 생각하는 데 반해, 어떤 사람은 남이 뭐라 하든 언제나 이악스럽게 자기 이익만을 추구한다.

이와 같이 사람들은 타고난 재능과 소질에서뿐만 아니라 건강과 도덕성에서도 결코 평등하지 않다. 이러한 자연적 불평등 외에 사회적 · 경제적 조건으로 말미암은 불평등도 있다.

어떤 학생은 필요하면 고액 과외를 할 수 있고 방학 때면 마음대로 해외연수도 다녀올 수 있는 반면, 어떤 학생은 도시락을 준비할 여유조차 없다. 또 어떤 사람은 부모의 따뜻한 사랑과 관심 속에서 자기의 타고난 재능을 살릴 수 있는 반면, 어떤 사람은 뛰어난 재능을 가지고 있어도 가난과 주위의 무관심 때문에 그것을 발휘할 기회조차 얻지 못한다.

이상 살펴본 바와 같이, 인간은 그 자연적 조건과 사회적 조건에서 각기 너무나 다르기 때문에, 우리는 무엇에 근거해서 인간 평등의 원칙을 세울 것이며 어떻게 평등의 이념을 구현할 수 있을지 묻지 않을 수 없다.

형식적 기회균등으로서의 평등

먼저 평등이란 곧 기회균등을 의미한다는 견해를 살펴보자. 민주주의 국가에서는 무엇보다도 국민의 평등을 보장하고자 한다. 그래서 모든 국민에게 동등한 권리와 의무를 부여한다. 예컨대 모든 국민은 병역의 의무를 지고 있다. 과거처럼 돈으로 병역을 면제받을 수는 없다. 법을 어긴 사람은 신분의 높고 낮음에 관계없이 법정에 출두해야 한다. 모든 국민은 선거권을 가지며, 모든 어린이는 초등 교육을 받을 권리를 가진다. 모든 수험생은 똑같은 조건하에서 시험을 치르게 되며, 채점을 할 때에는 답안지의 이름을 가림으로써 공정성이 더욱 잘 보장될 수 있도록 한다.

평등에 대한 이러한 요구는 모든 인간을 획일화하거나 천부적 재능 및 차이를 평준화하려는 데 목적이 있는 것이 아니다. 그와는 정반대로, 처음부터 기회를 균등하게 보장함으로써, 각 개인으로 하여금 자신의 타고난 재능을 완전히 발휘하게 하려는 데 그 목적이 있는 것이다. 어느 사회이건 간에 가장 유능한 인물이 가장 가치 있는 역할을 수행하는 것이야말로 바람직하고도 정당한 일이라 할 수 있을 것이다.

사회 구성원들에게 기회의 균등을 보장하려는 이러한 사회를 우리는 일반적으로 자유주의 체제라 부른다. 다양한 천부적 재능과 서로 다른 사회적 배경을 가진 사람들이 자유로이 함께 살아가는 상황을 생각해 보자. 그들은 자신의 타고난 능력을 마음껏 발휘하고 사회적 여건을 마음껏 활용함에 있어서 어떤 법적·제도적 제약도 받지 않는다. 물론 이러한 사회에는 경제적 자유도 보장되어 있다. 이는 애덤 스미스(Adam Smith)가 말한 자유로운 시장경제 체제와 같은 사회이며, 모든 이에게 기회가 열려 있는 상황이라 할 수 있을 것이다. 이러한 사회는 홀

륭한 재능이나 사회적 지위를 타고난 사람, 또는 그러한 바탕 위에서 열심히 노력하는 사람이 성공하는 사회이며, 자기의 재능과 노력 정도에 따라 출세의 길이 열려 있는 사회이다.[2] 이런 체제를 옹호하는 이는 다음과 같이 말한다.

사람이란 원래 똑같을 수가 없다. 따라서 각자가 지닌 것을 활용하여 최종적으로 도달한 결과에서 차이가 나는 것은 당연하다. 그것이 똑같아야 한다고 주장하는 것이 이상한 것이다. 인생이 동일한 출발선상에서 시작하는 경주라 할 때, 이 경주에 참여할 수 있는 기회가 누구에게나 주어지는 한 그 경주는 공정한 것이며, 여기에서 가장 빠른 자가 승리의 영광을 차지하는 것 또한 정당한 결과이다.

그러나 이러한 사회는 효율성이 지배하는 사회이기는 하지만, 공정한 사회라고 보기는 어렵다. 여기서는 자연적 우연성(자기의 노력의 결과가 아니라 우연히 타고난 재능이나 소질 등으로 말미암은 것)과 사회적 우연성(자기의 노력과 상관없이 부모 덕택에 우연히 소속하게 된 사회적 신분이나 조건 등으로 말미암은 것)이 방치됨으로써 그 두 요소에 의해 사회적 권익의 분배가 이루어지는 경향이 있기 때문이다. 그래서 이러한 체제에 비판적인 사람들은 특히 두 번째 요소와 관련해 다음과 같이 지적한다.

각 사람의 사회적 여건이나 지위의 영향력이 그 사람의 인생의 성공을 좌우하게 될 경우, 이로 말미암은 결과적인 불평등은 그의 타고난 재능과 능력

---

2   롤스(J. Rawls)는 이러한 사회 체제를 '자연적 자유주의(natural liberty) 체제'라고 부른다.(황경식, 《개방사회의 사회윤리》, 철학과현실사, 1995, 282면 참조)

때문이 아니라는 점에서 정당화되기가 더 어렵다. 사실상 이 체제에서는 인생이 동일한 출발선상에서 시작되는 경주가 아니다. 100미터 경주에 비유할 때, 어떤 사람은 이미 20미터 앞에서, 또 어떤 사람은 50미터 앞에서 시작하는 불공정한 게임인 것이다.

사람은 같은 능력을 타고났다 하더라도 그가 속한 사회적 계층이나 가정 형편에 따라 그 발달 정도가 달라진다. 아주 나쁜 환경 속에서 성장하게 되는 사람은 자신의 타고난 능력을 잘 발휘할 수 없을 뿐만 아니라, 경우에 따라서는 그것이 아예 사장(死藏)되어 버릴 수도 있다. 훌륭한 능력을 가지고 태어난 사람이 오로지 사회적 여건 때문에 인생의 경주에서 낙오된다면, 이는 그 개인뿐만 아니라 사회 전체의 차원에서도 불행한 일이 아닐 수 없다.

실질적 기회균등으로서의 평등

여기서 우리는 사회적 우연성 때문에 개인들에게 생겨나는 불평등한 결과들을 완화하는 조치를 생각해 볼 수 있다. 예를 들어서 상속세와 양도세를 높은 비율로 징수하고, 사회적 지위에 관계없이 공공 교육을 무료로 제공하는 일 등이 그것이다. 만약 사회가, 원하는 모든 사람에게 마음껏 음악 교육을 받을 수 있는 기회를 제공한다면, 모차르트와 같은 재능이 가난 때문에 시들어 버리는 일은 생기지 않을 것이다. 여기에 담겨 있는 정신은, 사회적 불평등이 여러 가지 제한과 조정을 통해 감소됨으로써 비슷한 재능을 가진 사람들이 대체로 같은 기회를 누리고 또 비슷한 성공을 거둘 수 있게 한다는 것이다.

이러한 이상은 우리의 상식적인 정의감에 어느 정도 부합되며, 따라서 상당한 설득력을 가진다. 이것은 초기 자유주의 정치 체제와 자본주의 경제 체제의 단점을 사회주의나 수정자본주의 노선을 통해 보완하고자 한 결과이기도 하다. 이렇게 수정된 사회 체제 속에서는 그 구성원의 재능을 계발함에 있어서 기득권이 배제되므로 사회적 우연성 때문에 생겨나는 불평등이 완화되거나 조정된다. 이러한 체제는 기회의 균등을 단지 형식적으로가 아니라 실질적으로 보장한다는 점에서 이전의 체제와 구별된다. 즉, 여기서는 비슷한 능력을 지니고 비슷한 노력을 하는 사람에게는 비슷한 수입과 직위를 얻을 수 있는 실질적인 기회가 보장되는 것이다.[3] 이러한 체제 아래에서 사람들은 누구나 사회가 제공하는 문화의 혜택을 동등하게 누리고, 능력이 있고 본인이 원하기만 한다면 고도의 교양과 지식을 갖출 수 있으며, 최선의 기술과 기능을 습득함에 있어 실질적으로 균등한 기회를 보장받는다. 이것은 우리가 지향하는 복지사회의 이념과도 어느 정도 부합되는 모델이라 하겠다.

한편, 이러한 체제는 사회적 우연성을 배제함으로써 결과적으로 자연적 우연성이 최종적인 분배를 좌우하게 되는 체제라 할 수 있다. 100미터 경주에 비유한다면, 운동신경이 매우 뛰어나서 잘 달릴 수 있는 사람과 그렇지 않은 사람이 동일한 출발선 상에서 시작하는 게임이라 할 수 있을 것이다. 그러나 이러한 체제에 대해서도 여전히 비판적인 목소리가 있다. 자연적인 우연성을 방치하기 때문이다.

이러한 경주에서는 당연히 달리기를 잘하는 능력을 가진 자가 유리할 수밖

---

3   롤스는 이러한 사회 체제를 '자유주의적 평등(liberal equality) 체제'라고 부른다.(같은 책, 같은 곳)

에 없다. 즉, 우연한 자연적 조건인 천부적 자질에 의해 모든 것이 좌우되는 결과가 나타나게 된다. 업적의 원리가 지배하는 사회, 즉 각자가 '능력에 따라 일하고 업적에 따라 보상받는' 사회에서는, 자연적 불평등을 심하게 짊어지고 있는 사람들은 절망에 빠지지 않겠는가?

여기에서 다시 우리는 자연적 우연성으로 말미암은 차등을 그대로 방치하는 것이 과연 공정한 것인가? 하는 의문을 가지게 된다. 사회적 여건과 마찬가지로 자연적 자질 또한 우리의 노력과 상관없이 우연히 주어지는 조건일 뿐이기 때문에, 그로 말미암은 결과적 불평등 역시 도덕적으로 정당화되기 어렵다고 보이기 때문이다.

정의와 비례적 평등

이 시점에서 우리는 정의가 무엇인지 검토해 볼 필요를 느낀다. 정의는 인간관계에서의 근본적인 평등(fundamental symmetry)의 가치를 인정하는 것이다. 특히 분배 문제와 관련하여 진정한 평등은 모든 사람에 대한 획일적인 평등을 의미하는 것이 아니라, 불평등은 정당화될 필요가 있다는 것, 즉 정당한 불평등을 의미한다. 이때 정당화란, 정의의 견지에서 생각하고자 하는 사람이라면 누구나 동의할 수 있는 그런 정당화를 의미한다. 정의는, 분배를 결정하는 데 사용되는 척도가 처음부터 특정한 사람이나 특정한 집단에 유리하게 만들어져서는 안 되고 또 그 척도를 적용할 때에도 특정한 사람에게 유리하거나 불리하게 조작되어서는 안 된다는 것을 의미한다. 이것이 바로 정의의 신이 눈가리개를 하고 있는 모습으로 묘사되는 이유이다. 정의는 항상 공평성(impartiality)을 의미한다.[4]

　이러한 정의의 이념을 실현하기 위하여 등장한 개념이 이른바 비례적 평등이다. 이 원리는 '각자에게 똑같은 것을' 대신에 '각자에게 자신의 것을' 주장한다는 점에서 산술적 평등보다 정의에 더 가깝다. 그러나 앞에서 살펴본 것처럼 여전히 만족스럽지 못하다. 그 이유는 '업적을 어떻게 평가해야 하는가?' 라는 문제가 해결되지 않았기 때문이다. 업적은 노력에 따라 평가되어야 하는가, 아니면 희생의 정도나 요구되는 자질에 따라 평가되어야 하는가? 그것도 아니라면 무엇에 따라 평가되어야 하는가? 또 이 원리에는 높은 가치를 지닌 업적을 이루는 데 요구되는 자질 자체가 실은 부분적으로 우연한 행운의 결과라는 사실이 여전히 해결되지 않은 채 남아 있다. 즉, 어떤 사람은 우연히 선천적 재능을 가지고 태어난다는 사실로부터 어떤 사람은 신체적 · 정신적 장애 때문에 어떤 것을 성취하지 못하는 등 업적을 이루는 데 필요한 자질 자체가 부분적으로 우연의 산물인 것이다. 이것이 바로 플라톤이 '오직 신만이 비례적 정의에 따라 행할 수 있다'고 말한 이유이다. 왜냐하면 신만이 모든 개인들의 절대적 가치와 그들의 진정한 업적을 평가할 수 있기 때문이다. 그러므로 순수한 업적주의 사회는 업적을 무시하고 아무런 보상을 하지 않는 사회 못지않게 부정의하다고 말할 수 있는 것이다.[5]

　그러나 자연적 우연성으로 말미암은 불평등이 문제된다고 해서 그것에 직접 손을 댄다는 것은 (사회적 여건으로 말미암은 불평등을 제거하는 경우와는 달리) 사실상 상당히 어려운 일이다. 왜냐하면 그것은 자칫 물

4　슈페만(박찬구 · 류지한 역), 《도덕과 윤리에 관한 철학적 사유》, 철학과현실사, 2001, 77~78면.

5　같은 책, 88~89면.

오리의 다리가 지나치게 짧고 학의 다리가 지나치게 길다고 하여 물오
리의 다리는 이어 주고 학의 다리는 잘라 주는 어리석음을 범할 가능성
이 있기 때문이다. 또, 한 사회가 절대적 평등에 집착하여 재능의 다양
성을 없애 버린다면, 그 사회는 효율성이 떨어져 도태되고 말 것이다.
다양성을 상실한 사회는 활력이 없는 사회일 것이며, 노력을 많이 한
사람이나 적게 한 사람을 불문하고 그 보상이 똑같은 여건에서는 아무
도 최선을 다하려 하지 않을 것이기 때문이다.

그러므로 좀 더 바람직한 전략으로서, 자연적 자질에 직접적인 영향
을 주고자 하기보다 그것을 용인함으로써 생겨나는 결과적 차등을 효
율적으로 조정하는 방법을 생각해 볼 수 있다. 이것은 이른바 차등의 원
칙을 반영한 체제이다.[6] 결국 이러한 취지를 살린 사회는, 실질적 기회
균등을 보장하는 데에서 한 걸음 더 나아가 사회적 약자를 위한 배려,
즉 사회보장제도를 갖춘 사회라고 할 수 있다. 이러한 체제는 다음과
같이 표현될 수 있을 것이다.

달리기 경주에 비유하자면, 여기서는 모든 사람이 동일한 출발선상에서 시
작하지 않는다. 즉, 처음부터 지나치게 불리한 조건을 지니고 있는 사람들
(예컨대, 장애인 등)을 미리 앞서 뛰게 하는 것이다. 또 경주 결과에 따른 최
종적 보상에 있어서도 어느 정도 인위적 조정을 가한다. 노름의 예를 든다
면, 공정한 규칙에 따라 노름을 했다 하더라도 돈을 완전히 잃은 사람에게
개평[7]을 주듯이, 어떤 게임의 결과가 각자의 능력에 따른 것이라 하더라도
그 지나친 차등은 조정하는 것이다.

---

6   롤스는 이러한 사회 체제를 '민주적 평등(democratic equality) 체제'라고 부른
다.(황경식,《개방사회의 사회윤리》, 284면)
7   노름에서 돈을 많이 딴 사람이 빈털터리가 된 사람에게 되돌려 주는 약간의 돈.

'강자의 덕'으로서의 정의

정의의 실현과 관련해 이제 이른바 '가진 자'들의 책임(noblesse oblige)에 대해 생각해 보기로 하자. 일반적으로 '가진 자'란 재산이 많거나 사회적 지위가 높은 사람, 말하자면 '힘 있는 사람'을 가리킬 것이다. 여기에는 아마도 타고난 건강이나 재능을 지닌 사람도 포함될 수 있을 것이다. 흔히 우리는 '가진 자', '힘 있는 자'가 이웃과 사회에 대해 더 많은 책임을 져야 한다고 말한다. 왜 그런가? 내가 타고난 재능, 내가 물려받은 조건, 그리고 나의 노력을 통해서 얻어진 결과는 나의 것이고, 따라서 오로지 나의 이익과 행복을 위해서 사용해도 좋은 것 아닌가? 열악한 자들의 형편을 개선함으로써 기울어진 저울대의 균형을 바로잡는 일, 즉 정의의 구현이 왜 나의 책임이란 말인가?

　여기서 우리는 '정의는 강자의 권리인가?'라는 명제를 놓고 논쟁을 벌였던 소피스트와 플라톤의 논변을 살펴보기로 하자. 잘 알다시피 소피스트들은 정의란 강자에게 이익이 되는 것이라고 주장한 바 있다. 이에 대해 플라톤은 '강자에게 (진정으로) 이익이 되는 것이 정의인가, 아니면 강자가 자기에게 이익이 된다고 생각하는 것이 정의인가?'라고 반문한다. 더 나아가 그는 '인간에게 진정으로 이익이 되는 것은 무엇인가?'라고 묻는다. 동물의 세계에서 강자는 자신의 힘을 사용하여 경쟁자들을 물리치고 무리 가운데 최강자의 자리를 차지한다. 하지만 그다음에는 무리의 약자를 보호하고 적대적 환경에 맞서서 무리의 이익을 지키는 데 그의 힘과 권위를 사용한다. 마찬가지로 인간 사회에서도 강자가 권력을 차지하는 것은 불가피하다. 그들은 더 강하고, 더 운이 좋으며, 더 똑똑하고, 더 재능이 있으며, 더 치밀하기 때문이다. 그러므로 강자의 권리(자기 자신의 몫)에 대해서는 구구한 이야기가 필요 없다.

문제는, 권력을 차지함으로써 강자임을 입증한 그가 그 권력을 가지고 무엇을 할 것인가이다. 다시 말해서 강자가 단지 자신의 주관적 이해관계에 따라서 행하는가, 아니면 객관적 가치질서에 입각하여 행하는가의 문제인 것이다. 강자도 배부른 것 이상으로 먹을 수는 없다. 강자에게 진정으로 이익이 되는 것, 즉 자부심을 지닌 한 인간 존재의 관점에서 그에게 이익이 되는 것은 아마도 현실을 공정하게 다루고, 사람을 사랑하는 법을 배우는 것일 것이다. 강자의 권리는 아마도 자기 자신의 이익에 대해 초연할 수 있는 능력, 늘 최소한의 필요를 충족하기에도 벅찬 약자는 갖지 못한 능력, 즉 정의로울 수 있는 권리와 능력일 것이다. 이것이 바로 플라톤이 '정의는 강자의 덕'이라 말했던 이유이다.[8]

다음과 같은 예를 생각해 보자. 여객선이나 여객기 안에서 급한 환자가 생겼을 경우, 사람들은 "이 안에 혹시 의사선생님 계십니까?" 하고 묻는다. 만일 그 자리에 의사가 있다면 그는 마땅히 도와야 할 것이다. 이러한 사고실험을 더 일반화해 보자. 다른 사람보다 더 넓은 안목을 가진 사람들이 있다. 그들은 경우에 따라 다른 사람들에게 조언을 해 줄 책임이 있다. 다른 사람보다 더 세련된 가치감(價値感)을 가진 사람들이 있다. 이들은 바로 그렇기 때문에 다른 사람들의 경우라면 비난받지 않을 만한 일에서도 그 일을 하거나 안 하는 데 대해 더 책임을 져야 한다. 자신들의 의무를 전혀 모르고 있는 다른 사람들을 대신해서 책임을 떠맡아야 하는 사람들이 있다. 이는 단지 그들이 다른 사람들이 보지 못하는 것을 보기 때문이다. 역사상 선각자(先覺者) 혹은 선지자(先知者)라 불리는 사람들이 여기에 해당된다. 도덕적으로 다른 사람들보다 높은 수준에 있는 사람들이 있다. 그들은 다른 사람들보다 더 많

---

8   슈페만,《도덕과 윤리에 관한 철학적 사유》, 84~85면.

이 '해도 되는' 것이 아니라 더 많이 '해야 한다.' 왜냐하면 그들은 더 능력 있고, 더 많이 보고, 더 잘 이해하기 때문이다.[9]

다음 글은 강자의 보람과 행복이 과연 어떤 것인지를 우리에게 웅변적으로 말해 주고 있다.

(케냐의 긴급구호 현장에서 환자들을 헌신적으로 돌보고 있는 어느 유명한 안과의사에게) 내가 물었다.

"당신은 아주 유명한 의사이면서 왜 아무도 알아주지 않는 이런 험한 곳에서 일하고 있어요?"

그러자 그가 활짝 웃으며 이렇게 말했다.

"내가 가지고 있는 기술과 재능을 돈 버는 데에만 쓰는 건 너무 아깝잖아요. 그러나 무엇보다도 이 일이 내 가슴을 몹시 뛰게 하기 때문이에요."

그 말을 듣는 순간 나는 벼락을 맞은 것처럼 온몸에 전율이 일고 머릿속이 짜릿해졌다. 서슴없이 가슴 뛰는 일을 하고 있다고 말하는 그 의사가 몹시 부러웠고, 나도 언젠가 저렇게 말할 수 있다면 얼마나 좋을까 생각했다.

그 의사의 다음 말도 떠오른다. 그는 구호 일은 어떤 교육을 받고 어떤 기술을 습득하느냐보다 어떤 삶을 살기로 결정했느냐가 훨씬 중요하다고 했다. 거칠게 이분화한다면 이런 게 아닐까. 자기가 가진 능력과 가능성을 힘 있는 자에게 보태며 달콤하게 살다가 자연사할 것인지, 그것을 힘 없는 자와 나누며 세상의 불공평, 기회의 불평등에 맞서 싸우다 장렬히 전사할 것인지. 혹은 평생 새장 속에 살면서 안전과 먹이를 담보로 날 수 있는 능력을 스스로 포기할 것인지, 새장 밖의 위험을 감수하면서 가지고 있는 능력의 최대치를 발휘하며 창공으로 비상할 것인지. 나는 지금 두 번째 삶에 온통 마음이 끌

---

9 같은 책, 144~145면.

려 있다. 누군가는 말할 것이다. 하고 싶은 일을 하려고 해도 현실은 다르지 않느냐고. 물론 다르다. 그러니 선택이랄 수밖에. 난 적어도 세상 많은 사람들에게 새장 밖은 불확실하고 위험하고 비현실적이며 백전백패의 무모함뿐이라는 말은 사실이 아니라는 것을 알려 주고 싶다. 새장 밖의 삶을 살고 있는 한 사람으로서 새장 밖의 충만한 행복에 대해 말해 주고 싶다. 새장 안에서는 도저히 느낄 수 없는, 이 견딜 수 없는 뜨거움을 고스란히 전해 주고 싶다. 제발 단 한 번만이라도 자신의 가슴을 뛰게 하는 일이 무엇인지, 진지하게 생각해 보라고 권하고 싶다.[10]

지금까지 우리는 진정한 평등, 즉 정의의 구현을 위해 필요한 조건들에 관해 살펴보았는데, 간단히 요약하자면 다음과 같다.

자유 민주주의 사회는 성별이나 신분에 따른 불평등을 인정하지 않으며 모든 이에게 동일한 기회를 부여한다. 그리하여 다양성이 존중되고, 각자 최선을 다함으로써 자기의 재능을 마음껏 꽃피우도록 한다. 그러나 지나치게 가난하거나 필요한 최소한의 보살핌도 받지 못하고 자라는 사람은 자기의 재능을 제대로 발휘할 기회조차 얻지 못한다. 그러므로 형식적 기회 균등으로는 충분하지 않고, 사회적 불평등을 보완할 수 있는 실질적 기회 균등이 보장되어야 한다. 그러나 그러한 조건 아래에서도 타고난 능력의 차이로 말미암은 자연적 불평등은 여전히 남아 있다. 물론 이러한 불평등을 인위적으로 완전 평준화하려 하는 것은 가능하지도 바람직하지도 않다. 그렇다고 해서 그것을 방임한다면, 일부의 사람들은 좌절감에 빠지고 말 것이다. 그러므로 각자의 재능과 노력에 따른 최종 결과에 대해서도 어느 정도의 조정이 필요할 것이다.

---

10   한비야, 《지도 밖으로 행군하라》, 푸른숲, 2005, 13~14면.

여기서 한발 더 나아가 고려해 볼 점은 산술적 평등과 비례적 평등 이외에 정의로운 사회의 본질적 요소인 또 다른 비례성이다. 이것은 '인간의 필요에 비례하는' 비례성이다. 이것은 스스로를 도울 수 없는 사람은 그들의 필요에 따라 도움을 받아야 한다는 뜻을 담고 있다. 이 비례성은 우리가 원래부터 이웃에 대한 책임을 짊어지고 있다는 것과 관련된다. 《신약성서》의 예에서처럼, '선한 사마리아 사람'[11]이 불의의 재난을 당한 피해자를 돌보기 위해서 한 행동은 단순한 정의를 넘어서는 정의 이상의 행동이다. 정의는 행복한 사회를 위한 필요조건이지만 충분조건은 아니다. 그러므로 정의의 이상은 최종적으로 사랑에 의해 완성되는 것이라고 말할 수 있다.

---

11   공동번역 《성서》, 루가복음서, 10: 29~37 참조.

🗨 생각해 볼 문제

1 국가 유공자란 독립운동, 6·25전쟁, 베트남 전쟁 등에 참여하여 나라를 위해 일하다가 목숨을 잃거나 신체적 상해를 입은 사람을 말한다. 국가 유공자의 자녀는 불우한 어린 시절을 보내기 쉽다. 왜냐하면 아버지(어머니) 없이 살거나 또는 상해를 입은 부모를 모시고 살아야 하기 때문이다. 국가 유공자의 자녀는 사회적 우연성 때문에 발생한 불평등한 조건에서 성장하고 교육받는 셈이다. 이에 대해 그동안 우리 정부는 공무원을 채용할 때 국가 유공자의 자녀에게 가산점을 부여함으로써 국가 유공자의 자녀가 성장 과정에서 당한 불평등을 보상하는 정책을 실시해 왔다. 그러나 최근 이 정책이 국민의 평등한 공무담임권에 위배된다는 주장이 제기되어 이 제도의 타당성 여부를 재검토해야 한다는 목소리가 높아졌다. 과연 공무원 채용시험에서 국가 유공자의 자녀에게 일정한 가산점을 주는 제도는 평등에 위배되는 것인가? 국가 유공자 자녀의 평등권은 어떻게 보장되어야 하는가?

2 서부의 무법자들 사이에서도 등 뒤에서 총을 쏘는 것은 금기로 되어 있었다. 또 저항할 수 없는 사람을 폭행하는 것은 비난을 받는다. 그 이유는 무엇인가? 우리는 왜 어린아이를 보살피고, 불쌍한 사람을 도와야 하는가?

3 공직자나 사회지도층, 혹은 이른바 '배운 사람'의 비도덕적 행위는 일반인의 경우보다 더 비난을 받는다. 그 이유는 무엇인가?

제3장

양심

"양심을 신비스러운 것으로 생각할 필요는 없어. 양심은 우리가 어릴 때 부모님 무릎 위에서 반복 학습한 것들과 어른이나 선생님들의 가르침이 내면화되어서 생긴 거야. 따라서 양심의 가책이란 것도 실은 어른들이나 사회의 명령·금지·처벌 같은 외적인 규범과 제재가 반복 학습되어 나타난 거라고 보면 돼."

"아니야. 양심은 보편적, 객관적, 절대적인 것을 알아볼 수 있는 우리 안의 타고난 능력이야. 물론 세상에는 양심이 무딘 사람들도 있지. 하지만 그들의 양심이 무디거나 민감하게 반응하지 않는다고 해서 양심이 없다고 말할 수는 없어. 다만 우리는 완성된 양심이 아니라 그 싹만을 가지고 있는 것이기 때문에 그게 바르게 자라나도록 노력해야 한다고 생각해."

우리는 어떤 도리에 어긋나는 일을 하고 난 후 그것을 후회하는 것을 가리켜 흔히 '양심의 가책을 받는다'고 표현한다. 또 어떤 파렴치한 행위를 한 사람을 향해 '너는 양심도 없느냐?'고 비난하는가 하면, '네 양심에 비추어 한 번 생각해 보라'고 반성을 촉구하기도 한다. 과연 우리 마음속에는 도덕의 심판관이라 할 수 있는 양심(良心, conscience)이 존재하는 것일까? 만약 존재한다면 그것은 누구에게나 똑같은 힘을 가지고 있을까, 아니면 사람에 따라 정도의 차이가 있을까? 혹시 양심이라는 것은 도덕적 질서를 유지하려는 사회적 필요성 때문에 누군가가 생각해 낸 하나의 허구적 개념은 아닐까?

양심이라는 말은 우리의 삶에서 여러 가지 의미로 사용된다. 우리는 흔히 자신에게 맡겨진 임무를 성실하게 수행하는 사람을 '양심적인' 사람이라고 말한다. 그러나 자신에게 맡겨진 일상적인 임무를 벗어나 자신의 신념을 위해 저항하는 행동에 대해서도 우리는 '양심적'이라는 말을 사용한다. 우리는 때로 양심을 모든 인간이 존중해야 할 신성한 것이라고 말한다. 그래서 양심은 헌법에 의해서도 보호된다.[1] 하지만 자기의 신념에 따라 실정법을 범한 이른바 '양심범'에 대해서는 중형이 선고되기도 한다. 어떤 사람들은 양심을 인간에 내재한 신의 소리라고 생각하는가 하면, 또 어떤 사람들은 그것을 양육의 산물, 즉 학습을 통해 외적인 권위적 규범이 내면화된 것으로 간주한다. 양심이란 과연 무엇인가?

버틀러의 양심론

이 장에서는 우선 양심의 개념을 명료하게 하기 위해, 윤리학의 역사상 양심을 본격적으로 다룬 최초의 인물이라 할 수 있는 버틀러(Joseph Butler, 1692~1752)의 이론을 살펴보고자 한다.

버틀러의 양심론을 이해하기 위해서는 먼저 '인간 본성의 내적 구조'에 대한 그의 생각을 알아둘 필요가 있다. 그에 따르면, 모든 인간

---

1 "모든 국민은 양심의 자유를 가진다."(대한민국 헌법 제19조)

의 행위를 촉발하는 동기에는 세 가지 차원이 있다. 정념과 애착(pas-sions and affections)은 가장 낮은 단계, 자기애와 이타심은 두 번째 단계, 양심은 가장 높은 단계에 놓여 있다.

욕구와 충동들(허기와 갈증, 타인의 인정을 받고 싶은 욕구, 성공한 악에 대한 분노 등)[2]은 인간 자신과 관련된 것이 아니라 그가 추구하는 외적 대상과 관련된 것이다. 이러한 욕구들은 때로 개인이나 사회를 위해 기여한다. 즉, 경우에 따라 '자기도 모르게' 좋은 행동을 촉발한다.[3] 하지만 그것들은 의식적으로 그렇게 하는 것이 아니기 때문에 사실상 이기적인 것도 이타적인 것도 아니라고 할 수 있다.

더 높은 단계에 자기애(self-love)의 원리가 있다. 이것은 사람이 자신의 삶 전체의 차원에서 그의 행복과 번영을 최대로, 그러면서도 의도적으로 추구하는 것을 가리킨다. 자기애는 각 개인으로 하여금 자신의 행복이 극대화되도록 충동·애착·욕구들을 조절하고 통제한다. 왜냐하면 궁극적 행복을 위해서는 과도한 욕망들을 어떻게든 규제해야 하기 때문이다. 이와 같이 자기애는 분명한 자기 이익의 관점에서 모든 것을 이성적으로 따져 보는 일종의 냉철한 사고 작용이라 할 수 있다.[4]

다음으로 이타심(benevolence)의 원리가 있다. 이것은 타인의 복리를 증진하는 방향으로 작용하는 또 하나의 이성적 원리이다. 이타심은 곤경에 처한 사람을 접할 때 느끼게 되는 충동적인 동정심과는 명백히 구

---

2 J. Butler(ed. by W. R. Matthews), *Fifteen Sermons preached at the Rolls Chapel and a Dissertation upon the Nature of Virtue*, London, 1914, Preface, §18~21; Sermon 2, §7.

3 "인간은 동물과 마찬가지로 다양한 본능과 행동의 원리를 가지고 있다. 그중 어떤 것은 직접적이고 즉각적으로 공동체의 선에 기여하고, 다른 어떤 것은 직접적으로 개인의 선을 위해 기여한다."(같은 책, Preface, §18)

4 같은 책, Sermon 1, §7; Sermon 2, §11.

별되는 원리이다. 즉, 공공의(사회 전체의) 행복을 극대화하려는 이성적 계획에 의한 것이지, 타인의 사정에 대한 감정적 반응이 아니다. 자기애가 자기 자신의 최대 행복을 위해 무분별한 욕망을 억제하듯이, 이타심 또한 신중하고 냉철하게 작용하면서 낮은 차원의 욕망들을 통제한다.[5]

마지막으로 다른 모든 요소나 원리들 위에 놓여 있는 양심의 원리가 있다. 인간 본성의 구조상 양심은 자기애와 이타심보다 상위에 있으며, 다른 여러 요소들이 어디까지 작용해도 좋은지 그 한계를 결정한다. 양심은 하나의 유기적 체계인 인간 본성의 내적 구조 전체를 통제한다.

이제 아래에서 이러한 원리들의 상호관계에 대해 더 자세히 알아보기로 하자.

욕구와 충동들

버틀러는 무엇보다도 특수한 충동들(particular impulses)이 자기애로 환원될 수 없다는 점을 강조한다. 예를 들어, 허기의 목적(object)은 음식을 먹는 것이고, 동정의 목적은 다른 사람에게 즐거움을 주는 것이다. 개개의 욕구들은 각각 나름의 '특수한 목적'을 가지고 있다. 반면에, 자기애는 행위 당사자의 최대 행복이라는 '일반적 목적'을 가지고 있다. 자기애는 어떤 외적 대상들을 그 자체로서 추구하는 것이 아니라 오직 내적 목적인 행위 당사자의 행복과 만족을 위한 수단으로서 추구할 뿐이다.[6]

나의 모든 욕구의 소유자가 바로 나이고 그 욕구의 충족이 나에게

---

5 같은 책, Sermon 12, §7.
6 같은 책, Sermon 11, §5.

만족감을 주는 것이 사실이긴 하지만, 그렇다고 해서 그 욕구들의 목적
이 나의 총체적 행복은 아니다. 예를 들어, 동정심이나 복수심은 이러
한 충동의 소유자인 나 자신의 행복을 직접 겨냥한 것이 아니다. 전자
는 타인의 행복을, 후자는 타인의 불행을 지향하는 감정이다. 그러므로
충동들은 자기애와 모순되지 않으며, 또 그것과 동일시될 수도 없다.
그러나 이 양자는 서로 관련되어 있다. 자기애는 바로 이러한 욕구와
충동들을 수단으로 삼아 스스로의 목적을 달성하는 것이다.[7] 말하자면
충동과 자기애의 관계는 수단과 목적, 또는 원자재와 완성품의 관계와
같다고 할 수 있다.

충동들과 이타심의 관계 역시 이와 비슷하다.

자기애와 이타심과는 다르면서도 '개인적' 선뿐만 아니라 '공공의' 선에도
기여하는 '욕구와 감정들'이 있다. (…) 남들로부터 존경받고 싶은 욕구, 사
람들의 멸시와 존경, 사회의 선과 무관한 사회에 대한 사랑, 성공한 악에 대
한 의분 등이 그것이다. 이것들은 공적인 애착 혹은 감정으로서, 타인에 대
한 직접적인 관심의 표시이며, 우리의 행위를 우리의 이웃에게 도움이 되는
방향으로 자연스럽게 유도한다. (…) 예컨대, 인생이 살 가치가 있다는 확신
이 없는 사람들도 오직 배고픔에서 오는 식욕 때문에 삶을 유지하고 있는 것
처럼, 남의 평판을 의식해서 하는 행위 역시 원래 타인의 선을 고려했던 것
은 아니지만 흔히 공공의 선에 기여하게 된다. 이 두 가지 경우 모두 그 욕구
들은 남의 손에 의해 — 신의 섭리 속에서 — 그것들 자신의 의도와 무관하
게 개인의 안녕이나 사회의 선이라는 목적을 수행하고 있는 것이다.[8]

---

7   같은 책, Sermon 11, §10.

8   같은 책, Sermon 1, §7.

버틀러의 윤리설 중 가장 독창적인 점은 그가 욕구와 충동들을 '사심 없는(disinterested)' 것으로 보았다는 점이다.[9] 욕구들은 그 욕구를 지닌 당사자의 행복에 관심을 가지고 있지 않다. 다시 말해서, 행위자의 삶 전체에 있어서 행복을 극대화하려는 동기를 가지고 있지 않다. 그것들은 또한 다른 사람의 행복에 관심을 가지고 있는 것도 아니다. 말하자면, 그것들은 맹목적인(blind) 것으로서 이러한 목적을 의식하고 있지 않다.

자기애와 이타심

자기애는 개개인의 최대 행복을 추구하는 원리이고, 이타심은 타인들의, 다시 말해서 사회 전체의 최대 행복을 추구하는 원리이다. 버틀러는 이 자기애와 이타심의 존재를 확신한다.

> 인간의 본성 속에는, 우리가 우리 자신의 삶과 행복과 개인적 선을 돌보도록 되어 있는 것처럼, 우리가 또한 사회를 위해 만들어졌고 우리 이웃의 선을 위해 행위하도록 되어 있다는 분명한 증거들이 있다.[10]

이타심의 주된 역할은 타인의 변화를 목적으로 하는 충동들, 혹은

---

9 같은 책, Preface §21/§38. "아마도 버틀러의 가르침 중 가장 독창적인 부분은 그가 '특수한 충동들'을 다루는 부분일 것이다. 그는, 특수한 목적을 지향하는 모든 욕구들은 엄밀한 의미에서 사심 없는(disinterested) 것이라고 보았다. 왜냐하면 그것들은 자기의 목적으로서 외적인 대상을 추구하되 거기에 머물기 때문이다. 이러한 심리학적 사실은, 모든 욕구는 필연적으로 행위자의 쾌락과 권력을 지향한다고 보는 홉스(T. Hobbes)의 이기주의의 근거를 무너뜨린다."(같은 책, Introduction(by W. R. Matthews), xxii 이하)

10 같은 책, Sermon 1, §5.

그 결과가 주로 타인에게 미치는 충동들, 예컨대 동정, 원한, 부모의 애정 등을 통제하고 조정하는 것이다. 자기애의 주된 역할은 자신의 상태를 변화시키는 것을 목적으로 하는 충동들, 혹은 그 결과가 주로 자기 자신에게 미치는 충동들을 통제하고 조정하는 것이다. 우리가 우리 자신의 행복에 진정으로 관심이 있다면 과식하려는 욕구를 억제해야 하며, 또 이웃의 행복에 진정으로 관심이 있다면 맹목적인 동정심을 통제해야 할 필요가 있다.

그렇다면 자기애와 이타심이 혹시 서로 충돌하는 일은 없을까? 버틀러에 따르면, 자기애와 이타심은 서로 대립하는 원리가 아니라, 전체 목적을 위해 완벽하게 일치한다.

> 이타심과 자기애가 비록 서로 다른 것이어서, 전자는 공공의 선을 지향하고 후자는 개인의 선을 지향하지만, 이들은 서로 완전히 부합된다. 우리의 최대의 만족은 우리가 적절한 정도의 이타심을 갖는 데에 달려 있다. 또한 자기애는 사회에 대한 우리의 옳은 행위를 보증한다. 이 둘이 서로 부합된다는 사실과, 우리가 그중 하나 없이는 나머지 하나도 증진할 수 없다는 사실은 우리가 이 둘 모두를 위해 만들어졌다는 증거이다.[11]

자기애와 이타심 간에 불가피한 충돌이 있다는 견해는 행복 자체와 행복의 수단을 혼동하기 때문에 생기는 오류이다. 예를 들어, 내가 일정한 양의 돈을 가지고 있을 때, 내가 나 자신을 위해 그것을 쓰면 쓸수록 남을 위해 쓸 돈은 그만큼 더 적어질 것이 분명하며, 그 반대의 경우도 마찬가지이다. 따라서 자기애와 이타심은 서로 충돌하는 것처럼 보

---

11   같은 책, Sermon 1, §6; Sermon 11, §12 참조.

인다. 그러나 돈이나 재산이란 행복 그 자체는 아니다. 그것들은 단지 적절하게 쓰임으로써 행복이라는 목적을 산출하는 수단일 뿐이다. 만약 내가 나 자신을 위해 충분히 돈을 사용한 다음 그 나머지를 타인을 위해 사용한다면, 그것마저 자신을 위해 사용함으로써 얻는 행복보다 더 큰 행복을 얻을 수 있을 것이다.[12]

양심[13]

지금까지 우리는, 자기애와 이타심이 단순한 충동들과 달리 이성의 지도를 받는 일반적 원리이며, 이 양자는 서로 모순되지 않는다는 것을 보았다. 그렇다면 자기애와 양심, 이타심과 양심의 관계는 어떠한가? 버틀러는 인간 본성의 두 번째 단계인 자기애와 이타심, 세 번째 단계인 양심 사이에 어떠한 실질적인 모순도 있을 수 없다고 주장한다. 만약 이타심이나 자기애가 양심과 충돌할 경우, 양심은 언제나 우위에 선다. 그리고 만약 이타심과 자기애가 충돌할 경우, 이 둘 중 어느 것이 옳은지를 결정하는 권한을 가진 것은 바로 양심이다. 실제 보통 사람의 경우, 양심은 종종 자기애나 이타심에게 지기도 한다. 이는 자기애나 이타심이 간혹 특수한 충동들에게 지는 것과 마찬가지이다. 그러나 우리는, 양심이 비록 그가 마땅히 지녀야 할 심리적 힘을 결여하고 있다

---

12 같은 책, Sermon 11, §18/§19 참조.

13 버틀러는 그의 저술에서 양심을 여러 가지로 표현한다. '도덕적 이성(moral reason), 도덕감(moral sense), 신적 이성(divine reason), 또 이해의 감정(a sentiment of the understanding), 마음의 지각(a perception of the heart)'(Dissertation, §1), '반성의 최고 원리(a superior principle of reflection)'(Sermon 2, §8) 등이 그것이다. 한편, '도덕적 선·악에 대한 자연적 감각(natural sense of moral good and evil)'(Sermon 2, §1)이라는 표현은 도덕 인식의 즉각성을 강조하며, '도덕적 시인과 부인의 기능(moral approving and disapproving faculty)'(Dissertation, §1)이라는 규정은 양심이 행위의 옳고 그름을 판단하는 기능임을 나타낸다.

하더라도, 그 도덕적 권위는 지고한 것으로서 인정한다.[14]

인간에게는 반성의 원리가 있어, 그것으로 자신의 행위를 시인하기도 하고
부인하기도 하며, 또 양자 사이를 구별하기도 한다. 우리는 우리 자신의 본
성을 성찰하는 그런 존재로 만들어졌다. (…) 이와 같이 자기의 마음 · 감
정 · 행위를 시인하거나 부인하는 인간 안의 원리가 바로 양심이다.[15] (…)
　　모든 인간에게는 지고한 반성의 원리 혹은 양심이라는 것이 있어, 그의 행
위뿐만 아니라 마음속의 여러 원리들을 구별하고 판단을 내리며, 어떤 행위
는 그 자체로 선하고 옳고 의롭다고 하고, 또 어떤 행위는 악하고 그르고 의
롭지 못하다고 단호히 언명한다. 그것은 의논이나 충고를 기다리지 않고 권
위 있게 작용하며, 그 행위자를 지지하기도 하고 비난하기도 한다.[16]

버틀러에 따르면, 위와 같은 가치 평가의 태도가 권위적인 것인데,
그것은 인간 본성의 '목적' 혹은 '법칙'에 대한 통찰에서 나오는 것이
다. 이로써 우리는 버틀러의 양심 개념이 마치 칸트의 실천이성처럼 인
간의 타고난 도덕적 능력을 가리키는 개념임을 짐작할 수 있다. 버틀러
는 더 나아가, (마치 칸트가 '실천이성의 사실'을 이야기하듯이) 양심의 판
단의 정당성이 직관과 상식을 통해 입증될 수 있다고 주장한다.

어떤 평범하고 정직한 사람으로 하여금 그가 어떤 일련의 행동을 취하기에

14　C. D. Broad(박찬구 역), 《윤리학의 다섯 가지 유형》, 철학과현실사, 2000, 78면
참조.
15　Butler, *Fifteen Sermons preached at the Rolls Chapel and a Dissertation upon
the Nature of Virtue*, Sermon 1, §8.
16　같은 책, Sermon 2, §8.

앞서 스스로 '내가 하려고 하는 이 일은 옳은 것일까 혹은 그른 것일까, 그것 은 선인가 혹은 악인가'를 자문해 보도록 하라. 나는, 거의 모든 경우 거의 모든 공정한 사람에게, 이 물음에 대한 답이 진실과 덕에 부합되게 주어지리 라는 것을 조금도 의심하지 않는다.[17]

여기서 우리는, 도대체 그러한 통찰의 진실성과 양심의 존재의 확실 성을 어떻게 입증할 수 있느냐 하는 반문을 예상하지 않을 수 없다. 버 틀러는 다음과 같은 사실을 지적함으로써 이러한 물음에 대답한다.

우리가 신체의 모습에 대해서 이야기할 때 서로를 이해하는 것과 마찬가지 로, 마음과 내적인 원리에 대해 이야기할 때에도 우리는 잘 알아들을 수 있 다. (…) 우리의 내부적 느낌과 외부적 감각으로 얻은 지각은 똑같이 진실이 기 때문에, 외부적 감각으로부터 절대적인 사변적 진리를 알아내듯이 내부 적 느낌으로부터도 예외를 허락하지 않는 삶과 행위의 지침을 알 수 있는 것 이다.[18]

버틀러는 경험주의의 본산지인 영국 출신답게 도덕의 근본 원리를 제시하면서 시종 우리의 경험과 상식적 직관에 호소하고 있다. 그는 인 간 속에는 충동적으로 발현하는 다양한 본능적 욕구들이 있고, 이러한 욕구들을 적절히 통제함으로써 자기 자신이나 사회의 행복을 도모하는 이성적 원리들이 있으며, 이러한 모든 것들 위에 도덕적 권위를 지닌 양심이 있음을 주장한다. 그의 선구적인 분석에 의해 드러난 이런 요소

---

17   같은 책, Sermon 3, §4.
18   같은 책, Sermon 2, §1.

들은 그간 경향성(욕구들), 합리적 이기주의(자기애), 공리주의(이타심), 그리고 칸트의 실천이성(양심) 개념 등을 통해 이미 잘 검토된 바 있다. 사실상 보편적인 것, 객관적으로 옳은 것, 선한 것이 사람의 양심에 의해서 그에게 옳은 것과 선한 것으로 드러나지 않는다면, 다음과 같은 버틀러의 지적처럼, 인간에게 선한 것, 의미 있는 것, 정당성을 지닌 것은 전혀 존재할 수 없을 것이다.

> 상상할 수 있는 가장 잔인한 방법으로 자기 아버지를 살해한 사람의 예를 들어 보자. 만약 내면적 원리들 간에 아무런 차이가 없고 단지 힘만이 문제된다면, 이 일에 관한 한 그 사람에게 주어진 전체 본성은 오직 힘뿐일 것이다. 따라서 이 살인 행위는 그의 내면의 가장 힘 있는 원리의 결과이고, 그것은 그 사람의 전체 본성에 부합하는 것이 된다. (…) 이보다 더한 모순은 없다.[19]

양심에 대한 회의

그러나 우리는 버틀러와 똑같이 경험과 상식적 직관을 거론하면서도 그와 정반대되는 주장을 하는 사람들이 있다는 사실에 주목하지 않을 수 없다. 이들에 따르면, 양심은 선천적으로 사람에게 구비되어 있는 것이 아니라 후천적 경험이 쌓여 생긴 것이다. 그래서 우리는 심리학, 인류학, 사회학적 사실을 통해 그 기원을 짐작할 수 있다. 말하자면 양심은 우리가 어릴 때 어머니의 무릎 위에서 반복하여 학습한 것들, 또

---

19   같은 책, Sermon 2, §16~17.

는 아버지나 선생님 등 우리가 존경하는 사람들의 가르침이 내면화되어 생겨난 것이다. 이른바 양심의 가책이라는 것도 실은 어렸을 때의 반복된 행동이 우리 몸에 배어 나타나는 조건반사(條件反射)에 불과한 것이다. 예를 들어, 동생을 때릴 때마다 아버지로부터 꾸중을 들은 아이는 나중에 아버지가 없을 때에도 동생을 때릴 때에 어떤 거리끼는 감정을 느끼게 되는데 이런 것이 바로 양심의 가책이다. 결국 이들에 따르면, 양심이란 명령·금지·형벌·관습과 같은 외적인 규범이 내면화된 것이라 할 수 있다. 이러한 입장을 역사상 가장 인상적으로 대변한 사람은 프로이트(S. Freud)이다.

프로이트는 양심을 '초자아(super-ego)'라는 개념을 통해 설명한다. 이 초자아는 우리의 본능적 욕구의 실현을 제약하는 모든 외적 권위를 대변하는 것으로서, 소위 '이드(id)' 및 '자아(ego)'와 함께 인간 본성의 내적 구조를 형성한다. 초자아는 말하자면 내면화된 아버지의 이미지, 즉 우리 안의 아버지이다. 그에 따르면, 자아는 단지 초자아의 지도 아래에서만 형성되고 또 그 지도 아래에서만 충동(즉, 이드)의 제약으로부터 자유로울 수 있다. 하지만 자아가 참된 자아가 되기 위해서는 또한 초자아의 지배로부터도 반드시 벗어나야 한다.

프로이트 외에도 양심을 우리 도덕 판단의 최종적 권위체로서 인정하지 않는 다양한 견해들이 있다. 어떤 학자는, 양심은 우리에게 익숙한 용어이기는 하지만 도덕적 행위의 기준으로 사용되기에는 너무나 애매모호한 개념이라고 말한다. 예를 들어, 많은 상습적 범죄자들은 양심의 가책을 별로 느끼지 않는 반면, '지나치게 양심적인' 사람들은 불행한 일을 당했을 때 오히려 스스로 죗값을 치른 듯 평온함을 느낀다는 것이다.[20] 또 어떤 학자는 이와 관련하여 나치 히틀러(A. Hitler) 치하에서 수백만의 유태인 학살을 지휘했던 아이히만(A. Eichmann)의 예를

들고 있다. 아이히만은 아주 고지식한 양심을 가지고 있어서 비록 당시
의 법(실제로는 히틀러의 명령)이 한 민족을 말살하라는 것이었는데도
그 법에 대한 예외를 참을 수 없었기 때문에, 자기 삼촌의 부탁으로 한
유태인 부부를 몰래 스위스로 탈출할 수 있게 도와준 일 때문에 두고두
고 '양심의 가책을 받았다'는 것이다.[21] 또 어떤 이는 이른바 양심의 권
위란 것도 별로 믿을 것이 못 된다고 주장한다. 세상에는 부도덕한 행
위를 하고도 진정한 양심의 권위를 느끼지 못해 태연한(행복한) 사람들
이 많이 있을 뿐만 아니라, 양심적으로 행위하고도 결과적으로 자신의
불이익이나 불행만을 맛본 사람들도 많다는 것이다. 그렇기 때문에 사
람들에게 '양심적이 되라'고 설득하는 것도 사실상 어렵다는 것이다.[22]

선험적 전제로서의 양심

그런데 우리는 위의 견해들에서 사용되고 있는 양심 개념이 대부분 심
리적 분석에 입각한 것임을 짐작할 수 있다. 과연 이러한 심리적 접근
만으로 우리가 처음부터 관심을 가지고 있던 양심의 본질이 모두 해명
될 수 있을까? 우리의 '현상적 자아'를 아무리 경험적으로 분석해도
양심의 참모습에 이를 수는 없다. 그것은 경험 이전에 전제되는 것이
요, 우리가 늘 이미 전제하면서 살고 있는 어떤 것이기 때문이다. 예를

---

20 W. S. Sahakian(송휘칠·황경식 역),《윤리학의 이론과 역사》, 박영사, 1986,
155면 이하.

21 Peter Fuss, "Conscience," in: *Ethics*, vol. LXVIV(January, 1964), 119면 이하.

22 Alasdair MacIntyre, *A Short History of Ethics*, London: Routledge, 1967, 166
면.

들어, 우리는 기하학을 공부할 때 어떤 자명한 공리(公理)들을 전제하고 나서 논증을 전개하는데, 그러한 공리 자체는 증명[23]될 수 없으며 단지 자명(自明)한 것으로 간주될 뿐이다. 이러한 기하학에서의 공리처럼 인간성 안에도 선천적이고 절대적이며 보편적인 도덕원리가 주어져 있다는 것을 우리는 증명할 필요가 없다. 맹자(孟子)의 사단(四端), 즉 측은지심(惻隱之心), 수오지심(羞惡之心), 사양지심(辭讓之心), 시비지심(是非之心)은 증명을 필요로 하지 않는다. 다음 글을 보자.

모든 사람들은 이미 마음속에 선함을 가지고 있다. 멀리 갈 것 없이 영화관에 가 보면 안다. 착한 주인공이 악당과 싸우는 영화를 본다고 하자. 어떤 장면에서 주인공이 거의 죽을 정도로 얻어맞고 악당이 결국 이길 것 같다. 주인공이 맞는 동안 관객들의 마음은 조마조마하다. "일어나라! 어서 일어나서 저 악당을 쳐부숴라." 극장 안에 있는 사람들은 모두 똑같은 마음이다. 아무도 선한 주인공이 죽기를 바라지 않는다. 물론 대부분의 영화는 해피엔딩이다. 결론이 해피엔딩으로 끝나면 사람들은 안심하고 영화관을 빠져 나온다.

왜 우리는 모두 각자 다른 경험과 생각을 가진 사람들인데, 착한 사람에게 복을 비는 한마음이 되는 것일까. 그것은 이미 우리 안에 선한 마음이 있기

---

23 증명(demonstration)이란 본래 '나타내다', '보여 주다', '전시하다'라는 의미를 가진 말로서, 이는 경험세계에서, 특히 감각 경험을 전제하고서 사용되는 말이다. 또, 감각 중에서도 특히 시각(視覺)을 염두에 두고 쓰이고 있다. 이처럼 서양 문화권(그중에서도 영미 문화권)에서는 대체로 감각 경험을 중시하며, 그중에서도 특히 시각을 더 중시한다. 그래서 눈으로 본 것이라야 '확실하다'고 믿는 경향이 있다. 이렇게 볼 때 경험세계에 속하지 않는 것, 그중에서도 시각 경험의 대상이 될 수 없는 것은 원초적으로 증명이 불가능한 것이다. 따라서 그런 대상(개념)에 대해 증명을 요구하는 것은 언어가 잘못 사용되고 있는 예라고 할 수 있다.

때문이다. 우리는 정의가 이기기를 바라고 선행이 행해지기를 바란다. 선의
란 어떤 어려운 수행을 통해서만 얻을 수 있는 것은 아니다. 우리 본래의 마
음은 항상 다른 사람을 돕고 싶어 하는 심정으로 가득 차 있기 때문이다.[24]

이처럼 모든 인간에게는 선악을 주관하는 양심의 싹이 존재한다. 어
린아이를 아는 사람이라면 누구나 아이에게서 이것을 아주 분명하게
볼 수 있다. 아이들은 발달된 정의감을 가지고 있다. 그들은 정의가 파
괴되는 것을 보면 분노한다. 그들은 화음과 불협화음을 구별하는 음감
을 가지고 있으며, 선과 정직에 대한 감각을 가지고 있다. 그러나 이러
한 가치들이 어떤 권위와 더불어 실현되는 것을 보지 못할 경우, 이것
을 주관하는 그들의 능력은 현저하게 저하된다. 만약 그들이 일찍부터
모든 것이 강자의 힘에 의해 좌우되는 상황을 접하게 된다면, 그들은
공정함에 대한 감각, 선과 정의에 대한 감수성 및 개방성을 잃게 된다.
만약 아이들이 위협에 겁을 먹고 어려운 상황을 모면하기 위해서는 거
짓말을 해야 한다는 것을 배우게 된다면, 혹은 그들의 부모가 그들에게
진실이 아닌 것을 말하는 것을 경험하고 또 거짓말이 일상생활에서 출
세의 정상적 수단으로 유익하다는 것을 경험하게 된다면, 광채는 사라
지고 단지 왜곡되고 비뚤어진 양심만이 형성된다. 양심은 뻔뻔스러워
진다.[25]

---

24   현각 엮음, 《선의 나침반 — 숭산 대선사의 가르침》(1권), 열림원, 2001, 57면.
25   슈페만(박찬구 · 류지한 역), 《도덕과 윤리에 관한 철학적 사유》, 철학과현실사,
2001, 121면.

양심의 가책과 도덕적 질병

만약 어떤 사람이 다른 사람에게 잘못을 저지르고서도 단지 "나는 원래 그렇게 생겼기 때문에 어쩔 수 없어"라고 말한다면, 그것은 악한 변명이다. 왜냐하면 우리의 현재 모습은 우리의 행위를 규정짓는 고정된 무엇이 아니라 오히려 우리의 행위에 의해 다시 형성되는 것이기 때문이다. 그는 이 사실을 인정하기를 거부한다. 자기 자신을 있는 그대로 바라보고 반성하며 새로운 결단을 내리는 것은 늘 부담스럽고 고통스러운 과정이다. 그는 이것을 회피하고 싶다. 그래서 다른 사람들도 다 마찬가지일 것이라고 합리화한다. 또 더 나아가 자기는 오히려 솔직한 편이라고 주장한다. 왜냐하면 원래 불가능한 일을 마치 가능한 것처럼 말하면서 도덕적인 척하는 위선을 자기는 떨쳐 버렸기 때문이라는 것이다.

과연 민감한 양심을 가지고 있어서 양심의 가책을 잘 느끼는 것이 병일까, 아니면 무딘 양심을 가지고 있어서 도무지 양심의 가책 따위는 느끼지 않는 것이 병일까? 모든 양심의 가책을 일종의 질병으로 간주하는 사람들이 있다. 그들은 사람들로 하여금 양심의 가책, 소위 죄책감에서 벗어나도록 하는 것이 심리학자의 과제라고 생각한다. 하지만 만일 누군가가 실제로 죄를 짓고도 전혀 양심의 가책이나 죄책감을 느끼지 않는다면, 그것은 정말로 하나의 병이다. 이는 고통을 전혀 느낄 수 없는 것이 하나의 병, 그것도 생명을 위협하는 치명적 질병인 것과 마찬가지이다. 고통은 생명이 위험하다는 신호이다. 그렇게 신호를 보냄으로써 고통은 생명을 보호하는 데 기여하는 것이다.[26]

---

26   같은 책, 122면.

　불의한 일을 저지르고도 별로 고통스러워하지 않는 사람을 우리는 믿을 수 없다. 만약 어떤 사람이 아이를 심하게 괴롭혀서 정신적 불구로 만든 다음에, 빙그레 웃으면서 '희생자는 한 사람으로 족하므로 이제부터는 어린이에게 잘해 주겠다'고 선언한다면, 우리는 그를 믿지 않을 것이다. 만약 그가 자신의 과거 과오에 대해 아무런 고통도 느끼지 않고 양심의 가책에 사로잡히지도 않고 변화되지도 않는다면, 이는 그가 여전히 과거의 그와 동일한 사람이라는 것을 의미하는 것이다.[27] 고통스러운 참회 없이는 한 인간에게 있어서 진정한 도덕적 발전이란 있을 수 없다. 양심의 가책은 우리의 참모습(본래적 존재)과 현재 모습(현실의 존재)이 괴리되어 있음을 알려 주는 표시이며, 이런 의미에서 양심은 우리로 하여금 늘 도덕적으로 깨어 있도록 촉구하는 파수꾼이라 할 수 있다.

27　같은 책, 123면.

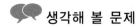 생각해 볼 문제

1 다음 두 사람의 대화를 읽고, 자기 생각을 말해 보시오.

> "우리 주변에는 뻔뻔스러운 사람이 많은 것 같아. 남을 해치면서 자기 이익
> 만 취하고, 통 반성할 줄도 몰라. 이런 사람은 혹시 자기 잘못을 지적받더
> 라도, 핑계를 대거나 변명을 일삼지. 법에 걸리면, '재수 없다'고 하고. 이
> 들은, '사람은 다 똑같은데, 자기가 조금 솔직할 뿐'이라고 자기를 합리화
> 하면서, 마음 편하게 사는 것 같아."
> "정말이야. 우리도 세상을 좀 뻔뻔하게 살 필요가 있는 것 같아. 사실 마음
> 약하고 양심적인 사람은 늘 손해 보고 상처받기만 쉬운 것 아니겠니? 남들
> 은 아무렇지도 않게 넘어가는 일을 가지고 혼자 양심의 가책을 받으면서
> 괴로워하지. 이런 사람은 병에도 쉽게 걸리고 제 명에 못 죽기 십상이야.
> 자기만 손해지."

2 다음 글을 읽고 인간의 본성에 대해 생각해 보자.

> 미국의 남북전쟁이 끝난 바로 뒤 중국 산동에 살던 가난한 농부 정룡(丁
> 龍)이란 사람이 '쿨리'[28]가 되어 미국에 건너가 어느 포악한 성격의 장군
> 집에서 일을 했다고 한다. 주인이 하도 포악해서 붙어 있을 수가 없자 하인
> 들은 모두 장군 곁을 떠났다. 정룡도 예외 없이 장군의 매에 못 이겨 도망
> 치고 말았다.

---

28 쿨리(coolie): 노동자나 짐꾼을 뜻하는 힌디어에서 온 말. 19세기 중엽 이후 영국
이 서인도제도를 개발할 때 중국과 인도에서 강제로 데려온 비숙련 노동자들을 가리킴.

그런데 하루는 그 장군 집에 불이 났다. 본래 인심을 잃은 장군이었는지라 아무도 불을 꺼 주는 이가 없었고, 오히려 잘 되었다는 식으로 바라보고만 있는데, 어디선지 도망쳤던 정룡이 나타나 위험을 무릅쓰고 불을 끄는 것이 아닌가? 이를 본 장군이 이상하게 여겨 "너는 내가 싫어서 도망친 놈 아니냐? 내 집에 불난 것을 좋아하는 것이 상정일 텐데, 너는 왜 와서 불을 끄느냐? 그것도 위험을 무릅쓰고…" 하고 물었더니, 정룡이 "아무리 원수지간이라 하더라도 상대방이 곤궁에 처해 있으면 그 위난을 구해 주는 것이 사람의 도리다. 자고로 불난 데 부채질하는 사람은 비열한 사람이다. 불이 나면 길 가던 나그네도 덤벼들어 끄는 것이 아름다운 풍속이다"라고 하는 것이었다. 이 말을 들은 장군은 혹시 정룡이 어느 독실한 종교 신자가 아닐까 생각하고 "무슨 종교를 믿느냐?"고 물었다. 정룡은 "나는 종교가 뭘 하는 것인지 모른다"고 대답했다. 장군이 또 "그러면 너는 공부를 많이 한 학자냐?"고 물었다. 정룡은 "천만에, 나는 낫 놓고 기역자도 모르는 무식꾼이다"고 대답하였다. 장군이 다시 "그러면 너의 아버지나 할아버지가 학자가 아니었더냐?"고 했다. 정룡의 대답은 역시 아니라는 것이었다. 자기 집은 대대로 가난한 농사만 지어 왔다고 했다. 이에 더욱 의아해진 장군은 "그렇다면 너의 그 위대한 진리, 즉 남이 어려움에 처했을 때는 이해관계, 더욱이 과거의 원수도 잊고 도와야 한다는 하느님의 말씀을 어떻게 터득했느냐?"고 물었다. 이에 대한 정룡의 답은 간단했다. "그것은 배워서 아는 것도 아니요 무엇을 믿어서 그렇게 하는 것도 아니다. 그저 사람은 그렇게 하는 것이 도리라고 느껴서 할 뿐이다. 나의 아버지와 할아버지 그리고 모든 중국 사람들이 다 그렇게 생각하고 있다. 그것이 뭐 그리 이상한가?" 하고 오히려 반문했다고 한다.

이 말에 감동한 그 장군은 정룡을 통해서 중국에 종교나 지식 이상의 무엇이 있을 것이며, 이것을 밝혀내면 인류가 평화롭게 공존하는 데 더없이

234 개념과 주제로 본 우리들의 윤리학

도움을 줄 것이라 판단하였다. 그는 자기 재산을 전부 팔아 콜롬비아 대학에 기증, '정룡강좌'를 설치케 해서 중국을 연구하게 하였다고 한다.[29]

3 '양심범'이란 자기의 양심에 따라 실정법을 어긴 사람을 가리킨다. 과거에는 이른바 '양심적 병역 거부'로 말미암아 유죄 선고를 받고 복역한 사람도 있었다.

하지만 최근(2018년 11월) 대법원은 '종교적·양심적 신념에 따라 병역을 거부하는 것은 정당하다'고 판결한 바 있으며, 이에 국방부는 양심적 병역 거부자를 위한 대체 복무 기준을 마련 중이다. 그런데 어떤 사람은 이 경우에 '양심'이라는 표현이 과연 타당하게 사용된 것인지, 즉 양심의 이름으로 개인의 자의적(恣意的) 소신을 정당화하는 것은 아닌지 의문을 제기하기도 한다. 이 문제에 관해 여러분은 어떤 의견을 가지고 있는가?

---

29   김충열, 《유가윤리강의》, 예문서원, 1998, 143면 이하.

> 무언가를 이해하려면 진정 그것이 되어야 합니다. 나무를 이해하려
> 면 나무가 되어야 하고 바위를 이해하려면 바위가 되어야 합니다. 상처
> 받은 사람의 아픔을 이해하기 위해서는 '아, 저이는 참 아프겠다'고 생
> 각하는 것만으로는 부족합니다. 그 사람을 오래 바라보고 나도 상처받
> 은 사람이 되어야 합니다. 그렇게 '됨'으로써, 그의 외면의 모습이 아니
> 라 마음을 이해할 수 있습니다.
>
> 남이 '될' 수 있는 사람만이 나를 알 수 있습니다. 남의 마음을 이해
> 해야 나를 알고, 나를 알아야 당당하고 아름다운 '나의 노래'를 부를 수
> 있습니다.[1]

앞 장에서 우리는 양심이라는 개념을 통해 인간에게 선천적으로 깃들
어 있는 어떤 절대적인 도덕적 분별 능력에 관하여 살펴보았다. 그것을
도덕감(道德感)이라고도 부른다. 그런데 이 도덕감이라는 개념은 윤리
학의 역사 속에서 독특한 위치를 차지한다. 왜냐하면 이른바 '도덕감
학파'[2]가 성립함으로써 이 개념에 대한 다각적인 검토가 이루어졌기

---

1 장영희, 《축복》, 비채, 2009, 50면.
2 어떤 사람들이 도덕감 학파(moral sense school)에 속하느냐에 대해서는 약간의
이견(異見)이 있다. 넓은 의미에서는 버틀러(J. Butler), 흄(D. Hume), 애덤 스미스

때문이다. 사실 도덕감 윤리 이론은 서양 근대 철학의 특징과 과제를
잘 보여 주고 있다고 할 수 있는데, 이제부터 이 개념을 둘러싼 논란이
우리의 도덕적 담론에서 어떤 의미를 가지며 또 우리에게 어떤 과제를
던져 주는지 살펴보기로 하자.

근대 철학의 특징: 이원론

서양 근대 철학을 특징지은 두 가지 중요한 변수로는 무엇보다도 자연
과학의 발달과 자아의 발견을 들 수 있을 것이다. 우리의 경험세계를 자
연법칙에 따라 객관적으로 설명해 줄 뿐만 아니라 우리에게 하나의 체
계적이고 정합적인 세계상을 선사하는 자연과학은 (칸트를 비롯한 많은
학자들의 생각처럼) 진정 학문의 모델이 될 만한 것이었다. 우리를 객관
적 진리의 세계로 인도하는 과학적 방법의 힘은 참으로 강력한 것이며,
편견이 없는 사람이라면 누구도 그 뛰어난 성과를 부인하지 못할 것이
다. 그러나 과학이 우리에게 보여 주는 것은 과학적 지식의 세계, 즉 현
상 세계에 국한된다. 여기서 우리는 또 하나의 변수에 주목하게 된다.
그것은 바로 자아의 발견이다. 데카르트의 '나는 생각한다'로부터 시
작된 '주관성의 철학(philosophy of subjectivity)'은 이제 생각하는 주체
(자아)와 생각되는 대상(세계)의 분리를 가져왔고, 이로써 근대 철학은
'주관이 어떻게 있는 그대로의 대상을 알 수 있는가?'라는 과제를 가
지고 씨름하는 인식론으로 발전하게 된다. 그러나 이러한 철학은 그 출

(A. Smith) 등도 여기에 속한다고 할 수 있겠지만, 이 학파의 고유한 이론은 누구보다
도 샤프츠버리와 허치슨(F. Hutcheson)에게서 찾아볼 수 있다.

발에서부터 불가피하게 회의론과 불가지론을 내포하고 있었다. 왜냐하면 인식론은 '주-객'이 이미 분리된, 그리하여 주-객이 아직 분리되지 않았던 '낙원(개개인이 소외되지 않고 모두 하나가 되어 있는 상태)'에서 추방된 인간의 운명을 예고하고 있었기 때문이다. 다시 말해, '나'라는 존재가 주변 사물이나 사람들과의 관계로부터 따로 떨어져 인식될 수 없었던 삶의 구도로부터 이제 독자적인 자의식을 지닌 '내'가 내 밖의 대상 세계를 나의 눈으로 바라보는 구도로 바뀌었기 때문이다. 다음과 같은 어느 부부간의 대화를 통해 여러분은 여기에 내포된 문제를 좀 더 분명히 이해할 수 있을 것이다.

아내: 당신 내 마음 알아? 내 입장을 이해할 수 있겠어?

남편: 그럼. 이해할 수 있지.

아내: 당신이 내 마음속에 들어와 보지도 않았는데 어떻게 내 마음을 안다는 거야? 또 당신은 여자가 아닌데 어떻게 여자의 입장을 이해할 수 있겠어?

남편: 물론 그렇긴 하지만, 역지사지(易地思之)라는 말도 있듯이 상대방을 이해하려고 노력한다면 어느 정도는 가능하다고 생각해.

아내: 당신이 이해한다고 해 봐야 그건 당신 나름대로 이해한 것에 불과해. 사람은 자기가 보는 방식대로 세상을 볼 수밖에 없다구. 당신이 내가 되고 내가 당신이 될 수 없는 한, 진정한 이해라는 건 불가능한거야.

이처럼 자의식이 분명해질수록 어떤 면에서 우리는 다른 존재를 이해하기가 점점 더 힘들어진다고 할 수 있다. 그리고 이것은 근대적 세계관이 낳은 불가피한 결과이기도 하다. 근대 경험론의 완성자인 흄에게서 우리는 '주체는 객체가 아니기 때문에 있는 그대로의 객체(대상)

를 결코 알 수 없다'는 회의주의적 결론을 보게 된다.

도덕감 개념의 등장은 위와 같은 근대 인식론의 전개 과정과 밀접한 관련이 있다. 근대 이전, 특히 플라톤주의적 세계관에 있어서 도덕적 선은 우주 그 자체로부터, 즉 자기 스스로를 드러내는 실재(實在)의 관점에서 이해되었다. 그러나 기계론적 우주관과, 계몽을 통해 스스로의 독자성을 깨닫게 된 해방된 주관(subject) 개념은 주체와 객체 사이를 확연히 구분짓게 하였다. 여기서 무엇이 주관으로 하여금 한 객체(대상)로서의 선을 인식하고 또 지향하게 하는가에 대한 의문이 제기되었다. 이러한 물음은 전통적 이성 개념을 통해서는 대답될 수 없었다. 그래서 도덕감의 개념이 등장하게 되는데, 그것은 다른 감각 기관들이 물리적 대상들을 인식하듯이 도덕적 대상들을 인식한다고 가정되었던 것이다.[3]

샤프츠버리와 도덕감 윤리학

이 장에서는 우선 도덕감 윤리학의 창시자라 할 수 있는 샤프츠버리 (Anthony Ashley Cooper Shaftesbury, 1671~1713)의 생각을 살펴보기로 한다. 샤프츠버리는 도덕적 선·악과 옳고 그름을 구분하는 고유한 능력으로서 '도덕감(moral sense)'[4]이라는 용어를 처음으로 사용했으며,

---

3 C. Taylor, *Sources of the Self: The Making of the Modern Identity*, Cambridge, 1989, 257면 참조.

4 도덕감(moral sense)을 내세우는 윤리 이론에서 'sense'라는 용어는 경우에 따라 감각(sensation) 또는 감정(emotion)을 의미한다. 전자의 경우, 도덕감은 외부 감각에 유비하여 도덕적 대상을 인식하는 '도덕적 감각'으로 이해된다. 후자의 경우, 그것은 도덕적 인식에 있어서 시인(approbation)의 감정 혹은 부인(disapprobation)의 감정으

경험주의 철학이 낳은 도덕적 회의주의의 시대 분위기에 맞서 도덕의 근거를 다시 세우려 했던 사람이다.

샤프츠버리가 등장할 무렵의 17세기 유럽은 기존의 형이상학적·신학적 체계를 규정하고 있던 정신이 해체되어 가던 이른바 계몽의 시대였다. 그는 홉스, 로크 등의 영국 경험론의 영향하에서, 그리고 모든 형이상학적 시도의 타당성을 부인하는 회의주의의 분위기 속에서 성장했다. 또한 당시는 우리 인식의 한계, 말하자면 자신의 경험에 근거한 우리 지식의 한계에 대한 비판적 의식이 팽배해 있던 때였다. 이러한 의식은 인간 이성의 가능성에 대한 회의뿐만 아니라, 도덕적 관념의 실재성에 대한 회의도 아울러 함축하고 있었다. 그래서 당시 사회에는, 도덕적 규범이란 인간의 자유에 대한 불필요한 제한이거나 지배계급에 의한 인위적 기만일 뿐이라는 태도가 널리 퍼져 있었다.

이러한 분위기에 대항하여 샤프츠버리는 당대의 경험주의자들과 다른 길을 걸었다. 그는, 이 세계에는 어떤 합리적 질서가 존재하고 있고 따라서 인간의 행위도 근본적으로 무질서한 것은 아니라는 것을 보여주고자 했다. 말하자면 그는 전통적 체계가 전반적으로 와해되어 가는 가운데서도 삶의 합리적 질서를 재건할 수 있는 어떤 초석을 찾고자 하였던 것이다. 하지만 그는 또한 당시 발전을 거듭하던 새로운 과학을 고려하지 않을 수 없었다. 다시 말해서 경험과학의 뛰어난 성과를 무시할 수 없었다.

당대의 과학이 그의 사고에 미친 가장 중요한 영향은 그로 하여금 모든 사물을 하나의 원리를 통해 바라볼 수 있게 함으로써 통합된 우주관의 기초를 제공해 주었다는 점이다. 이러한 자연관의 첫 번째 전제는

로 표출되는 '도덕적 감정'으로 여겨진다.

모든 사물이 보편적인 인과법칙의 지배를 받는다는 것이다. 그러나 이러한 생각은 자연스레 다음과 같은 물음을 제기한다. 즉, 자연의 법칙성이 어떻게 도덕적이고 종교적인 의식과 조화될 수 있겠는가 하는 것이다. 다시 말해서 외적 사물의 기계적 질서를 이해한다고 해서 과연 인간의 내적 도덕적 질서까지 이해할 수 있겠는가 하는 의문이다. 아마도 샤프츠버리처럼 자연을 심미적으로 바라보는 사람에게는 인간 경험의 다양성과 풍부함을 무시하는 자연과학적 세계관은 심각한 결함을 지닌 것으로 여겨졌음에 틀림없다. 뉴턴주의자에게 자연이 외적인 것이었다면 샤프츠버리에게 자연은 외적인 것일 뿐만 아니라 내적인 것이기도 했으며, 따라서 자연철학의 탐구보다 도덕철학의 탐구가 더욱 중요한 것으로 여겨졌다.[5]

여기서 자연과학의 기계론적 세계관을 극복해야 할 필요성이 제기되었다. 왜냐하면 이것을 통해서는 인간의 참된 본성과 도덕의 본질이 만족스럽게 설명될 수 없었기 때문이다. 이에 샤프츠버리는 기계론적 자연이라는 개념 대신 유기체적 자연이라는 개념을 도입한다. 그에게 이 세계(우주)는 하나의 거대한 유기체이다. 전체(넓은 의미의 자연)는 단순히 모든 개별 사물들의 집합이 아니라 실질적 통합체이다. 전체 안의 모든 부분들은 그보다 상위의 목적에 기여함으로써 완전한 통합을 이룬다. 이렇게 우주의 구조는 목적론적으로 파악되며, 그 안의 모든 부분들은 조화로운 우주의 실현을 위한 수단이 된다. 자연은 하나의 위계적으로 질서 지워진 체계이며 부분들의 조화로 특징지어진다. 이러한 자연 개념에 따르면 진과 선과 미의 모든 가치는 사물들의 조화 속

---

5   A. O. Aldridge, "Shaftesbury and the Deist Manifesto," in: *Transactions of the American Philosophical Society*, New Series, Vol. 41, Part 2, 1951, 301~303면 참조.

에서, 즉 전체적 관점에서 보았을 때의 균형 속에서 발견된다.

우리 안의 도덕적 세계도 우주 및 그 질서와의 유비를 통해 이해될 수 있다. 샤프츠버리의 윤리설에서 가장 중요한 개념 중 하나인 개인과 우주의 조화는, 한편으로 전체의 복지를 위한 개인의 복종을 함축한다. 왜냐하면 인간은 자연의 체계(universal system)의 한 부분일 뿐만 아니라 그것에 의해 규정되기 때문이다. 다른 한편으로 그것은 자기 자신의 유기체를 위한 자기 자신의 욕구들(감정들)의 복종을 함축한다. 왜냐하면 그 자신이 스스로 하나의 체계(self system)인 인간의 내부세계에도 외부세계와 똑같은 질서가 지배하기 때문이다. 따라서 두 가지 종류의 조화가 존재하는데, 하나는 개인적인 것으로서 욕구들(감정들) 간의 균형 속에 존재하고, 다른 하나는 사회적인 것으로서 개인들의 사회에 대한 온전한 헌신 속에 존재한다.

이런 관점에서 볼 때, 우리가 자기 자신의 행복을 추구하는 것이 그 자체로 나쁜 것은 아니다. 하지만 그것은 아직 선이라고 할 수 없다. 우리가 자신의 욕구를 자신의 본성과 조화시켰을 때에만 선하다고 할 수 있는 것이다. 본성과 일치한다는 것은 상위 체계의 목적과 일치한다는 것이며, 곧 전체 사회의 복지에 적합하다는 것이다. 따라서 도덕적 선은 이기적인 경향과 사회적인 경향이 하나의 조화로운 균형에 도달하는 데에 놓여 있다.

만약 어떤 사람에게서 자기 자신에 대한 정상적인 배려의 범위를 넘어서는 것, 즉 공공의 이익과 불일치되는 어떤 것이 발견된다면, 이것은 모든 면에서 나쁜 혹은 악한 성향으로 평가되어야 한다. 우리가 흔히 이기심(selfish-ness)이라 부르는 것이 바로 이것이다. (…) 한편, 개인적 선을 추구하는 성향이, 비록 이기적으로 평가되는 경우라 할지라도, 실제에 있어 공공의 선과 일치될 뿐만 아니라 거기에 기여한다면, 또 그러한 성향이 공동체 일반의 선을 위한 것이라면, 그것은 결코 나쁘거나 비난받을 만한 것이 아니다. 그것은 우리의 선을 이루는 데 반드시 필요한 것으로 인정되어야 한다.[6]

이런 맥락에서 샤프츠버리는 인간 본성에 대한 홉스의 가정이 잘못되었다고 비판한다. 인간의 본성 안에는 이기적 성향뿐만 아니라 이타적 성향도 있다고 보기 때문이다. 우리가 일단 인간의 자연적 속성으로서 이기주의뿐만 아니라 이타주의를 인정하게 되면, 즉 인간을 사회적 존재로서 가정하게 되면, 우리는 사회계약이라는 개념을 필요로 하지 않게 된다. 왜냐하면 사회계약은 원래 공동체의 존립을 위협하는 이기주의를 극복하고 인위적 이타주의를 가능하게 하기 위해 고안된 것이기 때문이다. 그러므로 사회 공동체는 이기적인 개인들 간의 계약을 통해 비로소 성립되는 것이 아니라, 인간의 본질적인 사회적 성향에 근거하는 것이다. 그리고 그러한 본성의 목적은 종(種)의 보전, 다시 말하면 개인의 보전이 아니라 전체 사회의 보전에 놓여 있는 것이다.[7] 이제 샤프츠버리에게 있어서 비도덕적 행위란 어떤 절대적인 악에서 기인하는 것이 아니라, 자신의 부분적인 욕구나 감정을 전체적인 목적과 조화시키지 못한 데서 오는 것일 뿐이다.

이처럼 전체의 목적에 부합하는 것, 사회의 복지에 기여하는 것을 우리는 어떻게 알 수 있을까? 도대체 어떻게 우리는 균형과 조화를 인식할 수 있을까? 샤프츠버리에 따르면 우리는 그것을 위한 기준을 스

---

6 Shaftesbury, *An Inquiry concerning Virtue or Meret*〔이하 *Inquiry*로 약칭〕, in: *Standard-Edition*, ed. by W. Benda 外, Stuttgart, 1981 ff., 제II/2권, 56면 이하.

7 Shaftesbury, *The Moralists*, in: *Standard-Edition*, 제II/1권, 1987, 196~214면 참조.

스로 지니고 있다. 모든 인간은 '선하고 아름다운 것에 관한 선천적인 관념' 혹은 '사회적 관련성을 고려하는 어떤 자연적인 가치 의식'을 가지고 있다. 도덕 문제에 있어서도 도덕적 가치를 판별하는 어떤 도덕감 혹은 자연적인 감정[8]이 존재한다. 이것은 모든 사람이 선천적으로 지니고 있는 특별한 능력을 가리키는데, 이 능력은 우리가 도덕적 대상들(인간의 행위와 감정들)을 지각할 때 필연적으로 작용한다. 이 세상에 정상적인 사람으로서 이러한 도덕감 혹은 자연적 감정을 지니지 않은 사람은 있을 수 없다.[9]

그렇다면 이 도덕감은 실제로 어떻게 작용하는 것일까? 그것은 감각인가, 또는 감정인가? 샤프츠버리는 한편으로 도덕 인식을 감각 지각에 비유하여 설명한다. 마치 우리의 눈이 외부 대상의 형태 · 운동 · 색채 · 비율 등을 통해 그 아름다움과 추함을 구분하듯이, 마음(즉, 도덕감)은 인간의 행위 방식의 옳고 그름을 분별한다는 것이다.[10] 하지만 다른 한편으로 그는 도덕감을 특별한 감정으로 이해하기도 한다. 이 감정(affection)에는 두 가지 종류가 있다. 일차적 감정은 환경의 자극으로 직접 생겨나는 쾌 · 불쾌의 감정이며, 이차적 감정은 비슷한 상황이 반복된 결과 생겨난 다소 지속적인 감정 상태로서 시인 또는 부인의 감정이다. 그는 이것을 'reflected sense' 혹은 'reflex affection'[11]이라 표현하는데, 이는 곧 '공공의 복지와 관련되는 감정' 혹은 '사회 전체의 선과 악에 관련되는 것을 곧바로 알아보는 능력'[12]을 시사한다. 그는

---

8 이것은 때에 따라 reflected sense, sense of right or wrong, natural moral sense, the idea of sense of order and proportion, inward eye 등 여러 가지로 표현된다.

9 *Inquiry*, 69면, note 3.

10 같은 책, 66면 이하 참조.

11 같은 책, 66면.

12 같은 책, 68면.

또한 "올바르게 지향되고 조절된 어떤 고상한 열중 상태"[13] 속에서 우리는 아름다움과 선함의 가치를 직관적으로 통찰할 수 있다고 말한다.

우리가 '행위들'을 바라보자마자, 인간의 성향이나 감정들을 인식하자마자 (그것들은 대부분 느낌과 동시에 인식된다) 곧바로 어떤 내면의 눈(an inward EYE)이 판별한다. 그리고 공정하고, 보기 좋고, 호감이 가고, 칭찬할 만한 것을 보기 싫고, 불쾌하고, 혐오스럽고, 비열한 것으로부터 구분해 낸다.[14]

도덕적 통찰의 본질을 설명하기 위해 샤프츠버리는 도덕적 경험을 미적 경험에 비유하고 있다. 마치 우리가 어떤 자연물이나 예술품의 아름다움과 추함을 직관적으로 인식하듯이, 어떤 행위나 성격의 선·악 역시 이와 유사한 방식으로 인식한다는 것이다. 이러한 직관적인 미적 인식과 도덕적 인식의 관점에서 볼 때, 진정한 이해란 사물들의 체계 전체를 통찰하는 데서 가능하다. 단지 논리적 개념 체계들을 분석하거나 사실들 하나하나를 관찰하는 방식을 통해서는 참된 이해에 도달할 수 없다. 이때의 직관은 하나의 자발적·창조적·영적(靈的) 과정이라 할 수 있으며, 단순한 수동적 감각인상이나 반성, 즉 추론적 이성과는 뚜렷이 구별되는 그런 것이다.

---

13 "a noble enthusiasm justly directed and regulated"(Shaftesbury, *Miscellany*, in: *Standard-Edition*, 제I/2권, 58면).
14 Shaftesbury, *The Moralists*, 344면.

예술적 경험과 도덕감

샤프츠버리가 말하는 도덕적 직관의 의미를 더 분명히 이해하기 위해 이제 '예술적 경험'이라 부르는 현상에 관해 알아보기로 하자.

흔히 예술적 경험이란 지성이 아니라 감성에 의한 경험이라고 말한다. 다시 말해서, 우리가 대상을 지적으로 인식하는 게 아니라 감성적으로 느낄 때의 경험을 가리킨다. 가장 유명한 예술적 경험에 대한 이론은 무관심성(disinterestedness)이라는 개념에서 찾아볼 수 있다. 이 이론에 따르면, 우리가 어떤 대상을 '아무런 이해타산 없이' 바라볼 때 그 대상은 예술적으로 경험된다. 우리의 의식은 대체로 바라보는 대상에 대해서 순수한 경우가 드물다. 우리는 일상생활에서 늘 어떤 욕구, 목적, 혹은 관심사에 사로잡혀 있으며, 그렇기 때문에 대상을 볼 때에도 이러한 욕구나 목적을 충족하는 수단이나 도구로서 보게 된다. 말하자면 어떤 특정한 관점에서 대상을 바라보게 된다. 그래서 대상에 대한 우리의 경험은 단편적이고 일면적인 것이 되게 마련이다. 이에 반해 예술적 경험은 대상을 특정한 욕구나 목적에 오염된 눈으로 바라보는 것이 아니라 그러한 일체의 제약(집착)으로부터 벗어나 '있는 그대로' 대상을 바라볼 때 느껴지는 경험이다. 이때 대상에 대한 우리의 경험은 좀 더 종합적이고 구체적이고 생생한 것이 된다. 그것은 대상과의 충실한 만남의 경험이다. 다음의 예를 보자.

똑같은 대상, 예를 들어 보름달도 보는 사람에 따라 달리 보이고, 같은 사람한테도 그의 관심사에 따라 달리 보인다. 보름달은 천문학자에게는 그의 천문학 이론의 한 증거로 보일 것이고, 우주비행사에게는 언젠가는 착륙해서 탐험해야 할 장소로 보일 것이며, 밤길을 걷는 농부에게는 가는 길을 밝혀 주는 고마운 것으로 여겨질 것이다. 그러나 어떤 사람에게 혹은 어떤 때에는 달의 빛이나 모습 자체에 관심이 끌리는 경우가 있을 것이다. 이때 그 사람에게는 보름달이 실용적인 수단이나 도구로서가 아니라 그냥 그 대상 자체로만 나타난 것이다. 보름달은 시인에게 아름다운 것, 매혹적인 것, 혹은 신비로운 것으로 보일 때가 있다. 그리고 누구나 정도의 차이는 있을지라도 순간적이나마 시인이 될 수 있다. 이와 같은 시인의 경험은 무관심성의 경험이라 불리어질 수 있다. 이러한 무관심성의 경험이 바로 예술적 경험의 본질을 이룬다.[15]

예술적 경험을 통해 우리는 대상을 일상적 · 현실적 · 과학적 차원에서가 아니라 비일상적 · 비실용적 · 비과학적 차원에서 만나고, 그 전에는 맛볼 수 없었던 새로운 느낌, 충만감, 생명감을 경험한다. 이를 통해 우리는 독특한 즐거움과 기쁨을 또한 맛본다. 왜 예술적 경험은 즐거움과 기쁨을 동반하는 것일까?

이성과 언어를 가진 유일한 동물로서 인간은 다른 동물과 달리 자연과 어느 면에서 대립해서 살아가는 문화적 동물이다. 이와 같은 문화적 존재로서 인간은 물질적으로는 매우 편리한 삶을 살 수 있게 되었지만, 그 대신 비싼 대가를 치러야 했다. 그것은 바로 자연으로부터, 우주 전체로부터의 소외이다. 인간이 아무리 이 우주 안의 다른 사물들과 차별화된 존재라 해도, 그 역시 자연의, 우주의 한 부분에 불과하다. 그래서 자연과, 우주와 하나가 되어야만 비로소 완전한 조화를 찾을 수 있는 것이다. 아무리 그가 자연과 동떨어진 문화생활을 한다 해도, 아니 그러면 그럴수록 더 자연으로 돌아가 자연과 일치해서 조화를 이루고 싶

---

15   박이문, 《시와 과학》, 일조각, 1983, 153~154면.

은 욕망을 갖게 된다. 예술을 통해서 느낄 수 있는 질서는 자연과 조화를 이루고자 하는 동물로서의 인간이 이성으로서의 인간에 앞서 느끼는 질서이다. 따라서 예술적 경험은 전(全) 인간으로서의 충족감과 즐거움을 동반하게 되는 것이다. 분명히 인간은 한편으로 이성적 존재로서 자연과 논리적 관계를 맺고 있고, 실천적 존재로서 자연과 실용적 관계를 맺고 있다. 그러나 다른 한편으로 인간은 하나의 살아 있는 생명체로서 이성이나 목적을 통해 분리될 수 없는 전체로서의 자연과 '살아 있는 관계'를 맺을 수 있다. 예술적 경험은 다름 아니라 인간이 자연과 살아 있는 관계를 맺는 데서 생기는 경험이다. 이는 곧 인간이 자연과 화해하는 순간이다.[16]

예술적 경험 속에서 나(주체)와 대상(객체) 사이의 구분은 사라진다. 나는 대상이 되고 대상은 내가 된다. 나와 대상은 하나가 된다. 예술적 경험은 나와 대상 간의 '참된 만남'의 경험이다. 다음 시조는 이러한 경지를 잘 보여 준다.

청산도 절로절로 녹수도 절로절로
산(山) 절로 수(水) 절로 산수 간에 나도 절로
이 중에 절로 자란 몸이 늙기도 절로 하리라[17]

이제 우리는 예술적 경험에 대한 이해를 통해 도덕감 윤리학의 과제를 좀 더 분명히 알 수 있게 되었다. 그것은 과학적 세계관에 의해 사물화(事物化)된, 그리고 자의식의 발달로 말미암아 타자로부터 소외된 인

---

16   같은 책, 160면 이하 참조.
17   작자 미상.

간관계를 회복하는 것이다. 자기 관점만을 고집하는 완고한 자기중심성으로부터 벗어나 다른 사람의 기쁨과 고통을 경험하는 능력을 증진하는 것이다. 우리의 무디어진 감수성을 되살려 타인의 입장을 더욱 생생하게 이해함으로써 공동체의 삶에 참여하는 것이다. 단지 자기 욕심을 관철하는 법만을 배우고 자기 자신 외에는 어떤 것에도 관심을 갖지 않는 사람은 결코 행복한 사람이 될 수 없다. 왜냐하면 그는 참다운 기쁨을 모르기 때문이다.

　마지막으로 도덕 교육의 중요성을 언급하지 않을 수 없다. 우리는 뿌리 깊은 자기중심적 성향을 가지고 있어서 단지 '머리로 생각하는 것'만으로는 자기중심적 세계의 벽을 벗어나기 힘들다. 타고난 도덕감 또한 우리의 습관적인 자기 합리화로 말미암아 무디어지기 쉽다. 그러므로 마치 성숙한 예술적 이해 능력을 가지기 위해서 오랜 기간의 훈련이 필요하듯이, 우리에게 단지 하나의 미완성의 자질로서 주어져 있는 도덕감을 더욱 세련되고 확고한 것으로 만들기 위해서는 교육과 훈련이 필요한 것이다.

💬 생각해 볼 문제

1 다음 글을 읽고, 예술이 어떻게 우리의 도덕적 감수성을 불러일으
킬 수 있는 훌륭한 수단이 될 수 있는지 말해 보자.

마음이 굳은 것은 일종의 도덕적인 마비상태이며, 보다 더 심한 형태가 가
공할 정신적 질병이다. 그것은 카프카(Kafka)나 카뮈(Camus)의 소설에
묘사되어 있는 비인간적인 세계, 말하자면 모든 사람이 동료로부터 단절되
어 있는 세계에 속한다. 도덕적으로 고립되어 있고 냉혹한 자신 속에 갇힌
인간은 기계에 지나지 않는다. 우리는 우리가 이러한 병에 걸리지 않았다
고 생각하고 싶어 하지만, 모든 사람은 자신의 굴레라는 저주로 고통받고
있다. 사람은 자신의 육체에 의해 감금되어 있고, 자신의 눈을 통해서만 보
며 자신의 감정을 느낄 뿐이다. 사람은 결코 자신 이외의 다른 사람들의 즐
거움과 경험을 직접적으로 체험할 수 없다. 만약 '원죄'라고 불리는 것이
존재한다면 그것은 이러한, 말하자면 모든 사람이 태어날 때부터 타고난
자기중심적인 상태를 말하는 것이리라. 자기중심적인 존재임과 아울러 인
간은 집단중심적인 존재이어서 인종·국가·계급·종교의 집단적인 편견
들에 둘러싸여 있다. 결국 굳어진 마음과 잔인함은 그것들 느낌대로의 정
의감을 가지고 악을 행하게 되는 것이다.

　우리는 '상상적 투사'의 힘에 의해 자기중심적이고 집단적인 편견에서
벗어날 수 있으며, 공감(sympathy)과 생생한 인식력에 의해 자신의 개인
적인 본성으로부터 탈피할 수 있다. 미적인 경험을 통해 우리는 다른 사람
이나 사물과 접촉할 수 있으며 그들의 명확하고 독특한 자질을 감상할 줄
알게 된다. 예술은 죽어 있는 추상물이 아니라 살아 있는 감각을 전달해 주
는 존재이다. 헤겔의 말처럼, 예술은 "다른 사람에게서 자신을 깨닫게 해

주는 존재"의 한 수단이다. 냉정한 이성은 상상력과 감정이 도와주지 않는
한 우리의 도의심을 움직일 힘이 없다. 그러므로 예술은 과학보다 우리의
공감을 불러일으키고 우리의 도덕적인 맹점을 움직이게 해 주는 위대한 문
화적인 수단이다. 예술은 그것 없이는 심원하고 생생한 도덕성이 있을 수
없는 감정의 공동체가 창조되는 것을 도울 수 있다. (…)

　우리는 위대한 상상력의 조명등을 멀고 낯선 것에까지 돌려서 우리 가까
이에서 지각되고 있는 사물들처럼 분명하게 그것들을 비추어야 한다. 예술
의 도덕적인 기능은 상상력으로 하여금 이러한 생생한 열정을 불러일으키
게 하는 데 있다.[18]

2 다음과 같은 제인 구달(Jane Goodall)의 체험을 통해 우리에게 부족
한 것이 무엇인지, 우리가 잃어버린 것이 무엇인지 생각해 보자.

우리가 인간으로 존재하는 한은 인간적 관점, 즉 세계에 대한 인간적 견해
에 갇혀 있게 된다. 현실에서는 〔사실상 우리는〕 다른 문화의 관점, 혹은
이성(異性)의 관점으로 세계를 보는 것조차도 어렵다. (…) 데이비드〔침팬
지의 이름〕와 그의 친구들에 대한 이해가 커져 가면서 인간이 아닌 다른 생
명체에 대해 늘 가져왔던 경외심도 깊어졌다. 그리고 이 세계 속에서 침팬
지뿐만 아니라 우리 자신의 위치에 대해서도 새롭게 이해하게 되었다. 침
팬지와 비비 원숭이들과 함께 새와 벌레들, 활기에 넘치는 숲의 풍부한 생
명체들, 결코 멈추지 않고 바쁘게 흐르는 거대한 호수의 물, 셀 수 없이 무
수한 별과 태양계의 행성들은 하나의 전체를 형성한다. 모든 것은 하나이

18　멜빈 레이더 · 버트람 제섭(김광명 역), 《예술과 인간가치》, 이론과실천, 1987,
306~308면.

며, 모든 것은 거대한 미스터리의 일부분이다. 그리고 나 역시 그 일부이다. 평온이 나를 감쌌다. '여기는 내가 속한 곳이다. 이 일이 내가 세상에 태어난 이유이다'라는 생각이 점점 더 자주 들었다. 곰베〔탄자니아의 지명〕는 내가 떠들썩한 문명 세계에 살았을 때, 가끔 오래된 성당에서 느꼈던 것과 유사한 평온함을 가져다주었다.[19]

3 다음 글을 읽고, 어떤 대상에서 아름다움을 느낄 수 있는 조건은 무엇인지 이야기해 보자.

아름다운 사물을 접했을 때 그것과 하나가 되어야 합니다. 나와 그 대상이 하나가 될 때, 그 대상이 지니고 있는 가장 오묘한 아름다움을 캐낼 수 있고 만날 수 있습니다. 모든 예술품은 그것을 만든 사람에 의해 완성되는 것이 아닙니다. 어떤 예술가도 자기 작품에 100퍼센트 온전한 아름다움을 집어넣을 수 없습니다. 나머지 절반은 소장자에 의해, 감상하는 사람에 의해, 그 대상을 사랑하는 사람에 의해 채워집니다. 하나의 음악이 완성을 이루려면 작곡가나 연주자와 듣는 사람이 하나가 되어야 합니다.

　우리가 아름다운 사물을 보고 인식하고 경험하려면, 그것이 도자기이든 그림이든 건축물이든 우리 존재가 그것과 하나가 되어야 합니다. 모든 분별을 떠나서, 욕심을 떠나서 하나가 될 때 아름다움의 극치를 경험할 수 있습니다.[20]

19　제인 구달(박순영 역), 《희망의 이유》, 궁리, 2003, 117~119면.
20　법정, 《일기일회》, 문학의숲, 2009, 92면.

제5장

도덕적 질병과 사랑

다음은 아직 첫사랑의 경험이 없는 한 여성과 첫사랑의 실패로 쓰라린 상처를 안고 살아가는 그녀의 친구와의 대화이다.

"나도 언젠가는 진정한 사랑을 한번 해보고 싶어."

"(차갑게 웃으며) 이 세상에 진정한 사랑 같은 건 없어. 물론 그런 게 있다고 생각하는 사람도 있겠지. 그러나 그건 착각에 불과해. 사람은 누구나 자기 욕심이 있게 마련이고 따라서 상대방을 자기 욕심의 눈으로 바라볼 수밖에 없는 거야. 사람이 아무리 헌신적인 것처럼 보여도 그건 그 욕심을 채울 때까지일 뿐이야. 그러니까 진정한 사랑이란 인간의 꿈이라고나 해야겠지."

"왜 너는 꼭 그렇게만 생각하니? 세상 사람이 다 그런 건 아니야. 너도 이제 좋은 사람 만나면 생각이 바뀔 거야. 한 번 실망스런 경험을 했다고 해서 그렇게 단정적으로 말할 필요는 없잖아?"

"아니, 그렇지 않아. 사랑에 관한 한 세상 사람들은 다 어느 정도는 속고 살고 있는 거야. 진정한 사랑 같은 건 있을 수 없어. 아니, 없는 게 더 나아. 그런 신화를 좇으며 부질없는 기대를 가지고 사는 것보다는 이렇게 담담하게 사는 게 나는 더 좋아. 어쨌든 내 앞에서 더 이상 그런 화제는 꺼내지 마. 나는 내 식으로 사는 것으로 족하니까."

도덕적 무감각

인간이 도덕적으로 되는 것, 자기중심적 태도를 벗어나 남을 배려하는
것, 그리고 공동체를 위해 자기 이익을 희생하는 것이 쉽게 되는 일이
라면, 우리 사회는 지금보다 훨씬 살기 좋고 평화로운 곳이 되었을 것
이다. 그러면 도덕 교육의 필요성도 없을 것이다. 하지만 우리는 그것
이 쉽지 않다는 것, 참으로 힘겨운 과제라는 것을 잘 알고 있다. 다음의
예를 보자.

> (어느 초등학교 교실에서의 일이다. 덩치가 큰 학생 하나가 자주 다른 학생
> 들을 함부로 때리고 다니므로 담임선생님이 불러서 주의를 주었다.)
> 담임: 너는 왜 아이들을 때리고 다니니?
> 학생: 왜 때리냐뇨? 나는 때리는 사람이고, 쟤네들은 맞는 사람이에요.
> 담임: (어이가 없다는 표정으로) 너 아무래도 단단히 혼이 나야 되겠구나.
>   네게 맞을 때 다른 아이들이 어떤 심정일지 네가 깨달을 수 있도록 이
>   번에는 네가 선생님한테 맞아 보아야겠다.
> 학생: 싫어요. 쟤네들은 바보니까 맞는 거예요. 나는 쟤네들하곤 다르단 말
>   예요.

위와 같은 학생의 태도에 대해서 우리는 그 애가 아직 어리고 철이
덜 들었기 때문에 그렇다고 말할 수도 있을 것이다. 하지만 이러한 행
동 방식이 반드시 어린이에게만 나타나는 것은 아니다. 들켜서 처벌받
거나 불이익을 받지만 않는다면 언제든 법과 규범을 어겨서라도 자기
좋을 대로 행동하는 사람을 우리는 주변에서 볼 수 있다. 또 자기 행동
으로 말미암아 남이 어떤 피해를 입든 아랑곳하지 않는 사람도 찾아볼

수 있다. 이런 사람에게는 도덕규범이 별 의미가 없다. 그에게는 '내가 하고 싶은 일', '내게 좋은 일' 이외에 다른 의미의 선이나 악은 존재하지 않는다. 이것은 일종의 무도덕주의(amoralism)[1]이다. 자식에 대한 어머니의 사랑, 이웃의 생명을 구하고 대신 죽은 용감한 시민의 희생, 상습적 사기꾼의 파렴치함, 부동산 투기를 일삼는 사람의 술수, 이런 것들 사이에 존재하는 가치의 차이를 전혀 지각할 수 없는 사람들을 합리적 논증을 통해 설득할 수는 없다. 이런 부류의 사람들은 사회생활을 위한 기본적 자질이나 경험 능력을 결여하고 있다. 그래서 이들과 관련된 일은 도덕의 영역에서가 아니라 법의 영역에서 다루는 편이 낫다고 말할 수 있을 것이다.

악의 기원

그러나 대부분의 사람들은 이렇게 처음부터 도덕을 무시하지는 않는다. 사람들은 대체로 자기의 행동을 도덕적으로 정당화하려 한다. 어떤 의미에서 사람들은 모두 '좋은 의도'를 가지고 행위한다고 말할 수 있다. 누구도 나쁜 것을 원하지는 않는다. (자기가 보기에) 나쁜 것을 왜 원하겠는가? 모든 사람은 무엇인가 긍정적인 것, 좋다고 여겨지는 것을 원한다. 예를 들어, 도둑질을 하는 사람도 '자기 자식을 먹이기 위하여'라든가 '더 어려운 사람에게 나누어 주기 위하여'라는 '좋은 의도'를 내세울 수 있다. 그러므로 좋은 의도라는 말만으로 행위가 도덕

---

1 '도덕적(moral)'이라는 말과 상반되는 것으로서는 '도덕과 무관한(nonmoral)', '무도덕적(amoral)', 그리고 '비도덕적(immoral)'이라는 표현이 있다.

적이 되는 것은 아니다. 만일 모든 행위가 오직 좋은 의도에 의해서만 정당화된다면, 그 경우 가장 죄 없는 사람은 자기 행위의 부정적 측면에 대한 생각을 가장 완벽하게 의식적으로 회피한 사람일 것이다. 도덕적으로 허용되지 않는 일, 결코 해서는 안 될 어떤 일을 하려는 사람은 대개 그 일의 부정적 측면을 외면하고 오로지 긍정적 측면만을 보려고 한다.

그러므로 의지가 참으로 양심적·도덕적이라 불릴 수 있는 경우는, 행위의 모든 측면을 똑바로 바라보도록 우리 의식이 깨어 있을 경우, 다시 말해서 의지가 소위 좋은 의도라는 명분으로 스스로를 속이지 않는 경우뿐이다. 이런 점에서 보자면 악이란 '깨어 있기를 거부하는 것'으로 규정할 수 있다. 악한 행동을 하는 자는 말하자면 도덕의식이 잠자고 있는 자, 즉 자기가 무엇을 하고 있는지를 모르는 자라고 할 수 있다. 그런데 문제는 그가 도무지 알려고 하지 않는다는 것이다. 악의 기원은 바로 여기에 있다.[2] 영화나 만화에서 볼 수 있는 것과 같은 본래적인 악의에서 나오는 것이 아니다.

이처럼 도덕적 선이란 현실을 왜곡하지 않고 바라보는 통찰력과 관계가 있다. 하지만 우리의 통찰력은 여러 가지 요인에 의해 흐려지기 쉽다. 순간적인 욕심, 육욕, 권력욕, 이상 등이 그것이다. '이상(理想)'도 악의 원인이 되는가? 다음의 예를 보자.

나도 테러를 하면 무고한 사람이 죽을 수 있다는 것을 잘 안다. 하지만 나의 행동은 막강한 절대악과의 싸움에 있어 약자가 선택할 수 있는 마지막 수단

---

2   슈페만(박찬구·류지한 역), 《도덕과 윤리에 관한 철학적 사유》, 철학과현실사, 2001, 132~133면 참조.

이다. 무고한 자의 희생은 가슴 아프지만 대의를 위해 불가피하다는 점을 이해해 달라. 이것은 정의와 이상의 실현, 그리고 더 나은 미래를 위한 불가피한 선택이다.

테러리스트는 자신의 테러로 공포를 확산시킴으로써 자기 이상을 충족한다. 하지만 그는 그의 행동이 당하는 편의 사람에게 무엇을 의미하는지 주목하기를 거부한다. 사실 이것은 테러리스트에만 해당되는 것은 아니다. 우리 모두에게도 어느 정도는 해당된다. 우리는 언제나 그럴듯한 정당화의 명분을 내세워 우리의 고상한 충동의 대가를 다른 사람으로 하여금 고스란히 치르게 하면서도 그 사실로부터 우리의 주의를 돌리려 하고 있지는 않은가? 다음 글을 보자.

2차 세계대전 중 민간인 거주지에 대한 연합군 측의 폭격을 정당화하기 위해 사용했던 이유로서 '극도의 비상사태'라는 말이 있다. 극도의 비상사태라는 이유로 정당화되었던 폭격작전에 가담한 사람들이 다음과 같은 이야기를 들었다고 가정해 보자. 즉, 여러분이 폭격에 참여하면 임산부의 창자를 도려 내고, 노인의 다리를 부러뜨리고, 어린 소녀의 얼굴을 볼품없이 망가뜨리고, 도시를 지키려는 소방관들을 죽이고, 아이들을 장님으로 만들고, 젊은 이들과 노인들을 정신질환 상태에 빠뜨리고, 고양이와 개들을 산 채로 태워 죽이게 될 것이라고 말이다. 폭격에 가담한 사람들이 이 처참한 결과들을 직접 목격한다고 해도 이 임무를 수행할 수 있을까?

그러나 그들은 이 처참한 결과는 원래의 목적이 아니라고 항변할지도 모른다. 즉, 그러한 결과는 예견될 수 있는 것이기는 하지만 의도된 것은 아니라고 말이다. 한편 처칠은 그 집중 폭격은 독일 사람들로 하여금 '그들이 인류에게 안겨 주었던 쓰디쓴 불행의 약을 맛보고 삼켜 보도록 하려는 것'이었다고 솔직히 말한 바 있다. 그러나 누가 인류에게 불행을 안겨다 주었단 말인가? 독일의 어린이들이? 임신한 어머니들이? 노인들 · 환자들 · 정신박약자들이? 비전투원이나 무고한 사람들을 폭격했던 책임으로부터 벗어나기 위해서는 '무고하다'는 의미를 다시 규정할 필요가 있었을 것이다. 폭격을 옹호하는 사람들은 독일인 중 무고한 사람은 없다고 선언했다. 왜냐하면 모든 독일인은 나치 참사와 관련되어 있기 때문이라는 것이다. 한편으로 보자면, 우리 모두가 우리 시대에 일어난 사건들에 일부 책임이 있다는 것은 사실이다. 그러나 다른 한편으로 보자면 이것은 완전히 터무니없는 주장이다. 설령 그 아이가 히틀러의 아들이라 할지라도, 그는 나치의 범죄에 대한 책임이 없기 때문에 무시무시한 보복을 받아서는 안 된다.[3]

광신자와 냉소주의자

이상이 지나치면 광신이 된다. 광신자(fanatic)는 오로지 자신이 설정한 이상의 실현에 모든 의미를 부여하는 사람이다. 그는 이 이상에 맞추어 현실의 기본틀을 바꾸려 시도하되, 그것이 불가능할 경우 차라리 모든 것을 파괴하기를 원한다. 자기 행동의 도덕적 한계를 인정하지 않는 모든 혁명가는 광신자이다. 왜냐하면 그는 자기의 행동을 통해서만 이 세상에 의미가 생길 수 있다고 생각하기 때문이다. 반면 도덕적 입장은 세상에는 이미 의미가 있으며 그것은 모든 개개 인간의 존재에서 비롯하는 것이라는 깨달음에서 출발한다.

---

3   넬 나딩스(추병완 · 박병춘 · 황인표 역), 《배려교육론》, 다른우리, 2002, 192~193면.

　　광신자의 반대는 냉소주의자(cynic)이다. 냉소주의자는 현실에 대항하여 이상 편을 택하는 것이 아니라 이상에 대항하여 현실 편을 택한다. 그는 이상에 관심이 없다. 그는 마치 아웃사이더처럼 모든 행위를 기계적이고 결정론적인 관점에서 바라본다. 냉소주의는 이데올로기에 의해서도 흔들리지 않는다. 이데올로기는 최소한 형식적으로라도 정의 같은 도덕적 원칙을 인정하고 또 어느 정도 열정을 내포하기도 한다. 그래서 이데올로기를 신봉하는 자와는 논쟁을 벌일 수 있다. 그러나 냉소주의자와는 논쟁할 수가 없다. 왜냐하면 그는 처음부터 현실에는 아무 의미가 없다는 입장을 취하고 있기 때문이다. 광신자는 입에 거품을 물고 덤비는 반면, 냉소주의자는 차갑게 웃는다. 처음에는 광신자였던 사람이 세월이 지나가면 냉소주의자가 되기도 한다. 자신의 이상을 위해 싸우는 과정에서 현실의 높은 벽을 경험했기 때문이다.[4]

　　광신자와 이상주의자는 비슷한 데가 있다. 우리를 둘러싸고 있는 현실이 결국 무의미하다고 보는 점에서 그렇다. 하지만 우리는, 현실을 긍정할 때에만 비로소 의미 있는 행동이 나올 수 있다는 것을 안다. 의미를 찾고 있는 광신자에게 우리는 이것을 설득할 수 있을 것이다. 그러나 냉소주의자에게는 불가능하다. 극단적 회의주의자나 마찬가지로 그에게는 논증이 먹혀들지 않는다. 우리는 그를 그냥 내버려 둘 수밖에 없다. 물론 그가 다른 사람들에게 해를 끼친다면 그와 싸워야 하겠지만 말이다. 누군가가 그에게 도움을 줄 수 있는 유일한 방법은, 논증적 방식이 아닌 다른 방식으로 그에게 의미의 세계를 열어 주거나 가치를 경험하도록 해 주는 것이다. 아마도 사랑이 그를 도울 수 있겠지만, 오직 그가 그 도움을 원할 때에만, 그리고 냉소주의는 인간으로부터 삶의 의

4　슈페만,《도덕과 윤리에 관한 철학적 사유》, 154~156면 참조.

미를 빼앗는 병이라는 사실을 그가 깨달을 때에만 가능하다.[5]

냉소주의: 현대의 질병

사람이 살아가면서 참으로 행복하다고 느끼는 때는 언제일까? 그것은
아마도 진심으로 나를 이해해 주고 사랑해 주는 사람들과 무언가를 함
께 누릴 때가 아닐까? 서로를 따뜻한 이해의 눈으로 바라보며 사랑을
주고받는 가운데 사람은 참으로 행복감을 맛볼 수 있는 것이 아닐까?
어쩌면 우리는 무의식적으로라도 늘 이러한 삶을 원하고 있는 것이 아
닐까? 만일 이것이 사실이라면 우리의 냉소는 기대의 좌절에서 오는
것일 것이다. 쓰라린 상처 때문이다. 그것은 더 이상 상처받지 않기 위
해서 두꺼운 방어벽을 쌓은 결과이다. '진정한 사랑이란 원래 없는 것'
이라고 선언해 버림으로써 우리는 쓸데없는 기대를 가질 필요가 없어
지고, 기대의 좌절에서 오는 고통을 피할 수 있다. 이제 우리는 각자 저
만의 두꺼운 벽 속에 들어앉아 자족하는 삶을 모색할 수밖에 없다. 혹
시 타인들과 마음을 나눌 기회가 와도 자기의 중심은 그대로 놓아둔 채
서로 촉수만을 뻗어 교류하면 그만이다. 남에게 보여 주고 싶은 연출된
나의 모습을 보여 주면 된다. 공연히 진심을 내보여 남에게 부담을 주
고 또다시 스스로 상처받는 위험을 무릅쓸 필요가 없다. 이렇게 부담
없고 세련된 교류가 피차에 편한 것이 아니겠는가?

자신의 진심을 보여 주었다가 배신당하고 입은 상처는 감당하기 어
렵다. 그래서 마음의 문을 닫게 된다. 자신을 지키기 위해서다. 혹시 누

---

5   같은 책, 156면 이하.

군가 문을 두드리기라도 하면 더욱 문을 단단히 걸어 잠근다. 이리하여 서로서로를 소외시키는 가운데 우리의 마음은 점점 메말라 간다. 우리는 소심해지고 더 이상 다른 사람을 사랑할 힘을 잃어버리고 만다. 하지만 겉으로는 꽤 사교적이다. 나의 외로움, 나의 하소연을 들어 줄 사람이 필요하기 때문이다. 그러나 저마다 자기 이야기를 하기에 바쁠 뿐, 남의 이야기를 들어 주거나 진심으로 공감해 주는 사람은 없다. 남의 입장을 진정으로 이해하기에 필요한 주의집중과 관심을 기울일 에너지가 남아 있지 않기 때문이다. 그래서 우리는 사람들 속에 놓여 있어도 외롭다. "현대인은 모두 보채는 어린아이와 같다"는 말이 있다. 저마다 자기에게 관심을 가져 달라고, 자기를 이해해 달라고, 자기를 좀 위로해 달라고 외치지만, 정작 남에게 관심을 갖고, 남을 이해하려 하며, 남을 위로해 주는 사람은 없다는 것이다. 남의 말을 안 들어 주는 사람 말을 누가 들어 줄 것이며, 남에게 진정으로 관심을 보이지 않는 사람에게 누가 진정으로 관심을 가져 준단 말인가?

　냉소는 병이다. 만일 현대에 냉소주의가 만연되어 있다면 현대는 병든 시대이다. 냉소라는 병은 사랑으로 치유될 수밖에 없다. 이제 우리는 남아 있는 마지막 에너지를 모아 사랑의 공동체를 재건하는 길을 찾아야 한다.

죄와 용서, 그리고 사랑

그리스 철학자 아낙시만드로스(Anaximandros)는 "모든 존재는 시간의 질서에 따라 자기가 생겨난 곳으로 되돌아가서 사라지며, 그렇게 함으로써 그들은 자기가 저지른 잘못에 대해 서로서로 속죄를 한다"고 말했다. 아낙시만드로스의 말은 의미심장하다. 존재하는 모든 것은 공간을 차지하는데, 그것은 그가 다른 존재들로부터 빼앗은 것이다. 그는 단지 존재한다는 것만으로 죄가 되며,[6] 자기에게 허락된 시간이 지난 후 다른 존재에게 자리를 내어 줌으로써 자기 죄의 대가를 치르는 것이다. 설사 '단지 존재한다는 것만으로도 죄가 된다'는 생각을 받아들이지 않는다 하더라도, 인간이 자기중심적 관점을 완전히 극복할 수 없다는 사실만은 여전히 남는다. 우리는 모두 맹점을 가지고 있고, 어떤 측면을 보지 못하는 타고난 어리석음을 지니고 있으며, 어떤 방식으로든 서로서로의 발을 밟고 있다. 그래서 누구의 죄가 더 크고 누구의 죄가 더 작은지를 분명히 가릴 수는 없다. 악의 뿌리는 깨닫지 못하는 데 있다고 말한 바 있다. 이러한 망각이 의도적이든 의도적이 아니든 간에 우리는 서로서로 죄를 짓고 있는 것이다.[7]

우리는 죽음으로써 그동안 저지른 죄의 대가를 지불한다고 아낙시만드로스는 말했다. 이런 의미에서 모든 존재가 예외 없이 죽는다는 것은 하나의 축복이다. 참으로 공평한 신의 심판이기 때문이다. 삶에 미련이 많은 자일수록 죽음은 고통스러울 것이다. 삶이 너무 고통스러웠던 자에게 죽음은 하나의 해방일 것이다.

그러나 우리로 하여금 최종적으로 대가를 치르도록 하는 차가운 정

---

6   이러한 표현은 언뜻 인간의 원죄를 연상시키지만, 사실은 좀 더 구체적인 의미를 담고 있다. 모든 생명체는 에너지를 필요로 하며 이를 위해 영양을 섭취하여야 한다. 그런데 식물과 달리 동물은 이러한 영양소를 스스로 만들어 내지 못한다. 따라서 반드시 다른 생명체를 먹음으로써만 생명을 유지할 수 있다, 다시 말해 다른 생명체를 희생시키지 않고는 살아갈 수 없다. 자기가 살기 위해서 똑같이 살고 싶어 하는 다른 생명을 죽일 수밖에 없는 것이 생명체로서의 우리의 운명이다. 이런 의미에서 우리는 단지 존재한다는 것만으로도 죄를 짓고 있는 셈이다. 우리는 어쩔 수 없는 업보를 지닌 존재이다.

7   슈페만, 《도덕과 윤리에 관한 철학적 사유》, 145면 이하.

의의 수레바퀴 이상의 무엇인가가 있다. 우리에게는, 자기 자신의 한계를 죄로 인정하며 다른 사람들에 대한 자신의 무지를 깨닫고 용서를 구할 수 있는 가능성이 남아 있는 것이다. 결국은 모두 사라져 버릴 존재들이므로 우리는 서로를 연민의 눈으로 바라볼 수 있다. 정의만 있는 것이 아니라 용서와 화해도 있다. 이 세상에는 완전히 선한 사람도 완전히 선한 삶도 있을 수 없기 때문에 우리 모두는 관용과 용서를 필요로 한다.[8]

우리의 삶은 수많은 사람들 사이의 이해관계와 애증으로 얽혀 있다. 그래서 우리의 마음속은 바람 잘 날이 없다. 우리는 습관적으로 이해관계를 따지고, 자신에게 행한 바에 따라 다른 사람을 평가하며 그들에 대한 호 · 불호의 감정을 가지고 산다. 그러나 세월이 지나간 뒤 되돌아보았을 때 끝까지 남아 있는 것은 돈도 이익도 계산도 전략도 아니다. 오직 우리가 주고받았던 '사랑의 빚'만 남는다. 이해관계를 넘어서 진심으로 상대를 이해해 주고 배려해 주었던 사랑만 남는다.

누구를 사랑한다는 것은 "내게 있어서 그대는 죽지 않는다"는 선언이다. 인간들에게 영혼의 불멸이니 죽은 이의 부활이니 내세의 환생이라는 윤회를 믿으려는 희망은 사랑의 이 본능에서 오는 갈구이다. 인간 모두의 타고난 이 갈증은 헛되지 않으리라는 기대가 인류의 종교심을 유지시키고 있다.[9]

우리는 우리가 지금과 같은 모습으로 살고 있는 것, 이렇게 걸어 다닐 정도로 건강하고 남부럽지 않은 환경에서 공부하고 일할 수 있으며

---

8 같은 책, 146면.
9 성염 외, 《인간이라는 심연》, 서강대학교 철학연구소 · 철학과현실사, 1998, 98면.

아쉬울 때 하소연할 친구도 있는 것이 스스로의 능력 때문이라고 생각하기 쉽다. 하지만 조금만 생각해 보아도 이것은 터무니없는 생각이다. 우리는 스스로 원해서, 스스로의 능력으로 이 세상에 태어났는가? 우리가 어려서 엄마 젖을 먹고 할머니 등에 업혀 자고 이웃의 보살핌을 받은 것은 우리가 잘나서, 그럴 만한 자격이 있어서 그런 것인가? 분명히 아니다! 우리는 아무런 분별도 능력도 없었던 유아 시절부터 주위 사람으로부터 무수하게 무조건적인 사랑을 받았다. 이렇게 알게 모르게 받아 온 사랑 덕에 우리는 지금처럼 '정상적인' 사람으로 성장할 수 있었던 것이다(이른바 '정상'이 된다는 것도 사실 얼마나 힘든 일인가?). 겉보기에 아무런 부족함이 없어 보여도 단 한 번의 마음의 상처 때문에 이른바 '문제아'가 될 수도 있는 것이 인간임을 생각할 때, 우리는 참으로 많은 행운을 누려 온 셈이다. 그러므로 우리가 지금 이 모습으로 이 자리에 있을 수 있는 것 자체가 모두 누군가의 사랑을 받은 결과라고 할 수 있다. 현재 우리가 가진 모든 것, 우리가 성취한 모든 것은 지금까지 우리가 받은 사랑의 집적체일 뿐이다. 이를 깨닫지 못한다면 우리는 어리석은 사람이다.

이 세상에는 두 가지 종류의 사람이 있다. 하나는 내가 죽으면 이 세상도 끝이고 더 이상 아무 의미도 없다고 생각하는 사람이다. 다른 하나는 내가 죽어도 이 세상은 여전히 의미가 있으며, 나의 자식, 나의 친구, 나의 이웃, 나의 나라가 계속 살아남아서 더욱 잘 되기를 바라는 사람이다. 여러분은 어느 쪽인가? 만일 전자라면 여러분은 냉소주의자이자 허무주의자이다. 만일 후자라면 여러분은 사랑을 아는 자이다. 그리고 희망을 가진 자이다.

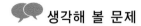 **생각해 볼 문제**

1 다음 글을 읽고, 우리의 육식습관과 관련하여 '우리는 살아가면서
늘 죄를 짓고 있다'는 말의 의미를 생각해 보자.

나의 친구들 대부분은 고기를 먹는데, 고기를 먹는 사람들은, 살아 있는 동
안 행복했으며 도살과정에서 가능한 한 적은 고통을 경험한 동물들의 고기
를 먹을 수 있어야 한다. 그리고 살아 있다가 우리를 위해 죽은 그 피조물
의 영혼을 위해서 기도를 할 수도 있지 않을까? 옛날 사람들은 그렇게 하
였다. 〔원주민 사회의〕부족민들은 아직도 그렇게 한다. 자연 세계와의 교
감, 모든 생명을 관통하는 영적인 힘과의 교감을 가져오는 이러한 사소한
것들을 통해, 우리는 좀 더 도덕적으로 영적으로 발전할 수 있을 것이다.[10]

2 다음 글을 통해 사랑의 에너지를 가진 한 NGO 요원의 심정을 함
께 느껴 보자.

돌아오는 길에 한 마을에 들렀다. 마을 한켠, 두세 살쯤 되어 보이는 아이
들 열 명 정도가 나무 그늘에 앉거나 누워 있었다. 벌거벗은 아이들의 몸에
는 너나 할 것 없이 콩알만 한 부스럼이 나 있었다. 가려움을 견디지 못해
마구 긁었는지 그 부스럼이 터져 아이들은 온통 피고름 범벅이다. 새뮤얼
말로는 저 아이들은 십중팔구 모자(母子) 감염으로 에이즈에 걸렸고, 영양
상태까지 좋지 않아 저렇게 피부병이 심한 거라고 설명해 주었다. 아이들
과 눈이 마주쳤다. 다음 순간, 아이들 중 한 명이 무슨 힘이 났는지 벌떡 일

10   제인 구달(박순영 역), 《희망의 이유》, 궁리, 2003, 278면.

어나 안아 달라는 듯 내 쪽으로 두 팔을 벌리고 달려오는 게 아닌가. 그 뒤로 와아 하며 다른 아이들도 일제히 따라 일어났다.

아, 갑자기 밝아진 저 아이들의 얼굴을 보라! 내게로 달려오는 그 피고름 덩어리 아이들을 한 명씩 꼭 안아 주지 않을 수 없었다. 내게 안긴 것이 너무 좋아서 목이 뒤로 넘어가는 아이들, 신나게 엉덩이춤을 추는 아이들, 그 옆에서 배실배실 웃는 아이들…. 모두 예쁘다!

우리 단체 현장 매뉴얼에는 에이즈 감염이 의심되는 아이들을 안아 주지 말라고 쓰여 있다. 자신도 모르는 작은 상처를 통해 에이즈에 감염될 확률이 1백만분의 1이라도 있기 때문이다. 그러나 반가워서, 좋아서, 신나서 내게 두 팔 벌리며 달려오는 아이들을 내칠 수는 없다. 그렇다면 그게 무슨 긴급구호 요원인가. 그냥 돈 받은 만큼만 일하는 월급쟁이지. 그러다가 만에 하나 죽게 된다고 해도 아쉬울 것 없다. 그럼 긴급구호 요원이 사우나 하다 죽으랴? 현장에서 일하다 장렬히 전사해야 마땅하지.[11]

11   한비야, 《지도 밖으로 행군하라》, 푸른숲, 2005, 87~88면.

제6장

도덕과 종교

사실 '나'는 이 지구상에 살고 있는 수십억 명의 인간 중 하나일 뿐이며, 광대한 우주에 비한다면 그야말로 한낱 먼지에 불과한 것인지도 모른다. 또, 태초부터 흐르는 시간의 유구함에 비한다면 내 인생은 마치 한 순간의 섬광과도 같이 짧은 것인지도 모른다. 내가 태어나기 전에도 세상은 있었고, 내가 죽은 후에도 이 세상은 여전히 존재할 것이다. 그렇다면 '나'는, 잠시 풀잎에 맺혀 있다가 해가 뜨면 사라져 버리는 이슬이나, 거대한 우주의 수레바퀴가 굴러가는 가운데 우연히 생겨났다가 우연히 사라져 버리는 먼지 같은 존재에 불과한 것은 아닌가? 그렇다면 너무나 허무한 일이 아닐까? 만약 나의 삶에 어떤 특별한 의미나 목적이 없거나, '내가 무엇을 해야 하고 무엇을 위해 살 것인지'를 알 수 없다면, 나에게 자유가 있다 해도 그것은 사르트르(J. P. Sartre)가 말한 것처럼 '저주받은 자유'에 불과한 것이 아니겠는가? 과연 삶에는 의미가 있는가?

그러나 만약 신(神)이 존재한다면, 이상의 모든 것이 달리 해석되고 우리가 던졌던 많은 물음들도 풀릴 것이다. 우리는, 이 세상 만물을 창조하고 또 나에게 삶을 허락한 절대자의 뜻을 깨달아 그것을 실천하기 위해 노력하면 될 것이다. 그러면 나의 삶은 실로 의미 있는 삶이 될 것이다. 그러나 참으로 전지전능하고 선한 신이 존재한다면, 역사 이래 지금까지도 이 세상에 만연해 있는 거짓과 악, 그리고 수많은 비참한 삶과 무고한 죽음들을 어떻게 설명할 수 있을까? 600만의 유대인들이 몇몇 인간의 광기에 의해 희생될 때에 신은 과연 어디에 있었을까? 오늘날에도 사람들은 자기 자신과 상대방을 속이고 미워하며, 심지어는 신의 이름을 앞세워 서로를 저주하고 해치는 일을 벌이고 있는데, 신이 있다면 어떻게 이런 일이 끝없이 계속될 수 있겠는가?

종교적 도덕에서 자율적 도덕으로

"도덕은 종교에 의존하는가?"라는 물음은 오늘날 우리에게 그렇게 심각한 물음은 아니다. 우리는 지금 어떤 특정 종교가 지배하고 있는 시대 혹은 장소에 살고 있는 것이 아니기 때문이다. 물론 서구 그리스도교 문명권에 속한 대부분의 사람들은 역사를 통틀어 도덕을 종교, 즉 신의 명령과 동일시해 왔다. 파스칼의 수상록《팡세》에 나오는 "신앙 없는 인간은 진정한 선도 정의도 알 수 없다"[1]는 말이나, 도스토예프스키의 소설《카라마조프가(家)의 형제들》에 나오는 "신이 존재하지 않는다면 모든 것이 허용될 수 있다"는 말은 이들의 의식구조를 잘 보여준다. 이 말은 만약 신이 없다면 아무것도 윤리적으로 그르거나, 금지되거나, 요구되지 않는다는 것, 만약 신이 없다면 우리는 모두 도덕적 허무주의자가 될 수밖에 없다는 것을 의미한다. 그러나 계몽을 경험하면서 이들의 의식구조도 많은 변화를 겪었다. 계몽 운동은 이성의 이름으로 기존의 사회 제도와 전통에 의문을 제기하였으며, 모든 외적 권위 (절대군주의 명령, 전통 신학, 교회법 등)로부터 인간을 해방하려 하였다.

---

1 파스칼(이환 역),《팡세》, 서울대학교출판부, 1993, 174면.

그리하여 사람들은 자신들의 행위와 판단의 기준을 더 이상 신의 명령 같은 외적 권위에 의존하지 않고 스스로 지니고 있는 내적 능력, 즉 이성에서 찾고자 하였다. 종교 없는 도덕, 자율적 도덕이 출현한 것이다. 이제는 신이 선하고 정의롭다고 믿기에 앞서 선이 무엇이고 정의가 무엇인지를 먼저 알아야 한다.

> 신이 존재한다고 생각하며, 그가 정의롭고 선하다고 믿는 사람은 누구나 정의와 불의, 참과 거짓, 옳고 그름과 같은 것들이 또한 독자적으로 존재한다고 전제해야 한다. 그래야만 그가 신이 정의롭고, 옳고, 참되다고 말할 수 있기 때문이다.[2]

이러한 계몽된 종교관·도덕관에 따르면, 종교는 근본적으로 자기애나 미래의 이익에 대한 계산과 관련되어서는 안 된다. 특히 내세에 대한 믿음은 도덕의 근거로서는 아주 부적절한 것이다.[3] 따라서 내세를 내세우는 도덕적 설교는 비난받아 마땅하다. 그것은 도덕을 평가절하하고 비하할 뿐이다. 처벌에 대한 공포와 보상에 대한 희망이라는 원리는 노예 도덕의 원리이다. 그러한 원리가 설사 때로는 도덕 교육의 수단으로서, 예컨대 아직 자율적인 도덕적 능력이 성숙되지 못한 사람들을 교육하기 위한 수단으로서 사용될 수 있다 해도 그것을 진정으로 도덕적인 것이라 할 수는 없다. 선한 동기는 이기적인 것일 수 없고, 내세의 보상이나 처벌에 대한 고려 역시 넓은 의미에서 이기적인 것으로

---

2   Shaftesbury, *Inquiry*, in: *Standard-Edition*, 제II/2권, 100면.

3   "미래의 징벌에 대한 공포, 그리고 미래의 보상에 대한 희망, (…) 이 둘 중 어느 것도 선한 감정(good affections)이라 불리는 것, 즉 모든 행위의 기원과 근원으로서 참으로 선한 것이라 인정되는 것이 될 수는 없다."(같은 책, 112면)

간주될 수 있으므로 그러한 원리를 도덕적인 것으로 인정할 수는 없는 것이다. 이런 의미에서 볼 때, 참된 도덕과 종교는 모두 순수하고 사심 없는(disinterested) 것이어야 한다.[4]

사실 도덕이 임의의 종교, 즉 신의 자의(恣意)에 의존할 수 없다는 것은 상식적으로도 분명해 보인다. 다음 예를 보자.

내가 십대 때, 나는 신문에서 자신의 아내와 다섯 아이들의 심장을 칼로 찔렀던 아프리카의 한 선교사의 기사를 읽은 적이 있다. 살인 혐의로 체포되자 그는, 신이 자기에게 가족을 죽이라고 명령했다면서 자기는 단지 신에게 순종했을 뿐이라고 주장했다.

그 선교사는 "창세기 22장에 보면 신이 아브라함에게 그의 아들 이삭을 죽이라고 명령했지 않은가?"라고 대답할 수도 있었을 것이다. 우리는 신이 그 선교사에게 이런 끔찍한 행위를 하라고 명령하지 않았다는 것을 어떻게 알겠는가? 그는 단지 정상보다 조금 빨리 자기의 가족을 하늘나라에 보낸 것일 수도 있을 것이다. 정신병원에는 우리가 보통은 비도덕적인 것으로 생각하는 행위들, 즉 강간, 절도, 횡령, 살인 등을 자신들에게 하라고 명령하는 신의 음성을 들었다는 사람들로 가득 차 있다. 만약 신명론(divine command theory)이 옳다면, 우리는 이러한 사람들을 단순히 신에게 순종했다는 이유로 미친 사람 취급하는 셈일 것이다.[5]

서로 다른 신의 명령을 주장하는 사람들 사이에서, 혹은 신의 뜻을 서로 다르게 해석하는 사람들 사이에서 우리는 어떤 것이 참된 신의 명

---

4 같은 책, 112 · 116 · 124면 참조.

5 포이만 · 피저(박찬구 · 류지한 · 조현아 · 김상돈 역), 《윤리학: 옳고 그름의 발견》, 울력, 2010, 334-335면.

령이며 어떤 것이 참으로 옳은 것인지를 어떻게 알겠는가? 옳음과 그
름을 판별할 수 있는 어떤 독립적인 기준이 없다면 아마도 누가 최종적
으로 이기는지 혹은 누가 더 힘이 센지가 유일한 근거가 될 것이다. 그
러나 제1부 제1장에서 상대주의를 검토할 때 보았듯이 이것은 윤리적
관점에서 우리가 받아들일 수 없는 입장이다.

여기서 우리는 근대 철학의 과제와 문제점을 누구보다도 예리하게
인식했고 도덕과 종교의 문제에 관해서도 새로운 이해를 시도했던 두
철학자, 즉 칸트와 비트겐슈타인의 생각을 살펴보기로 하자.

잘 알려져 있다시피 칸트와 비트겐슈타인은 모두 자연과학에 조예
가 깊었으며 세계(즉, 현상계)에 대한 보편적이고 필연적인 지식을 가능
케 하는 과학의 성과에 깊은 인상을 받았다. 그러나 이들의 문제의식에
따르면, 자연과학에 의해 인식(혹은 기술)되는 세계는 모두 주관에서
유래한 범주(혹은 문법)에 의해 인식(혹은 기술)되는 세계이기 때문에,
그 세계의 배후에 놓여 있는 참된 실재를 파악하지 못한다. 칸트는 이
를 물자체라 불렀고, 비트겐슈타인은 이를 말할 수 없는 것 혹은 신비스
러운 것(das Mystische)이라 표현했다. 사실 이 '물자체' 또는 '신비스
러운 것'이란 한편으로 과학적 지성(즉, 사변이성)이 인식론상의 딜레마
를 벗어나기 위해서 불가피하게 설정한 것으로 볼 수 있으며, 다른 한
편으로는 본성상 무제약자를 추구할 수밖에 없는 인간의 이성이 결국
어떤 방식으로든 다루지 않을 수 없는 것이기도 하다.

그런데 거기에 속하는 것으로서 이 두 사람이 우선적으로 언급한 것
은 윤리(혹은 가치)이다. 그것도 정언적 성격을 가진 윤리(혹은 가치)이
다. 왜냐하면 가언적인 것은 사실 명제로 환원될 수 있으며, 그것은 현
상계에 속하는 것이기 때문이다. 그렇다면 이러한 성격을 가진 윤리(혹
은 가치)를 우리는 어떻게 알 수 있는가? 칸트는 이것을 "순수이성의

사실"이라는 말로써 표현한다. 여기서 말하는 사실은 감각적으로 경험할 수 있는 사실이 아니라 우리가 선험적으로 의식할 수 있고 필연적으로 확신할 수 있는 사실을 의미한다. 비트겐슈타인 역시 윤리는 말로 표현될 수 없으며 초월적인(transzendental) 것[6]이라고 말한다. 동시에 그는 이렇게 말로 표현될 수 없는 것은 "스스로 드러난다"[7]고 말한다.

이제부터 도덕과 종교에 관한 칸트와 비트겐슈타인의 생각을 좀 더 자세히 알아보자.

칸트의 도덕종교

우리는 앞에서 근대 이후 도덕이 종교의 굴레로부터 벗어나 자율적 도덕으로 나아가게 되는 과정을 살펴본 바 있다. 여기서 첫 번째로 생각해 볼 수 있는 것이 어떤 보편적이고 객관적인 도덕법칙의 존재이다. 그리고 이것은 신조차도, 만일 그가 선한 신이고자 한다면, 따를 수밖에 없는 법칙이라고 전제하는 것이다. 이러한 입장을 대표하는 사람이 바로 '이성의 한계 안에서' 종교를 논한 칸트이다.

일찍이 칸트는《순수이성비판》의 변증론에서, 이론적 관점에서는 신의 현존에 대한 어떠한 증명도 불가능하다고 선언한 바 있다. 왜냐하면 우리는 가능한 경험의 한계 안에서 사용되는 지성의 능력만을 가지고서는 형이상학이나 신학의 대상 같은 초감성적인 것에 대한 지식을 얻을 수 없기 때문이다. 그러나 칸트는《실천이성비판》의 변증론에서, 실

---

6 L. Wittgenstein,《논리 · 철학 논고》, 6.421.

7 같은 책, 6.522.

천이성이 최고선의 실현을 필연적으로 추구한다는 사실을 들어 영혼 불멸과 신의 현존을 요청(Postulat)한다. 칸트의 요청론과 그것에 대한 몇 가지 의문들을 살펴보자면 다음과 같다.

이 세상에서 최고선을 실현하는 일은 도덕법칙에 의해 규정될 수 있는 의지의 필연적인 목표이다. 최고선 실현의 첫 번째 조건은 도덕법칙의 명령을 의지가 완전하게 따르는 것이다. 즉, 덕과 행위의 완전한 일치이다. 그러나 신성한 의지, 완전한 의지에게는 그것이 가능할지 모르겠으나, 이성과 경향성을 동시에 지니고 있는 '유한한' 존재(인간)에게 있어 그것은 오직 의무의식을 통해 끝없이 다가가도록 노력해야 할 대상일 뿐이다. 이는 현세에서는 사실상 그것이 불가능하다는 의미이기도 하다. 하지만 불가능한 것이 명령될 수는 없으므로, 그것은 언젠가는, 말하자면 내세에서라도 가능하지 않으면 안 된다. 따라서 영혼 불멸은 순수한 실천이성의 요청이다.[8]

영혼 불멸을 요청하는 칸트의 이러한 논변은 상식적으로 좀 납득하기 힘든 데가 있다. 우선 우리 자신을 도덕적으로 완전하게 만들라는 명령을 글자 그대로 해석하는 것은 지나쳐 보인다. 그것은 단지 '너의 현재의 도덕적 성취 수준에 결코 만족하지 마라'라는 수사학적 표현으로 이해되어야 하지 않을까? 틀림없이 우리는 우리가 살아 있는 한 항상 우리의 도덕적 품성을 향상시킬 수 있다. 그러나 이것이 우리가 언젠가 우리의 도덕적 품성을 완전하게 할 수 있음을 의미하지는 않는다. 또 한 가지 의문은 칸트의 전제들이 사실상 상호 모순된다는 점이다. 한 전제는 '도덕적 완성이 반드시 달성될 수 있어야 한다'는 것이다. 만약 그렇지 않다면 그것을 추구하도록 명령하는 것은 모순이기 때문

---

8   칸트,《실천이성비판》, A 219 이하.

이다. 그런데 다른 전제는 '그것은 오직 무한한 시간이 걸려야 달성될 수 있다'는 것이다. 이는 그것이 도무지 불가능하다고 말하는 것과 마찬가지이다.[9]

다음으로 최고선 실현의 두 번째 조건에 관해 살펴보자. 최고선의 두 번째 요소는 행복, 즉 도덕성에 걸맞는 행복이다. 그러나 도덕법칙은 감성계(현상계)가 아니라 예지계에 속해 있기 때문에 자기 스스로의 힘만으로는 감성계와 관련된 행복까지 보장할 수가 없다. 여기서 칸트는, 도덕법칙을 아무리 완전하게 실천한다 하더라도 그러한 덕에 합당한 행복을 기대할 수 없는 그러한 모순(이른바 '실천이성의 이율배반')이 반드시 해소되어야 한다고 주장한다. 그러면서, 만일 그렇지 못하다면 도덕법칙은 단지 허구에 불과할 것이라고 항변한다.

> 그런데 최고선의 개념은 이 양자의 결합을 함축하고 있고, 이러한 최고선의 촉진은 인간 의지의 선험적인 필연적 대상이며, 도덕법칙과 떨어질 수 없도록 연결되어 있다. 그러므로 최고선의 불가능성은 또한 도덕법칙의 거짓됨을 증명하는 것임에 틀림없다. 만일 최고선이 실천적 규칙에 따라 불가능하다면, 최고선을 촉진하도록 명령하는 도덕법칙 또한 환상적이고 공허한 가공적 목적에 세워진 것으로서 그 자체로 거짓된 것이다.[10]

그러므로 우리의 유한성, 즉 무능력을 보완함으로써 도덕성과 행복의 엄밀한 일치를 보장해 주는 원인, 전체 자연의 원인인 신의 현존이 요청된다. 이와 같이 신의 현존을 가정하는 것은 도덕적으로 필연이

9　C. D. Broad(박찬구 역),《윤리학의 다섯 가지 유형》, 철학과현실사, 2000, 173면 이하.

10　칸트,《실천이성비판》, A 205.

다.[11] 이로써 칸트의 윤리학은 종교로 연결된다. 이것을 우리는 실천이성의 요청에 의해 생겨난 신앙이라는 의미에서 '이성신앙(Vernunft-glaube)' 이라 부르는가 하면, 도덕을 단초로 하여 종교에 이르기 때문에 '도덕종교(Moralreligion)' 라 부르기도 한다.

하지만 신 존재를 요청하는 칸트의 이러한 논변에 대해 우리는 쉽게 고개가 끄덕여지지 않는다. 왜냐하면 그것은, 사변이성의 가능성과 한계에 관한 그의 엄밀한 논변이나, 대부분의 사람이 공감할 수 있는 도덕적 직관에서 출발하여 도덕법칙의 보편성과 정언적 성격을 설득하는 그의 치열한 논변과 비교할 때, 어딘지 엉성해 보이는 인상을 지울 수 없기 때문이다. 그것은 '사람은 모름지기 착하게 살아야 한다' 고 설득하기 위해서는 내세와 최후의 심판이 있어야 하며, '착한 사람은 마땅히 복을 받아야 한다' 는 상식적 기대가 충족되기 위해서는 그것을 가능하게 해 줄 전능한 존재가 있어야 한다는 희망을 표현한 것에 불과한 것으로 보이기 때문이다. 그러므로 칸트의 논변은 사실상 "'주관적' 신앙을 정당화하는 논변으로서, 객관적 증명이나 증거에 근거한 것이 아니라, 도덕적으로 올바른 삶을 선택하기 위한 개인적인(그러나 이성적으로 명령된) 결단에 근거한 것"[12]이라고 보는 편이 적절할지도 모른다.

그렇지만 다른 한편으로 생각해 볼 때, 도덕적 삶과 도덕적 세계를 지향하는 사람에게 있어서 이 이상의 다른 논변을 찾아보기 힘든 것도 사실이다. 도덕의 최종적 근거는 결국 개개인의 신념, 결단, 그리고 희망에 놓여 있는 것이 아닐까? 다음 글은 도덕과 종교에 대한 이러한 생각을 잘 보여 주고 있다.

---

11   같은 책, A 224 이하.

12   A. W. Wood, *Kant' s Moral Religion*, Cornell UP, 1970, 34면.

한편으로 신은 도덕적 의무의 원천이자 보증자로 여겨진다. 다른 한편으로 신은 역사의 주인으로, 다시 말해서 우리의 선한 의도가 실패할 때에도 여전히 숭배되는 자로 여겨진다. 그리고 더 나아가 신은 선한 의도와 역사의 진행과정을 최종적으로 화해시키는 보증자로 여겨진다. 이 후자가 가장 중요하다. (…)

그러므로 선한 행동은 최소한 일반적이고 장기적인 관점에서 볼 때 선은 선을 낳는다는 믿음을 필요로 한다. 그래야 비로소 선한 행동은 의미를 가진다. 그래야 비로소 선한 행동의 내재적 의미가 역사의 진행과정을 통해서 무의미한 것으로 되지 않는다. 그러나 우리는 악이 끝까지 관철되어 결정적으로 승리하지 않는다는 것을 우리가 동시에 믿을 때에만 이것을 믿을 수 있다. 왜냐하면 악이 승리한다면 선한 의도들은 결국 모두 헛된 것이 되고 말기 때문이다. 그래서 신에 대한 믿음은, 악한 의도는 장기적으로 볼 때 정반대의 결과가 되고 어쨌든 선에 기여할 수밖에 없다는 생각을 포함한다. (…) 이러한 의미에서 괴테(Goethe)의 《파우스트(Faust)》에 나오는 메피스토(Mephisto)는 다음과 같이 말한다. "나는 언제나 악을 지향하지만 〔결과적으로〕 언제나 선을 낳는 세력의 일부이다."[13]

다음으로는 칸트처럼 순전한 이성의 한계 안에서 종교를 논하는 데에서 한 걸음 더 나아가 이를 실존적 차원으로 연결한 비트겐슈타인의 사상을 살펴보기로 하자.

---

13   슈페만, 《도덕과 윤리에 관한 철학적 사유》, 160~161면.

비트겐슈타인의 실존적 종교 이해

칸트가 도덕을 단초로 종교로 나아갔듯이, 비트겐슈타인 역시 도덕이
궁극적인 가치, 삶의 의미를 문제삼는 한 종교와 통한다고 본다.

"윤리학은 무엇이 선한 것인가에 대한 일반적인 탐구이다"라고 말할 수도
있겠지만, 그 대신 가치 있는 것, 혹은 참으로 중요한 것은 무엇인지에 대한
탐구라고 말할 수도 있을 것이다. 혹은 윤리학에서 중요한 것은 삶의 의미를
아는 것이고, 삶을 살 만한 가치가 있게 만드는 것은 무엇인지를 탐구하는
것이며, 또 삶을 사는 올바른 방식이 무엇인지를 연구하는 것이다.[14]
삶의 의미, 즉 세계의 의미를 우리는 신이라 일컬을 수 있다.[15]

위 글에서 우리가 주목할 부분은 '신'의 개념 혹은 '신을 믿는다'는
말의 의미에 대한 비트겐슈타인의 생각이다. 그는 다음과 같이 반문하
고 또 대답한다.

두 사람이 각기 자기는 신을 믿는다고 말할 때, 그 둘이 동일한 것을 뜻한다
는 것을 나는 어떻게 아는가? (…) 실천(Praxis)이 말에 의미를 부여한다.[16]

14　L. Wittgenstein, "Vortrag über Ethik," in: *Wittgenstein Vortrag über Ethik
und andere kleine Schriften*, hrsg. von J. Schulte, Frankfurt a. M.: Suhrkamp,
1991, 10면 이하.

15　L. Wittgenstein, "Tagebücher 1914~1916"[이하 《일기》로 약칭], in: *Ludwig
Wittgenstein Werkausgabe*, Band 1, Frankfurt a. M.: Suhrkamp, 1984, 1916. 6. 16.

16　L. Wittgenstein, *Culture and Value*, trans. by P. Winch, The Univ. of Chica-
go Press, 1980, 85면.

비트겐슈타인은 여기서 무엇보다도 신의 본질이 언어와 관련 없이, 언어와 독립해서는 결코 논의될 수 없다는 점을 강조하고 있다. 신이 누구이며 신을 믿는다는 것이 무엇을 의미하는지는 오직 우리가 어떤 규정된 언어게임(Sprachspiel) 안에 놓여 있을 때, 어떤 공통된 삶의 형식(Lebensform) 안에 놓여 있을 때에만 알 수 있다는 것이다. 사실 서로 의사소통이 제대로 되려면 우리는 어떤 단어를 동일한 의미로 이해할 뿐만 아니라, 그 단어가 사용되는 맥락을 공감할 수 있어야 하고, 그러한 공감이 이루어지려면 결국 공감대가 형성될 만한 삶을 함께 살아가야 할 것이다. 이렇게 볼 때 비트겐슈타인에 있어서 신의 문제는 사실적 증명이나 논리적 추론의 문제가 아니라 우리가 실제로 어떤 삶을 살아가고 있느냐 하는 문제와 직결된다. 그리고 이것은 우리가 좋은 삶을 살고 있느냐 혹은 나쁜 삶을 살고 있느냐에 대한 하나의 징표이기도 하다.

행복하게 살기 위해, 나는 세계와의 일치 속에 있어야만 한다. 이것이 바로 '행복하다'는 말이 일컫는 바다. 그렇다면 나는, 내가 의존해 있는 것으로 여겨지는 저 낯선 의지와의 일치 속에 있다. 이것은 '나는 신의 의지[뜻]에 따른다'는 것을 가리킨다. 죽음에 대한 두려움은 잘못된 삶, 즉 나쁜 삶의 가장 뚜렷한 징표이다.[17]

비트겐슈타인에게 있어 신에 대한 믿음은 삶과 삶의 의미에 무엇인가를 하나 보태는 것이 아니라, 삶의 의미와 그것에 대한 확신을 표현하는 것이다. 신에 대한 믿음과 현존재의 의미에 대한 확신 사이의 관

---

17 《일기》, 1916. 7. 8.

련성을 그는 다음과 같이 분명하게 말하고 있다.

신을 믿는다는 것은 삶의 의미에 대한 물음을 이해하는 것이다.
신을 믿는다는 것은 그 믿음이 세계의 사실들로써 끝내질 수 없다는 사실을
아는 것이다.
신을 믿는다는 것은 삶이 의미를 가진다는 것을 아는 것이다.[18]

자기 자신 및 자신의 삶과의 일치 속에서 신과 세계와 더불어 사는
사람은 행복하게 사는 사람이다. 그런 사람은 자신의 현존재의 의미와
목적을 더 이상 의심하지 않는다. 이제 그에게는 더 이상 물어볼 것도,
또 더 이상 대답될 것도 없다. 그렇다면 이런 사람에게 있어서 '나는
신을 믿는다'는 말은 단순히 '나는 신이 존재한다는 것을 믿는다'는 말
이나 '신은 존재한다'는 말로 결코 번역될 수 없다. 그것은 하나의 종
교적 언어게임 또는 삶의 형식 안에서 이해되어야 한다.[19] 이러한 종교
적 삶의 형식을 특징짓는 확고하고 흔들리지 않는 믿음은 이성적인 믿
음도 비이성적인 믿음도 아니다. 아마도 우리는 그것을 '이성과 무관
한(nicht-vernünftig)' 혹은 '초이성적인(über-vernünftig)' 것이라 부를
수 있을 것이다. 그러므로 종교적 삶의 형식과 실천 형식은 어떤 정당
화(Begründung)가 필요하지도 또 가능하지도 않다. 정당화란 오직 경
험적·논리적으로 무언가를 입증할 수 있는 영역에서만 가능한 것이기
때문이다. 이제 신에 관한 문제는 더 이상 종교적 실천과 유리된 객관
적 이론의 문제가 아니라, 이러한 실천의 종류에 관한 혹은 각 삶의 맥

18   《일기》, 같은 곳.
19   R. Wimmer, "Gott und der Sinn des Lebens," in: *Ankündigung der Sterblich-keit*, hrsg. von J.-P. Wils, Tübingen, 1992, 132면 이하.

락 안에서 그 실천이 가지는 의미에 관한 문제라 할 수 있다. 종교적 고백의 맥락에서 표현된 '신은 존재한다'는 진술도 마찬가지이다. 그것은 어떤 특정한 개념이나 사실에 관한 주장이라기보다 하나의 믿음의 행위요, 자기 자신의 자유로운 결단에 의한 확신을 표현하고 있는 것이다. 그러한 믿음을 가진 사람은 예컨대 (비록 그것을 뒷받침하는 하등의 근거도 없지만) 그의 삶이 절대적 의미를 가진다는 것, 고난이나 죽음조차도 이 의미를 앗아갈 수 없다는 것을 확신하고 있는 것이다.[20]

지금까지 우리는 과학적 지성의 한계를 넘어서 도덕과 종교의 문제를 논한 두 사상가, 칸트와 비트겐슈타인의 생각을 살펴보았다. 이제 이러한 성찰을 바탕으로 오늘날 우리가 어떤 삶을 살아가야 할지 말해 주는 글을 마지막으로 음미해 보자.

내 자신의 삶을 약간은 후회스러운 마음으로 되새겨 본다. 나는 그중의 많은 것들이 마음에 들지 않는다. 나는 항상 "네 이웃을 너 자신과 같이 사랑하라"는 가르침에 대해 의아해했다. 너무나도 자주 나 자신이 세운 기준대로 살아가는 데에도 실패하는데, 어떻게 나 자신인들 사랑할 수 있단 말인가? 그러나 갑자기 모든 것이 분명해지면서 그 말뜻을 이해하게 되었다는 생각이 들었다. 우리가 사랑해야 하는 '자신'은 우리의 자아도 아니고, 아무 생각도 없이 이기적으로, 그리고 때로는 불친절하게 행동하며 돌아다니는 일상인[일상적 '나']도 아니다. [그것은] 우리 각각의 내면에 있는 창조주의 일부인 순수한 영혼의 불꽃, 즉 불교도들이 '핵[佛性]'이라고 부르는 것이다. 나는 사랑받은 것들은 성장할 수 있다는 것을 깨달았다. 우리가 내면의

---

20   같은 글, 135면 이하.

평화를 얻고자 한다면, 내면에 있는 이러한 영혼을 이해하고 사랑하는 법을 배워야 한다. 그리고 그럴 때만이 개인의 삶이라는 좁은 감옥에서 벗어나 각자의 믿음에 따라 신, 알라, 도, 브라마, 창조주 등으로 불리는 영적인 힘과 합쳐질 수 있는 것이다. 일단 이러한 목적을 달성하고 나면, 함께 더 나은 세상을 만들기 위해 다른 사람들과 연대할 우리의 힘은 무한히 증대될 것이다.

자신이 자라온 배경과 문화와 직접적인 환경을 넘어서는 능력은 위대한 영적 지도자들과 성인들의 변함없는 특징이었다. 우리가 도덕적 진화를 가속화하고 인간의 운명에 조금이라도 빨리 도달하기 위해서 해야 할 일은 분명하다. 그것은 어마어마한 일이지만 결코 불가능한 것은 아니다. 우리 모두는 평범하고 일상적인 인간존재로부터 성인으로 진화해야 한다. 당신과 나같이 범상한 사람들은 성인, 적어도 작은 성인이 되어야 한다. 가장 위대한 성인과 스승들도 초자연적인 존재가 아니었다. 우리처럼 살과 피로 이루어졌으며 죽을 수밖에 없는 존재였다. 그들도 우리처럼 숨쉴 수 있는 공기와, 마실 것과 먹을 것을 필요로 했다. 그리고 그들은 모두 영적인 힘, 신을 믿었다. 바로 이 믿음이 '그 안에서 우리가 살아가고 움직이고 존재할 수 있는' 위대한 영적인 힘에 닿을 수 있도록 했다. 그들은 그러한 에너지로 살아갔고, 이것을 깊이 호흡하여 핏속에 흐르게 하고 그로부터 힘을 얻었다. 우리 모두는 그들의 삶에 동참할 수 있도록 노력해야 한다.[21]

21   제인 구달(박순영 역), 《희망의 이유》, 250~252면.

💬 생각해 볼 문제

1 다음 콜베(Maximilian Kolbe) 신부의 이야기를 읽고 윤리적 삶과 죽음의 의미에 대해서 토론해 보자.

콜베 신부는 바르샤바 출신의 폴란드 수사(修士)였다. 2차 세계대전이 한창이던 1941년 그는 나치에 반대하는 책자를 발간했다는 죄목으로 체포되어 악명 높은 아우슈비츠 유태인 포로수용소로 보내졌다. 거기서 그는 간수들에게 두들겨 맞고, 발로 채이고, 채찍질을 당했다. 수용소에서 한 죄수가 탈출에 성공하자 나치는 그에 대한 보복으로 모든 죄수들을 연병장에 집합시킨 후 그중에서 무작위로 10명을 골랐다. 그들은 지하 감방으로 보내져 굶어 죽게 되어 있었다. 그런데 그들 중 한 젊은이(폴란드 노동자)가 애처롭게 울부짖었다. 자신은 처자식이 있는 몸으로 그들을 돌보아야 하니 제발 살려 달라는 것이었다. 이때 한 사람이 대열에서 뛰쳐나와, 자기는 나이도 많고 처자식도 없으니 그 죄수를 대신하여 죽게 해 달라고 간청했다. 그가 바로 콜베 신부였다. 그의 간청은 받아들여졌고, 그는 다른 아홉 명의 죄수들과 함께 어둡고 축축한 지하실의 기아(飢餓) 감방으로 던져졌다. 대개 이러한 처지에 놓인 죄수들은 최후의 며칠을 울부짖고 절규하고 벽을 할퀴면서 보내게 마련이다. 그런데 이번의 10명은 달랐다. 그들은 조용히 찬송가를 부르면서 평화롭게 죽음을 맞이하였다. 콜베 신부가 그들로 하여금 절망과 죽음의 공포를 사랑과 용기로 극복할 수 있도록 인도하였던 것이다. 그는 나머지 아홉 명의 수감자가 죽어 갈 때마다 그들의 고백을 듣고 종부성사(終傅聖事)를 해 주었다. 몇 주 후 SS 대원들은 의사 한 명과 죄수한 명(이 사람이 살아남아서 이 사건을 전해 주게 된다)을 데리고 시체들을 치우기 위해 지하실로 내려왔다. 그리고 거기서 그들은 해골이 다 된 모습으로 벽에 기대어 서 있는 콜베 신부를 발견했다. 그는 엷은 미소를 머금은 채, 먼 시선으로 SS 대원들에게는 보이지 않는 어떤 것을 바라보는 것처럼 보였다. 의사는 콜베 신부의 팔에 페놀용액을 주사했고 얼마 안 있어 그는 죽었다. 나치는 그를 굶겨 죽이려 했지만, 그는 굶어 죽어 가는 다른 사람들을 도와주기 전에는 죽지 않았던 것이다. 전쟁이 끝난 후 콜베 신부의 이야기는 수용소에서 살아남은 사람들에 의해 널리 알려졌다. 그리고 가톨릭교회에 의해 그는 성인(聖人)이 되었다.

2 다음 두 가지 글을 읽고, 우리의 삶은 과연 의미가 있는 것인지, 있다면 그 근거는 무엇인지에 관해 토론해 보자.

옛날에 한 임금이 있었다. 인간의 역사를 알고 싶었던 이 임금은 한 현자를 시켜 오백 권의 책을 가져오게 했다. 나랏일로 바빴던 왕은 책들을 간단히 요약해 오라고 했다. 이십 년 뒤, 현자가 돌아와 오십 권으로 줄인 역사책을 내어 놓았다. 하지만 임금은 이제 너무 늙어 그 수많은 묵직한 책을 도저히 읽을 수 없어 그것을 다시 줄여 오도록 명령했다. 또 이십 년이 흘렀다. 늙어 백발이 된 현자가 임금이 원한 지식을 한 권의 책으로 줄여 가지고 왔다. 하지만 임금은 병상에 누워 죽어 가고 있었다. 한 권의 책마저 읽을 수가 없었다. 그러자 현자는 임금에게 사람의 역사를 단 한 줄로 줄여 말해 주었다. 그것은 이러했다. '사람은 태어나서, 고생하다, 죽는다.' 인생에는 아무런 뜻이 없었다. 사람의 삶에 무슨 목적이 있는 것이 아니다. 사람이 태어난다거나 태어나지 않는다거나, 산다거나 죽는다거나 하는 것은 조금도 중요한 일이 아니다. 삶도 무의미하고 죽음도 무의미하다.[22]

---

22 서머싯 몸(송무 역), 《인간의 굴레에서》 (2권), 364면 이하.

사람이 제아무리 비관적이고 그의 삶이 제아무리 고통스럽다고 할지라도 "인생은 살 만하며 타인은 믿고 사랑할 만하고 우리 목적은 달성할 수 있으리라"는 근본 신뢰를 누구나 품고 있다. 우리의 삶을 기초하는 이 근본 신뢰는 이 세계가 '의미 있음'을 전제하며 긍정하고 있음을 보여 준다. 우리가 여전히 숨쉬고 먹고 자며 살아가는 이상, 인생을 원천적이고 근본적으로 부정하거나 무의미하다고 단정해 버리기는 불가능하다. 간단히 말해서, 우리가 의식하든 못하든, '인생의 유의미성(有意味性)에 대한 기본 신뢰'가 항상, 어디서나 전제되며 실현되고 있다.[23]

---

23 성염 외, 《인간이라는 심연》, 서강대학교 철학연구소 · 철학과현실사, 1998, 340면.

제7장

전통 윤리와 선비 정신

> "자각을 하면 자긍이 생긴다."
>
> 내가 과연 누구인지, 무엇을 어떻게 하고 살아야 할 것인지 깨닫는 그 순간부터, 인간은 존귀한 존재가 된단 말이다.
>
> 역사도 마찬가지야.
>
> 이미 지나간 시대, 죽은 자들의 넋두리라고 휴지처럼 구겨서 쓸어내 버리면 시간의 배설물, 한 더미 두엄만도 못한 것이 역사고, 그것이 몇 천 년 혹은 몇백 년 전의 이야기일지라도 오늘의 나를 있게 한 근본이요, 과정이라고 믿는다면 결코 함부로 할 수 없는 것이 역사지.[1]

오늘날 우리 사회의 윤리적 상황은 전통 윤리와 근대 서구 윤리가 뒤섞여 아직 조화를 이루지 못한 채 혼돈스러운 모습을 보여 주고 있다. 따라서 우리의 과제는 전통 윤리의 장단점과 서구 윤리의 장단점을 잘 헤아려 그것을 비판적으로 수용함으로써 현재 우리의 문제를 해결하는 데 기준이 될 수 있는 주체적이면서도 새로운 윤리를 세우는 일일 것이다. 그러나 이것은 결코 쉬운 일이 아니다. 이를 위해서는 근현대사의

---

1 최명희,《혼불》(4권), 한길사, 1996, 42~43면.

격변기 속에서 일방적으로 무시되고 잊혀졌던 전통 윤리에 대한 진지한 연구 및 재해석, 그리고 그간 덮어놓고 받아들이기에만 급급했던 서구 윤리에 대한 주체적인 해석 등의 작업이 선행되어야 하기 때문이다.

이제까지 이 책은 주로 후자 쪽을 염두에 두고 윤리를 논해 왔다. 물론 어떤 사상이나 이론이든 그것이 우리나라 사람에 의해서 우리말로 설명되고 받아들여진 이상 어떤 의미에서는 우리의 사상, 우리의 이론이라 할 수 있을 것이다. 그것은 우리의 사고방식, 우리의 현재 관심사, 우리의 느낌에 의해 재해석된 것이라 볼 수 있기 때문이다. 그러나 우리가 발 딛고 서 있는 문화의 뿌리, 수천 년을 이어져 내려온 전통의 가치를 충분히 인식하지 못한 채 윤리를 논한다면 그것 또한 제 모습을 갖춘 윤리라 하기는 힘들 것이다. 그래서 이 장에서는 미흡하나마 우리의 전통 윤리를 한번 되돌아보고 그중에서 오늘 우리의 윤리적 과제를 해결하기 위해 반드시 되살려야 할 요소에 관해 생각해 보고자 한다.

진정한 전통이란?

요즈음 우리 전통 문화에 대한 재발견 또는 재평가 분위기는 이제 대세로 자리를 잡아 가는 듯하다. 사물놀이, 고예술품에 대한 관심, 우리 문화유산 답사 열풍, 고대사에 대한 재조명, 사극 드라마의 대성공 등은 이러한 분위기를 반영하고 있다.

사실 그간 우리는 서구식 근대화를 추구하느라 정신이 없었다. 제3공화국 이래 '조국 근대화'와 '경제 발전'은 지상 명제가 되었고, '잘 살아 보세', '하면 된다'는 기치 아래 전개된 새마을운동은 수천 년 동안 자리잡아 온 우리의 농촌 문화를 일거에 바꾸어 놓기도 했다. 아마

지금의 오십 대 세대는 어린 시절 미군부대를 통해 흘러나온 시레이션 (C-ration)의 과자 맛을 기억할 것이다. 그것은 곧 천국의 맛이었고, 이는 천국을 동경하는 우리의 정서로 자리를 잡았다. '미국식', '서구식' 이란 당시 우리에게 절대적 가치를 의미했다. 상황이 이렇다 보니 '전통적인 것'들이란 하루빨리 '버려야 할 것'들로 치부되었다. 그것은 곧 근대화의 적이자 가난의 상징이었기 때문이다.

이런 의미에서 전통 문화에 대한 새로운 관심이라는 오늘날의 추세는 이제 우리가 어느 정도 근대화를 이루었고 가난에서 벗어났다는 의미로 받아들일 수도 있을 것이다. 그렇다면 수년 전 《공자가 죽어야 나라가 산다》라는 제목의 책이 사회적으로 폭넓은 반향을 불러일으킨 현상은 어떻게 설명될 수 있을까? 이것을 긍정적 의미로 해석한다면, 아직 근대화·합리화를 충분히 달성하지 못한 우리 사회 일부 계층의, 아니 우리 자신들의 의식 구조에 대해 반성을 촉구하는 것으로 이해할 수 있을 것이다.

여기서 우리는, "우리에게 있어 전통 문화란 과연 무엇인가"라는 물음을 던져 볼 필요가 있다. 그것은 선후배 간의 기강이 엄격한 문화인가? 폭탄주 문화인가? 가부장적 권위주의 문화인가? 최근 《조선왕조실록》 등 고문헌에 대한 해석이 서서히 이루어지면서, 우리는 위에 언급한 행태와 같은 소위 '전통' 문화란 단지 쇠퇴기에 접어든 특정 문화의 단편이라는 것을 점차 인식하게 되었다. 일례로 유교 문화가 지배했던 조선시대조차 그 중기에 이르기까지는 상속제도나 결혼 및 제사 풍습에 있어서 남녀의 차별이 전혀 없었다는 것이 밝혀졌다.[2]

---

2   일례로 다음과 같은 《조선왕조실록》의 기록을 보자.
"대개 자손에게 문서를 남기는 것은, 혹은 교훈하고 훈계하는 말이거나, 혹은 노비·밭·집을 나누어 주는 것이 한 집안의 다스림이다. 만약 어떤 사람이 아들이 있고

다음 글을 보자.

전형적인 부계종족체계는 거대한 근대화의 물결에도 불구하고 오늘날까지 한국 사회에 깊숙이 남아 있다. 하지만 처음부터 그러했던 것은 아니다. 17세기 이전만 하더라도 한국의 친족체계는 지금과 완전히 달랐다. 조선 전기의 친족 성원권이 모두 부계의 원리에 기초한 것은 아니었다. 재산도 장자만이 물려받지 않고 딸도 아들과 같이 부모의 재산을 균등하게 물려받을 수 있었다. 아들이 없고 딸만 있다 하더라도 입양의 필요성을 느끼지 않았다. 자식이 없을 때에는 처가의 친족, 또는 친족이 아닌 사람도 입양하였으며 딸을 입양하기도 하였다. 여성은 가족조직에서 배제되지 않고 제사와 같은 집안 행사에서 중요한 역할을 하였다. 아들과 마찬가지로 제사의 윤행(輪行)[3]에 참여할 권리도 있었다. 그뿐만 아니라 딸의 후손도 아들의 후손과 마찬가지로 족보에 상세히 기록되었다.[4]

이와 같은 사실은 무엇을 의미하는가? 그것은 바로 동서고금을 막론하고 인간 사회에는 호혜성 그리고 합리성이 지배하는 보편적 삶의 양식이라는 것이 있고, 그 문화가 생명력을 가지고 있을 때에는 그러한 가치들이 매우 존중되고 삶 속에서 구체화되었다는 것을 의미한다. 예컨대, 효(孝)라는 것도 윗세대가 아랫세대에게 일방적으로 강요하는

딸이 있으며, 또 성(姓)을 이을 손자가 있고 또 외손이 있으면서 문서를 만들어 남기게 되면, 그 뜻에 어찌 아들·딸과 성을 잇는 손자·외손을 구별하겠는가? 조부모·부모의 마음으로 보면 애당초 내외의 구별이 없고 아들과 딸이 균등한 것이다."(《성종실록》 228권, 성종 20년 5월 癸未條)

3   윤행(輪行): 집안의 제사를 형제간에 서로 돌아가면서 모시는 것.
4   마크 피터슨(김혜정 역), 《儒敎社會의 創出 — 조선 중기 입양제와 상속제의 변화》, 일조각, 2000, 5면.

덕목이라기보다는 부모의 사랑에 대해 자식으로서 자연스럽게 우러나
오는 사랑[父慈子孝]이었던 것이다.

　이렇게 볼 때, "공자가 죽어야…"라는 외침에서 '공자'로 상징되는
문화란 진정한 전통 문화를 의미한다기보다 한 특정(유교) 문화의 말기
적 현상을 가리키는 것으로 이해해야 할 것이다.[5] 다시 말해서 이미 생
명력을 상실함으로써 보편적 가치가 왜곡되기 시작한 마당에 일제의
군국주의 문화까지 덧씌워진 모습이었던 것이다. 이것을 과연 우리의
전통이라 말할 수 있을 것인가? 우리가 되살릴 전통이란 결코 이런 것
일 수는 없다. 그것은 우리의 과거 문화가 생명력을 가지고 있었을 때,
학문에 대한 열정과 높은 도덕성과 깊은 심미안을 가지고 있었을 때,
보편적 가치와 합리적 정신이 살아 있었을 때의 바로 그 문화가 아닐
수 없다. 이제 이것을 되살리는 것은 우리의 몫이다. 그리고 그것을 위
해서는 고전에 대한 더욱 성실한 연구, 또 상(常)과 변(變), 본(本)과 말
(末)을 구별할 줄 아는 폭넓고 균형잡힌 안목이 우리에게 요청된다.

선비 정신에 주목하는 이유

흔히 우리는 반만 년의 유구한 역사를 가진 문화민족이라고 자부한다.
사실 중국 같은 강대국과 국경을 맞대고 있는 작은 나라가 그토록 오랜
역사를 통해 멸망하거나 흡수되지 않고 자신의 정체성을 유지한다는

5　"17세기에 나타나서 20세기까지 존속한 한국 사회의 특징 (…) 이러한 [특징을 가
진] 사회상이 '전통 한국 사회'라는 통념이 되었으며, 이것이 아주 특별한 발달 과정을
거친 최종 결과라는 사실은 종종 잊혀졌다."(마르티나 도이힐러(이훈상 역),《한국 사
회의 유교적 변환》, 아카넷, 2003, 17면)

것 자체가 쉬운 일은 아니다. 한때 중원 땅을 점령하여 천하를 호령하던 북방민족들이 오늘날 대부분 그 정체성을 잃어버리고 흡수 통합되어 버린 것을 보더라도, 중국의 동쪽 끝 한반도에서 자신의 고유한 문화를 지키며 살아남았다는 것은 분명히 범상한 일이 아니다. 그것을 가능하게 만든 원천은 무엇일까?

우리 근세 역사의 주인공인 조선 왕조만 하더라도 그것은 세계에 유례가 없는 장수 국가로서 500년 이상 지속된 나라이다. 그 장수의 주요인으로서는 '성리학적 명분 사회'를 꼽을 수 있다. 힘에 의해 지배하는 패도 정치가 아니라 명분과 의리를 밝혀 국민을 설득하고 포용하는 왕도 정치를 지향하고, 법치보다는 덕치를 우선하는 성리학적 통치 철학이 조선 왕조를 지속시킨 힘인 것이다. 법치의 패도 정치가 강제적인 법의 집행에 의지하는 것이라면, 덕치의 왕도 정치는 인간의 자율성에 크게 의지하는 정치이다. 그러므로 이러한 정치에서는 교화를 통한 전국민의 인간화 작업을 중요시하게 된다. 그리고 이러한 인간화 작업의 과정에서 조선 왕조가 설정한 모범적 인간형은 학문과 예술을 두루 갖춘 자였다. 학문, 즉 문사철(文史哲)을 전공 필수로 배우고 예술, 즉 시서화(詩書畵)를 교양 필수로 배워 이성과 감성이 균형 있게 잘 조화된 인격체, 그것이 조선 왕조가 설정한 학예일치(學藝一致)의 이상적 인간형이었다. 그리고 이를 위한 교육에는 군주도 예외가 될 수 없었다. 최고 통치자인 왕도 비켜 갈 수 없었던, 조선 왕조의 인간화 작업이 탄생시킨 인간형, 그것이 바로 선비(士)이다.

선비는 조선시대의 지식인을 의미한다. 선비는 오늘날의 왜소한 지식인과 곧잘 비교된다. 특히 꼿꼿한 지조와 목에 칼이 들어와도 두려워하지 않는 강인한 기개, 옳은 일을 위해서는 죽음도 불사하던 불요불굴의 정신력, 항상 깨어 있는 청청한 마음가짐으로 특징지어진 선비상은 아직도 많은 이들의 공감을 불러일으키고 있다. 일제 강점기와 광복 후 현대사의 전개 과정에서 지식인들이 보여 주었던 체질적 한계와 현실 타협적 처신은 전통적 지식인인 선비와 비교되면서 선비 정신에 대한 재조명이 요청되고 있다.[6]

다음 글은 왜 이 시대에 우리에게 선비 정신이 요청되는지를 잘 말해 준다.

우리는 농업국에서 갑자기 공업 생산국, 산업 국가로 변모했다. 물질적 삶은 어느 정도 편해졌는지 모르지만, 우리의 조상들로부터 내려오던 사람다움의 자존심은 그 어느 때보다도 형편없이 무너져 버렸다. 우리는 자존심 하나로 버텨 온 나라라고 할 만큼 문화 대국을 이웃하고도 비굴하거나 나약해 보이지 않았다. 이것이 더없이 귀중한 우리의 정신 유산이었다.

이제 그 정신 유산이 상혼(商魂)에 좀먹어 가고 있다. 모든 교육마저도 상업을 뒷받침하는 방향으로 기울어져 간다. 이러다가는 한국 사람은 모두 기술자 아니면 장사치가 되고 말 것이다. 돈만 있다고 해서 사람 노릇하는 것이 아니다. 특히나 돈만 가지고 나라꼴이 된다고 생각하면 큰 잘못이다. 나라는 나라의 국체(國體)가 있고, 민족은 민족의 정기(精氣)가 있어야 비로소 나라꼴이 서고 민족의 생명이 꿈틀거리게 된다.

우리는 상업을 할 망정 국체나 정기마저 상업적 심리 상태로 변해 가서는 안 되겠다. 민족의 자존을 되찾아야 한다. 상업은 우리나라의 생존수단의 하나는 될지언정 그것이 민족 전반을 기울이는 지상의 목적이 되어서는 안 된다. 철저하게 도덕적 인격으로 길러져야 하겠다. '동방예의지국'이란 말은 우리는 양반의 나라라는 자부와 자존에서 나온 이야기이다. 돈 많은 상놈의

6 정옥자,《우리 선비》, 현암사, 2002, 12~14면.

나라가 되느니보다는 가난해도 도덕의 나라가 되어야 한다.[7]

짧은 안목으로 보자면 우선 경제가 잘 되어야 국력이 강해지고 또 나라의 안전도 도모할 수 있는 것이기 때문에 경제발전이 제일 중요한 일이라고 생각하기 쉽다. 그러나 한때 부강했던 나라들도 지배층의 기강이 흐트러지고 구성원의 윤리 의식이 무너짐으로써 결국 멸망하고 말았던 사례들을 우리는 역사를 통해 얼마든지 찾아볼 수 있다. 반면 절대적인 열세의 국력을 가지고도 지도자의 도덕적 호소력에 힘입어 민족의 힘을 결집함으로써 막강한 외세에 맞서 최종적 승리를 거둔 예, 그리하여 자신들의 독립과 민족혼을 지켜 낸 나라의 예를 가까운 20세기에서도 찾아볼 수 있다. 이렇게 볼 때 한 민족의 생존과 번영을 위해 가장 중요한 관건은 외형적인 성장이라기보다 내적인 정신적 자산이요, 그 구성원들이 지닌 도덕적 힘임을 우리는 알 수 있다.

선비의 사명과 자세

인간의 역사를 훑어보면 장래보다는 지금을, 남보다는 나를, 전체보다는 개인을 우선해서 생각하는 사람들이 더 많았고, 대부분의 행동 세계는 그처럼 자기중심적이고 이해타산에 빠른 사람들에 의해 장악되고 지배되었던 것이 사실이다. 그래서 이상은 항상 현실에 의해 농락되고 정직한 자가 간악한 자들에게 짓밟힌 예가 많았다. 오늘날에도 대체로 사람들은 현실 권력 앞에서 무력하고 무사 안일에 젖어들어 정치는 특

---

7   김충열, 《유가윤리강의》, 예문서원, 1998, 164~165면.

정 집단 사람들의 독점물이라 생각하며 포기하기 일쑤이다. 또 지성인
들 가운데에는 부귀영화를 추구하느라 이상을 외면한 채 현실을 따르
고, 때로는 권력에 아부하여 영달과 이익을 위해서 인격을 헌신짝처럼
내버리는 사람들도 적지 않다.

그러나 어려운 고난의 길임에도, 심지어 목숨의 위태로움까지 무릅
쓰면서 이상 편을 택하는 선비가 없어지지는 않았다. 즉, 그 많은 고난
을 겪었으면서도 역사의 대의는 어느 한 시대에도 끊어졌던 일이 없었
다. 잠시 모든 것이 힘에 의해 제압되고 시비가 조작되는 일이 있긴 했
어도 그것은 나중에 반드시 밝혀져 결국 역사의 심판을 받았다. 이러한
사필귀정(事必歸正)의 진리에 대한 믿음으로 뜻있는 선비들은 끝까지
지조를 지킬 수 있었다. 설사 폭력에 의해 제압된다 하더라도 자기가
졌다고 승복하는 일이 없었다. 자기가 따르는 대의가 미래의 역사 심판
을 통해 승리하리라는 것을 믿었기 때문에 죽음 앞에서도 자세 하나 흐
트러뜨리지 않고 약사발을 들이킬 수 있었던 것이다. 현실을 지배하는
통쾌감은 일시적인 것이지만, 고난 속에서 얻어지는 정의의 보람은 영
원한 것이기 때문에 결코 이상을 추구하는 정신의 명맥은 끊어지지 않
는다. 그러므로 배움에 뜻을 둔 사람은 이상 편에 서서 의롭게 살 것인
가, 아니면 현실에 승복하여 구차한 인생을 살 것인가 깊이 생각해 볼
필요가 있다.[8]

세상에는 변하는 가치와 불변하는 가치가 있다. 인간 세상에서 정권
이나 국가라는 것이 하나의 변하는 현상이라면, 불변하는 것은 자연적
인간, 더 좁게는 하나의 민족을 단위로 한 문화 전통과 역사 정신이다.
전자, 즉 변하는 가치의 주체가 관리(官吏)라면 후자, 즉 불변하는 가치

---

8   같은 책, 117~119면.

의 주체는 바로 선비이다. 그렇기 때문에 하나의 국가나 정권이 무너지면 관리는 다 흩어져 버리지만, 그래도 남아서 버티어 민족의 명맥을 지키는 자는 선비뿐이다. 선비는 국가나 정권에 예속되어 있는 계층이 아니고 민족 또는 인간 본위에 서 있기 때문이다. 또 선비는 차원 높은 경지에서 인간의 선(善)을 지키고 민족의 역사 · 문화를 지키는 사명을 짊어진다. 이런 면에서 관리의 책임보다는 선비의 책임이 더 무거운 셈이다. 그리고 이러한 책임감이야말로 선비의 자존심의 원천이기도 하다. 이러한 자존심과 사명감에서 선비는 도덕적 용기를 갖는다. 용기는 생명보다 더 귀중한 것을 믿을 때 솟아나는 힘이다. 그것이 다름 아닌 도의(道義) 정신이다. 생명을 내놓고 지키려는 도의 정신이 서 있을 때, 그리고 그가 희생을 무릅쓸 때 사회라는 거대한 배는 풍랑(현실)에 시달려 기우뚱거리면서도 형평을 되찾으며 영원한 항해를 계속할 수 있는 것이다.[9]

선비의 지조와 절개는 한 국가 민족의 대의는 물론 전 인류 역사 · 문화의 명맥을 유지하는 힘의 원천이다. 그러므로 이 시대의 지식인이라면 "그 나라에 들어가 보아서, 선비다운 선비가 없거든 그 나라는 이미 망한 것이나 다름없는 텅빈 나라로 간주해도 좋다"는 묵자(墨子)의 말과 "선비의 짐은 무겁고 길은 멀다. 선비여, 굳세지 않을 수 있겠는가?"라고 한 증자(曾子)의 말을 새삼 되새겨 보아야 할 것이다.[10]

이러한 선비의 삶의 자세 및 행동거지에 대해 공자는 다음과 같이 가르치고 있다.

---

9 같은 책, 121~122면.
10 같은 책, 135~137면.

선비는 기거(起居)에 엄격하고 거동은 공경하고 말은 반드시 신의를 앞세우며 행동은 반드시 알맞고 올바르다. 길을 나서서는 편리한 길을 다투지 아니하고, 여름이나 겨울에는 따스하고 시원한 곳을 다투지 않는다. 그의 목숨을 아끼는 것은 소망이 있기 때문이며, 그의 몸을 보양하는 것은 할 일이 있기 때문이다. 그들의 대비(對備)는 이와 같다.

선비는 금과 옥을 보배로 여기지 아니하고 충성과 신의를 보배로 삼는다. 땅 차지하는 것을 추구하지 않고 의로움을 세우는 것으로써 땅을 삼으며, 재물을 많이 축적하기를 바라지 않고 학문이 많은 것을 부(富)로 여긴다. 벼슬을 얻는 일을 어렵게 생각하되 녹(祿)은 가벼이 생각하며, 녹은 가벼이 생각하되 벼슬자리에 머무는 것은 어렵게 생각한다. (…)

선비는 재물을 탐하는 태도를 버리고 즐기고 좋아하는 일에 몰두하며, 이익을 위하여 의로움을 손상시키지 않고, 여럿이서 위협하고 무기로써 협박을 하여 죽음을 당한다 하더라도 그의 지조를 바꾸지 않는다. 사나운 새나 맹수가 덤벼들면 용기를 생각지 않고 그에 대처하며 무거운 솥을 끌 일이 생기면 자기 힘을 헤아리지 않고 그 일에 착수한다. 과거에 대하여 후회하지 아니하고 장래에 대하여 미리 점치지 아니하며, 그릇된 말을 두 번 거듭하지 않고 뜬소문을 두고 따지지 않는다. 그의 위엄은 끊이는 일이 없으며, 그의 계책을 미리 익히는 법이 없다. 그들의 행위가 뛰어남이 이와 같다.

선비는 친근히 할 수는 있어도 위협을 할 수는 없고, 죽일 수는 있어도 욕보일 수는 없다. 그들은 사는 데 있어 음란한 쾌락을 추구하지 않으며, 음식에 있어 맛을 탐내지 않는다. 그들의 과실은 은밀히 가려 줄 수는 있어도 직접 대면하여 꾸짖을 수는 없다. 그들의 꿋꿋하고 억셈이 이와 같다.

선비는 충성과 신의로써 갑옷과 투구를 삼고, 예의와 정의로써 방패를 삼으며, 인(仁)을 받들어 행동하고 정의를 안고 처신한다. 비록 폭정이라 하더라도 그들의 입장을 바꾸어 놓을 수는 없다. 그들이 스스로 처신함이 이와 같다.

선비는 좁은 집 허술한 방 사립문에 거적문이 달린 집에 살며 옷을 갈아입어야 나갈 수 있고 이틀에 한 끼밖에 먹지 못할 형편이라 하더라도, 임금이 응낙한 데 대하여는 감히 의심치 아니하며, 임금이 응낙지 않는다 하더라도 감히 아첨하지 않는다. 그들의 벼슬하는 태도는 이와 같다.

선비는 지금 사람들과 함께 살고 있지만 옛 사람들에게 뜻을 두며, 지금 세상에서 행동하고 있지만 후세의 모범이 된다. 마침 좋은 세상을 만나지 못하여, 임금이 끌어 주지 아니하고 신하들은 밀어 주지 아니하며, 아첨을 일삼는 백성들 중에 붕당(朋黨)을 이루어가지고 그를 위협하는 자들이 있다 하더라도, 그의 몸을 위태롭게 할 수는 있으나 그의 뜻을 뺏을 수는 없다. 비록 위태롭다 하더라도 행동을 하는 데 있어서는 끝내 자기 뜻을 믿으며, 백성들의 고통을 잊지 않으려 한다. 그들의 걱정은 이와 같다.

선비는 빈천하다고 해서 구차하게 굴지 아니하며, 부귀를 누린다고 해서 함부로 행동하지 않는다. 임금의 권세에 눌려 욕을 보지 않으며, 높은 자리의 사람들 위세에 눌려 끌려다니지 않고, 관권(官權)에 눌려 그릇된 짓을 하지 않는다. 그래서 그들을 선비라 부르는 것이다.[11]

그렇다면 이러한 선비 정신이 오늘날에도 유효한가?

---

11   《禮記》〈儒行〉 편. (여기서는 최인호, 《유림》 (1권), 열림원, 2005, 180~183면에서 재인용)

선비 정신의 현대적 의의

인간의 본능과 물질을 최고 가치로 인정하는 현대와는 매우 대조적인 시대가 조선시대이다. 현대는 자본주의가 지배하는 시대이다. 자본주의는 인간의 욕망을 극대화하고 그에 따른 경쟁을 부추김으로써 성장해 왔다. 이러한 체제의 유지 논리인 공리주의 또는 실용주의에서 도출된 실리주의가 현대인의 삶의 기준이라면, 조선 사회는 명분을 최우선으로 하는 명분주의 사회였다. 그래서 현대의 실리주의적 가치관에 의하면 조선시대의 가치 덕목들은 하나같이 평가 절하된다. 명분은 핑계로, 의리는 깡패 용어로, 선비의 기개를 뜻하는 사기(士氣)는 군대 용어로 전락해 버렸다. 소비가 미덕이 되고 청빈(淸貧)은 낡아빠진 구시대의 덕목으로 조소의 대상이 되고 말았다. 또 동기나 과정보다는 결과만을 중시하는 결과주의가 득세하였다.[12] 이런 관점에서 볼 때 선비 정신이란 오늘날에는 더 이상 통용되기 어려운 구시대의 유물로 생각되기도 한다.

그러나 우리가 구한말과 일제 강점기의 역사만 되돌아보아도 오늘날 우리나라가 현재와 같은 모습으로 존속하고 있는 것 자체가 바로 이 선비 정신을 계승했던 의병장들 및 독립운동가들 덕분임을 알 수 있다. 사실 이들의 처절한 투쟁과 희생이 없었다면, 그리고 그러한 정신을 이어받은 다음 세대의 투쟁이 없었다면, 오늘날 우리는 나라의 독립도 고유한 역사와 문화도 지켜 내지 못했을 뿐만 아니라 지금과 같은 경제발전과 민주주의도 꽃피우지 못했을 것이다.

19세기의 세계 질서가 서세동점(西勢東漸)으로 재편될 때 서양 중심

---

12   정옥자, 《우리 선비》, 56~57면.

의 국제 질서를 인정하고 거기에 적극 편입한 개화운동이 결국 친일파의 양산으로 종결되었다면, 고집스런 선비 정신을 계승한 위정척사(衛正斥邪) 운동은 한편으로 시대의 흐름에 민첩하게 대응하지 못했다는 비판을 받지만, 다른 한편으로는 일관된 자긍심을 내세워 민족의 정체성을 지켰다고 할 수 있다. 조선이 미개하다는 암시를 깔고 있는 개화사상은 일제 강점기뿐 아니라 광복 후에도 서양 편향의 근대화 이론과 맞물려 대표적인 근대 사상으로 각광을 받고 있지만, 지금은 세계가 제국주의적 힘의 논리에 회의를 품고 새로운 시대정신을 모색하는 시점이다. 시급한 일은 손상된 국민의 자존심을 회복하여 한국인의 정체성을 분명히 하고, 그것을 토대로 민족 문화를 선양하는 것이다. 이에 민족 문화를 앞장서 선양할 수 있는 새 시대의 지식인상으로서, 부패하고 부정한 세상에 끝없이 도전한 성리학적 명분의 독특한 인간상, 끊임없이 수행을 거듭함으로써 일상생활을 종교의 경지로 끌어올리고 청렴 · 청빈 · 절제 · 검약의 정신으로 삶 자체를 이상화한 특별한 인간상을 지닌 조선 선비는 오늘날 우리가 본받아야 할 뿐만 아니라 앞으로도 계속 지켜 나가야 할 한국적 지식인상이라 할 수 있을 것이다.[13]

---

13   같은 책, 58~59면.

💬 생각해 볼 문제

1 《퇴계언행록》에 나와 있는 다음과 같은 기록을 통해 조선 선비의 학문하는 자세와 삶의 자세를 음미해 보자.

"선생은 책을 읽을 때에는 바로 앉아 엄숙하게 외웠다. 문자에서는 그 새김을 찾고 글자에서는 뜻을 찾아서 비록 한 자 한 획에 미세한 것에서도 예사로 지나치지 않아서 어로시해(魚魯豕亥)의 헷갈리기 쉬운 것도 반드시 분별하고야 말았다. (…) 그 자세하고 삼가고 정밀함이 이와 같았다."

"거처하는 곳은 조용하고 정돈되었으며, 책상은 반드시 말끔하게 치우고, 벽장에 가득한 책은 가지런히 순서대로 되어 있어서 어지럽지 않았다. 새벽에 일어나면 반드시 향불을 피우고 고요히 앉아 온종일 책을 읽어도 나태한 모습을 보이신 적이 없었다."

"평상시에는 날이 밝기 전에 일어나서 고요히 앉아 마음을 삼가고, 생각에 잠길 때에는 마치 흙으로 빚어 만든 사람 같았다. 그러나 학자들이 와서 묻는 일이 있으면 샅샅이 파고 캐어서 환히 가르쳐 주었으므로 비록 아주 어리석은 사람이라도 모두 감동되어 깨달음이 있었다."[14]

2 다음은 일제 강점기에 중국 땅에서 항일투쟁을 하다가 산화한 한 독립운동가의 글이다. 오늘의 우리들을 있게 한 그들의 처절한 투쟁 및 그 심정을 함께 생각해 보자.

내 청년시절의 친구나 동지들은 거의 모두가 죽었다. 민족주의자, 기독교

---

14 최인호,《유림》(3권), 열림원, 2005, 277면.

신자, 무정부주의자, 테러리스트, 공산주의자 등등 수백 명에 이른다. 그러나 내게는 그들이 지금도 살아 있다. 그들의 무덤을 어디로 정해야 하는지 따위는 전혀 마음에 두지 않는다. 전장에서, 사형장에서, 도시와 마을의 거리거리에서, 그들의 뜨거운 혁명적 선혈은 조선, 만주, 시베리아, 일본, 중국의 대지 속으로 자랑스럽게 흘러들어 갔다. 그들은 눈앞의 승리를 보는 데는 실패했지만 역사는 그들을 승리자로 만든다. 한 사람의 이름이나 짧은 꿈은 그 뼈와 함께 묻힐지도 모른다. 그러나 힘의 마지막 저울 속에서는 그가 이루었거나 실패한 것이 단 한 가지도 없어지지 않는다. 이것이 불사성(不死性)이며, 그의 영광 또는 수치인 것이다. 자기 자신이라 할지라도 이 객관적 사실은 바꿀 수가 없다. 그는 역사이기 때문이다. 그 무엇도 사람이 역사라고 하는 운동 속에서 점하는 자리를 빼앗을 수가 없다. 그 무엇도 사람을 빠져나가게 할 수가 없다. 유일한 그의 개인적 결정이라고는 전진할 것인가 아니면 후퇴할 것인가, 싸울 것인가 아니면 굴복할 것인가, 가치를 창조할 것인가 아니면 파괴할 것인가, 강해질 것인가 아니면 나약해질 것인가 하는 것밖에 없다.[15]

---

15   님 웨일즈 · 김산, 《아리랑》, 동녘, 2005, 472~473면.

제8장

도덕 교육과 도덕 교사

꽃

이육사

동방은 하늘도 다 끝나고
비 한 방울 나리잖는 그때에도
오히려 꽃은 빨갛게 피지 않는가
내 목숨을 꾸며 쉬임 없는 날이여

북쪽 툰드라에도 찬 새벽은
눈 속 깊이 꽃맹아리가 옴작거려
제비떼 까맣게 날아오길 기다리나니
마침내 저바리지 못할 약속이여!

한바다 복판 용솟음치는 곳
바람결 따라 타오르는 꽃 성(城)에는
나비처럼 취하는 회상의 무리들아
오늘 내 여기서 너를 불러 보노라

1. '도덕' 교육은 필요한가

도덕 교과의 의의

'도덕'을 학교에서 필수 교과목으로 가르칠 필요가 있을까? 이러한 의문과 더불어 대두되곤 하는 학교 '도덕' 교과의 의의 및 필요성에 대한 논란은 사실 어제 오늘의 일이 아니다. 어떤 이는 도덕 교육의 특성상 그것은 학교 정규교과로서보다는 전체 교과를 통해서 간접적으로, 즉 잠재적 교육과정을 통해서 이루어지는 것이 더 바람직하다고 주장한다. 또 어떤 이는 분명히 '도덕' 교육을 받고 자란 오늘날의 청소년들이 과거보다 오히려 더욱 비도덕적이고 무규범적인 행위를 저지르고 있다는 사실을 들어 '도덕 교육 무용론'을 제기하기도 한다. 특히 이들은, '도덕' 교육이 단지 도덕적 '지식'을 가르치고 측정하는 데 그침으로써 학생들의 수업 부담만을 가중시킨다고 비난하는가 하면, 다른 한편으로는 '도덕' 교육이 기존 가치를 전수하거나 주입하는 데 주력함으로써 교화의 위험성이 있다고 지적하기도 한다. 더 나아가 구체적인 교육 내용에 대해서도, 한편으로 그것을 다루는 기본 시각, 예컨대 북한 및 통일 문제, 민족주의, 전통 윤리를 바라보는 시각 등에 대한 비판이 있으며, 다른 한편으로 교과서의 내용이나 기술 방식이 여전히 구태의연하여 학생들의 도덕적 감수성을 계발하기에는 역부족이라는 비판도 있는 형편이다.

사실 이러한 비판은 그리 새삼스러운 것이 아니다. 교육과정이 바뀔 때마다 관련 행정기관 및 학자들 사이에서, 또 좀 더 나은 '도덕' 교육을 위해 고민하는 현장의 교육 담당자들 사이에서 늘 되풀이하여 제기되어 왔다. 그런데, 이러한 거듭된 비판에도 학교에서 '도덕' 교과가 아직까지 필수 교과로 남아 있는 이유는 무엇일까? 구체적인 결정 과정에서 있을 수 있는 어떤 변수나 역학관계를 떠나서 논의해 보자면, 혹시 도덕·윤리의 중요성과 그 교육의 필요성에 대한 국민 여론의 은근한 지지가 그 배경으로 작용하고 있는 것은 아닐까? 만일 그렇다면 거기에는 상식을 지닌 모든 한국 사람 마음속에 들어 있는 두 가지 문제의식이 놓여 있는 것으로 보인다. 그 하나는 점차 무규범화로 치닫고 있는 우리 사회의 현실에 대한 우려이다. 오늘날 우리 사회는 급속한 경제발전에 따른 가치관의 혼란으로 물질만능주의, 배금주의가 만연되어 있는가 하면, 새로운 질서라는 이름하에 온갖 권위가 해체되고 심지어 가족까지 해체되는 현상에 직면하고 있다. 무릇 사람들이 모여 사는 사회에는 기본적으로 질서와 조화가 필수이다. 또 그것을 위해서는 당연히 구성원들의 윤리의식이 뒷받침되어야 한다. 그런데도 만일 우리가 윤리의식의 재건을 위해 노력하지 않는다면, 우리 사회는 급기야 해체되고 마는 운명을 맞을 수도 있다. 어쩌면 '도덕' 교육에 대한 사람들의 기대는 이러한 위험성에 대한 본능적인 자각의 반영일지도 모른다.

　또 하나의 목소리는, 아직도 무의식적으로 우리의 가치관을 규정하고 있는 조선 유교 문화의 영향에서 나오는 것이다. 우리에게는 너무도 자연스러운 것이어서, 또 그동안 너무나 많이 퇴색되어서 뚜렷하게 의식하고 있지는 못하지만, 우리는 아직도 인류의 기본에 대한 최소한의 믿음을 가지고 있다. 사실 우리의 조선 문명은 이 지상에 도덕의 왕국을 건설하고자 하였던 영웅적인 노력의 산물이자 인류 역사상의 한 거대한 실험이라 할 수 있다.[1] 그리고 그것이 무려 오백 년을 지속했다는

1　플라톤이 이상국가를 꿈꾸었던 것은 겨우 도시국가(폴리스) 차원에서였다. 그리고

것은 세계사적으로도 매우 커다란 의의를 갖는 일이다. 그래서 유교 문화는 아직도 우리의 의식 저변에 남아 있으며, 알게 모르게 우리의 가치관을 지배하는 중요한 변수로 작용하고 있다. 실제로 한국 사람은 누구나 도덕 · 윤리를 중요하게 생각하고[2] 또 그것을 교육의 근간으로 여기고 있다.

이렇게 본다면, '도덕' 교육에 대한 세간의 비판이란 그것이 없어져야 한다는 요구라기보다는 그것이 기대만큼의 성과를 올리고 있지 못한 데 대한 질타의 목소리가 아니겠는가? 이러한 문제의식을 가지고 위에서 언급된 비판을 하나씩 검토해 보기로 하자.

첫째, '도덕 교육은 독립된 교과가 아니라 전체 교과를 통해서 이루어져야 한다'는 주장에 대해 논해 보자. 물론 도덕 교육은 가정 교육, 학교 교육, 사회 교육의 전(全) 차원에서, 혹은 전체 교과를 통해서 일관되게 이루어지는 것이 바람직하고 또 효과적일 것이다. 하지만 그것은 한갓 이상론에 불과할 뿐, 만일 이러한 명분으로 학교 교과목에서 '도덕'이 빠져 버린다면 그것은 결국 책임 의식과 전문적 식견을 가지고 다루어져야 할 도덕 교육의 실종을 의미하는 것으로서, 총체적인 도덕적 위기를 향해 치닫고 있는 이 시대의 요구에 실제로는 역행하는 것일 뿐이다. 오히려 이러한 위기의 징후를 인식할수록 우리는 '어떻게 하면 더

철인왕(哲人王)을 통치자로 설정한 데에서도 짐작할 수 있듯이, 그것은 그야말로 현실적 실현 가능성의 측면보다는 하나의 이상적 모형(ideal type)으로서의 의미가 크다. 하지만 조선왕조는 성리학을 근간으로 지배계층뿐만 아니라 (향약 등을 통해) 전 국민에게 도덕 교육을 시행했으며, 이러한 도덕적 계몽을 통해 현실에서 유교적 이상국가의 실현을 지향했던 것이다.

2 "2000년대 인류 사회는 어떤 모습이어야 한다고 생각합니까?"라는 설문 조사에 대해 "윤리와 도덕이 강조되는 사회"라는 응답이 가장 많았다.(고등학교《도덕》교과서, 2002, 88면 통계 참조)

욱 제대로 된 도덕 교육을 시행할 것인가'를 고민하고 그 길을 찾는 노력을 계속해야 하지 않겠는가?

둘째, '도덕 교육은 효과가 없다'는 주장을 살펴보자. 오늘날 우리 사회는 물질을 숭상하고 경제를 중시하는 사고가 만연하면서 모든 면에서 효율성이나 가시적 성과를 따지는 경향이 많아졌다. 그래서 '도덕' 교육의 효과에 대해서도 이런 식의 비판이 있는 것이 사실이다. '도덕' 교육을 시행했는데도 왜 학생들은 여전히 그 모양이냐고, 아니 오히려 역효과를 내고 있는 것이 아니냐고 의문을 제기하는 것이다. 그러나 교육은 백년대계(百年大計)라는 말이 시사하듯이, 교육의 결과를 성급하게 확인하려는 태도가 능사는 아니다. 더욱이 도덕 교육은 이른바 '수면자 효과'[3]가 있어서 그 결과가 1년 후, 10년 후, 아니 아주 나이가 들어서 나타날 수도 있다. 사실 오늘날처럼 교사의 권위가 약화되고, 사람들의 가치관이 세속화되며, 학생들의 즉흥적·감각적 경향이 날로 더해 가는 세태 속에서 자기 성찰과 인간관계의 도리를 가르치는 '도덕' 교과가 인기를 끌기는 어려울 것이다. 그것은 어쩌면 도도히 흐르고 있는 강물을 두 팔을 벌려 막아 보겠다는 몸짓처럼 무모한 일로 보일 수도 있을 것이다. 그러나 요원의 불길도 한 점의 불꽃에서 시작되는 데서 알 수 있듯이, 한 사람의 가슴에 도덕의 씨앗을 뿌리는 일은 결코 하찮은 일이 아니다. 그것이야말로 참으로 미래를 준비하는 일인 것이다.

---

3 수면자 효과란 캐나다에서 실시된 설리번(Ed Sullivan)의 연구에 근거한 것으로서, 도덕 교육(특히 도덕적 추론 능력을 함양시키기 위한 교육)의 효과는 그 교육 직후에 나타나는 것이 아니라 한동안의 시간이 경과한 후에(해당 실험의 사례에서는 1년 후) 나타난다는 것을 가리키는 용어이다.(추병완,《도덕 교육의 이해》, 백의, 2004, 14면 참조)

셋째, '도덕 교과는 평가할 필요가 없다'는 주장에 대해 논해 보자. '도덕' 교육은 분명히 다른 교과의 교육과 다른 특성을 지니고 있다. 우선 그것은 인지적(cognitive) 영역보다 정의적(affective) 영역의 비중이 상대적으로 크다. 또, 습관이나 태도의 형성이 교수·학습의 목표인 경우가 많고, 궁극적으로는 행동을 지향한다. 이것은 학교 교실수업의 현실을 감안해 볼 때, 쉽게 달성하기 힘든 과제임에 틀림없다. 이런 이유로 '평가'의 문제가 아직까지 난제로 남아 있는 것이다. 그러나 도덕적 선에 대한 최소한의 지식을 가르치고 사회의 존속에 필요한 최소한의 규범을 가르쳐야 할 필요성을 우리가 인정하는 한, 위와 같은 어려움이 있다고 하여 '도덕' 교육의 비중이 격하되어서는 안 될 것이다. 우선 평가의 1단계와 관련하여, 도덕적 태도와 행위에 이르는 데 있어서 그 인지적 계기는 대단히 중요한 역할을 한다고 말할 수 있다. 그리고 이러한 측면은 학교의 '도덕과' 수업을 통해 충분히 다루어질 수 있다. 따라서 '도덕적 지식'은 당연히 객관적으로 평가될 수 있고 또 평가해야 마땅하다. 다음으로 평가의 2단계에 대하여 말하자면, 우리는 최종적인 행위를 추적하여 평가할 수는 없지만 그것을 유도하는 전(前) 단계를 평가할 수는 있다. 이를 위해서는 수행평가를 활용하되, 평가에 앞서 신중하고 용의주도한 평가 척도가 개발되어야 할 것이다. 이와 같이 두 번째 단계의 평가상에 어려움이 있다고 해서 그것이 불가능하다고 단정해서는 안 되며, 그 문제점을 개선하기 위한 치밀한 연구가 계속되어야 할 것이다.

넷째, '도덕 교육은 기존 가치의 주입이나 교화의 위험성이 있다'는 주장에 대해 살펴보자. '도덕과' 교육은 한때 권위주의 정권하에서 이데올로기 교육을 담당했던 업보를 가지고 있다. 이런 이유로 아직까지 '도덕' 교육이 수구 세력의 보수적 이데올로기를 대변하고 있다고 생각하는 사람들이 있다. 하지만 유교, 불교, 기독교가 한때 타락한 모습을 보인 적이 있다고 하여 그 종교 자체가 부정될 수 없는 것처럼, 도덕 교육 또한 한때 시행착오가 있었다고 하여 그 자체의 가치가 부정될 수는 없다. 무릇 모든 인문학은 전통 문화의 토양 속에서 축적되어 온 가치를 담고 있다. 도덕 교과가 가르치는 가치 역시 전통 문화와 유리된 것일 수 없다. 전통적 가치는 그것을 어떤 자세로 다루느냐 하는 것이 문제이지, 그것을 가르치는 것 자체가 문제일 수는 없다. 전통적 가치는, 그것이 '오늘날 우리에게 어떤 의미를 가질 수 있는가'의 관점에서 늘 새롭게 해석되어야 하며, 이렇게 재해석된 가치 속에서 어떤 보편적 메시지를 발견함으로써 우리는 오늘의 위기에 대처할 수 있는 도덕적 힘을 되찾을 수 있는 것이 아니겠는가?

사실 어떤 면에서 보자면 '도덕'은 교과들 중에서도 가장 중요한 교과로 인정되어야 마땅하다. 이른바 주요 교과라 불리는 교과들을 포함하여 사실상 대부분의 교과는 '도구 교과'의 성격이 강하다. 다시 말해서, 그러한 교과들은 우리 삶의 목표와 이상을 실현하는 일과 직접적으로 관련되는 것이 아니라, 그러한 목표를 실현하기 위해 필요한 지식이나 능력을 배우기 위해 존재하는 것이다. 우리가 수학 시간에 열심히 수학 문제를 푸는 것은 그 자체가 가치 있다고 생각하기 때문이 아니라, 그러한 훈련을 통해 합리적 사고 능력을 키움으로써 앞으로 세상을 살아가는 데 도움이 된다고 믿기 때문이다. 영어도 마찬가지이다. 우리가 영어 회화를 배우고 독해 능력을 키우는 것은 영어 공부 그 자체가 지닌 가치 때문이 아니라, 그것이 현대사회의 삶을 살아가는 데 쓸모가 있다고 여기기 때문이다. 그러나 '도덕'은 다르다. '도덕'은 "우리는 어떻게 행위해야 하는가? 우리는 어떻게 살아야 하는가? 참으로 가치 있는 것은 무엇인가? 삶의 의미는 무엇인가? 무엇이 인생을 살 만한 가치가 있도록 하는가?"를 물으며, 따라서 인간의 최종적 관심사를 직접 다루는 교과다. 그러므로 우리의 학교교육 현실에서 '도덕' 교과는 그야말로 교육 그 자체의 최종 목표인 '인격 교육'의 이상에 직접적으로 다가가는 유일한 교과인 셈이다.

도덕 교육의 지향점

서구 근대 자연과학 문명이 오늘날의 세계를 지배하는 패러다임으로 자리를 잡은 후, 우리는 암암리에 가치중립적인(value-free) 객관적 지식이야말로 참된 지식이라는 믿음을 지니게 되었다. 이는 도덕의 영역에서도 예외가 아니어서, 과거에는 자명한 것으로 전제하고 출발했던 인간의 기본적인 가치들조차 이제는 의심스러운 것이 되었으며, 모든 것은 오로지 이성의 법정 앞에서 검증을 받아야만 그 권위를 인정받게 되었다. 그러므로 도덕 교육에서도, 목표로 설정된 절대적 가치를 설득하기보다는 외부에서 주어지는 어떠한 가치도 전제하지 않은 채 학생들로 하여금 오직 스스로 자신의 가치를 찾아 나가도록 하는 교육방법을 강조하는 것은 어쩌면 당연한 일일지도 모른다. 따라서 이른바 '덕목의 보따리'를 주입하려고 시도하기보다 '합리적 추론 과정'을 중시하는 것 역시 당연한 귀결일 것이다.

　이러한 연속선상에서 20세기 미국에서는 인지발달 또는 도덕발달 이론에 근거한 도덕 교육이 대세를 이룬 적이 있었다. 이와 같은 교육 방식은 자유주의 이념에 충실할 뿐만 아니라 이데올로기적 교화나 감화의 위험을 피할 수 있다는 장점이 있으며, 학생들로 하여금 자신의 가치를 스스로 형성해 가도록 한다는 점에서 자유 민주주의 사회의 시민 교육에 적합한 모델로 여겨졌다. 그런데 얼마 전부터는 이에 대한 비판이 대두되기 시작하였다. 이러한 교육 방식이 무규범적인 학생들을 양산하는 결과를 가져왔다는 것이다. 그래서인지 근래 미국 도덕 교육의 동향은 인격 교육과 덕 교육이 다시금 강조되는 추세를 보이고 있다.

　이 시점에서 우리는 도덕 교육에서 등장하는 '합리적(rational) 추론' 혹은 '이성(reason)'이라는 말을 과연 어떻게 이해해야 할 것인지 성찰해 볼 필요가 있다. 그것은 도구적·타산적 이성을 의미하는가, 아니면 도덕적·실천적 이성을 의미하는가? 다시 말해서, 각자가 최종 목표로 설정한 '자기 이익'이나 '행복'을 어떻게 효과적으로 달성할 것인지를 따져 보는 능력을 의미하는가, 아니면 인간의 자연적 욕구가 지향하는 '자기 이익'이나 '행복'을 넘어서 도덕성 그 자체를 목표로서 지향하는 능력을 의미하는가? 전자의 이성 개념이 이른바 합리적 이기주의(rational egoism) 혹은 범쾌락주의(hedonism) 계열의 이론과 관련된다고 한다면, 후자는 의무론적 윤리 이론과 관련된다고 하겠다. 그리고 이 후자와 관련된 이성 개념은 사실상 인간의 도덕적 통찰 능력을 표현한 것으로서, 인류가 역사를 통해 언제나 중시해 온 우주·자연·인간의 기본적 도리[logos, 道]에 대한 깨달음, 바로 그것에 지나지 않는다.

　동서고금을 막론하고 도덕성의 핵심으로서 한결같이 중시되어 온 것들은 인간이 자기중심성을 벗어나야 한다는 동일한 취지를 담고 있다. 예수의 '황금률(자신이 남에게서 대접받고자 하는 대로 남을 대접하라)', 공자의 '己所不欲 勿施於人(자신이 원하지 않는 것을 남에게 행하지 마라),'[4] '易地思之(남과 입장을 바꾸어 그의 위치에서 한번 생각해 보라)',

---

4　《論語》, 〈顔淵〉편.

그리고 칸트의 '정언명법(너 자신의 행위 원리가 보편적 법칙 수립의 원리로서 타당할 수 있도록 행위하라)'은 이 점을 잘 보여 주고 있다.

서구 근대사회 그리고 오늘날 우리 사회의 지배적인 분위기와는 달리 우리의 전통사회에서는 '나'라는 개인이나 '이익'이 삶에 있어서 우선적인 문제로 인식되지 않았다. 즉, 언제나 '나'보다는 공동체가 먼저였고, '見利思義'⁵라는 말에서 보듯이 자기 이익보다는 명분이나 도리가 우선이었다. 또 교육과 학습에서도, 단지 사실적이거나 개념적인 지식을 이해하는 것에서 더 나아가 몸과 마음의 수양을 중요시했다. '도덕(道德)'이라는 말이 나타내듯이, 도(道)를 깨닫고 또 덕(德)을 쌓는 것이야말로 교육 그 자체였던 것이다. 그런데 오늘날 우리는, 모두가 피부로 느끼고 있는 바와 같이, 일방적인 서구화를 추구하는 과정에서 본래 우리가 지니고 있었던 교육과 도덕의 뿌리를 급속히 상실해 가고 있는 한편, 그 빈 자리를 서구의 도구적·전략적 이성으로 메우려 하고 있는 듯하다. 그러나 서구에서조차 전통의 부활이 강조되고 있는 이때에 다시금 그들의 시행착오를 뒤좇으려 한다는 것은 한마디로 넌센스라 하지 않을 수 없다.

만약 위와 같은 문제의식이 타당하다면, 우리는 이제 '도덕' 교육의 지향점을 좀 더 분명히 설정할 수 있다. 그것은 도(道)를 세우고 덕(德)을 훈련하는 것이다.⁶ 도를 세운다는 것은 도덕성의 본질을 구성하는

---

5   《論語》, 〈憲問〉편.
6   동양의 고전인 《中庸》의 첫머리(제1장)에 나오는 유명한 구절은 우리에게 '도를 세우고'(둘째 구절) '덕을 훈련하는'(셋째 구절) '도덕과'의 과제를 한마디로 보여 주는 듯하다.
  "天命之謂性, 率性之謂道, 修道之謂敎."
  하늘이 명하는 것을 일컬어 性(우리에게 내재하는 본성)이라 한다.
  이 性을 따르는 것을 일컬어 道(우리가 나아가야 할 길)라 한다.

내용, 다시 말해서 위에서 언급한 도덕의 기본 정신이나 원칙을 '도덕' 교육의 궁극적 목표로 확인해 주는 것을 의미한다. 덕을 훈련한다는 것은 위의 목표를 달성하기 위해 인지적·정의적 접근법 등 다양한 방식으로 교실 수업을 진행하는 것을 의미한다. 이때 일차적으로 '교실수업'으로 진행될 수밖에 없는 '도덕과'의 가능성과 한계를 명확히 인식하고, 현장에 적합한 교재 및 교수방법을 개발하는 일은 당연히 뒤따르는 과제일 것이다.

도덕 교과의 특성: 도덕과와 사회과의 차이

간혹 '덕이 가르쳐질 수 있는가?'라는 의문을 제기하며, 여러 가지 현실적 제약을 들어 '도덕' 교육의 실효성이나 한계를 지적하는 사람들이 있다. 이들에 따르면, '인간의 삶에서 어디까지나 동물은 현실이고 이성은 당위일 뿐이며, 인간이 이성을 지향하는 것은 사실이나 현실적으로 욕망의 노예일 수밖에 없다'는 것이다. 따라서 도덕 교육이 지나치게 이상적인 목표를 추구하면, 즉 도덕성(morality)의 실현을 지향하면 실패하기 십상이라는 것이다. 그러나 이것은 도덕의 기본 성격을 이해하지 못한 데서 오는 오류이다. 예를 들어, 눈앞에 있는 100명의 어린이가 다 거짓말을 하는 것이 실제 현실이라 하더라도 '정직'은 반드시 가르쳐져야 할 덕목인 것이다. 다시 말해서, '사실'은 결코 (도덕적) '가치'의 근거가 될 수 없고, '존재'는 '당위'를 규정할 수 없는 것이다. 이런 의미에서 도덕성은 자연적 욕구나 현실의 행복에 근거한 것이

이 道를 닦는 것을 일컬어 敎(가르침)라 한다.

아닌 '초월적'인 것이라고 말할 수 있다. 여기서 우리는, 우리가 가르쳐야 할 '도덕'이란 단지 타산에 의한 '삶의 지혜'와 다르고 계약과 동의에 의해 부과되는 '법'과도 다른 차원의 것임을 알 수 있다. 모름지기 참된 도덕이란 유한한 인간의 현실과 타협하는 것이 아니라 항상 동물의 수준으로 떨어지기 쉬운 현존 인간의 모습을 이상 세계의 예지로써 붙들어 주는 것이라 하겠다. 그리고 이것은 우리의 끝없는 과제일 수밖에 없다.

그러나 이러한 논변에 대해 온건론의 입장에서 다음과 같은 반론이 있을 수 있다. 즉, 우리의 현실을 감안해 볼 때, 실제 '도덕' 수업에 있어서 위와 같이 '최대한의 도덕'을 지향하는 이상주의적 태도가 과연 바람직한 것이냐 하는 것이다. 다시 말해서, 범인(凡人)들이 쉽사리 달성할 수 없는, 그리하여 자칫 냉소적인 분위기를 초래할 수 있는 이상적인 도덕을 목표로 하기보다, 목표를 한 단계 낮추어 '자기 자신의 이익을 위해서라도 규범을 지키는 편이 유리하다'는 식의 '최소한의 도덕'을 지향하는 편이 오히려 적절한 것이 아니냐 하는 것이다. 이러한 취지에 가까이 다가서 있는 교육으로서는 미국 '사회과 교육(Social Studies)'의 이른바 '민주시민 교육'의 예를 들 수 있을 것이다.[7] 이는 사실상 우리나라의 사회과 교육에서도 이미 중요한 부분으로 받아들여 시행하고 있는 것으로 여겨진다. 그러나 우리가 전통적으로 또 상식적

---

7 우리는 미국의 경우 도덕 교육(moral education)이 사회과 교육(social studies education)의 한 부분임을 알고 있다. 그러나 우리나라의 경우 사회과 교육은 일종의 수입품이었으며, 오히려 도덕 교육이 오랜 전통을 가지고 있다. 미국의 사회과 교육 속에는 다문화 교육, 경제 교육, 국제이해 교육, 사회문제 교육, 법률 교육, 가치명료화, 도덕발달, 민주시민 교육, 제도개혁, 지역사회 참여, 학문연구 훈련, 비판적 사고 등의 내용들이 모두 포함되어 있다.(서규선, 〈중등 도덕과 교육의 어제와 오늘 그리고 내일〉, 《윤리교육연구》(한국윤리교육학회, 2003. 10) 33면 참조)

으로 이해하고 있는 도덕은 결코 거기서 머무는 개념이 아니다. 따라서 '도덕과' 교육은 이러한 민주시민 교육의 내용도 부분적으로 포함하고 있어야 하겠지만, 거기서 더 나아가야 하며, 그 최종 목표인 '도덕성'의 본질이 언제나 기준점으로서 작용하고 있다는 것을 잊어서는 안 된다. 그리고 이러한 측면을 담고 있는 교육은 우리의 전통적 교육에서뿐만 아니라, 오늘날까지 '종교(일부에서는 '도덕')' 교육의 이름으로 계속해서 시행되어 온 서구의 교육에서도 찾아볼 수 있다.[8] 그런데 우리의 경우, 서구의 '종교' 교육에 해당하는 그것은 이미 사라지고 없지 않은가?

여기서 우리는 이 책의 "서론"에서 소개된 바 있는 두 가지 차원의 도덕 개념을 다시 음미해 볼 필요가 있다. 그 하나는 일정한 제도로서의 도덕을 다루는 '사회 윤리학적' 의미의 도덕이고, 다른 하나는 도덕성 그 자체를 규정하고 그것을 정당화하는 '도덕형이상학적' 의미의 도덕이다. 전자는 우리가 살아가면서 부딪히는 이해관계의 갈등을 조절하거나 공정한 게임의 규칙을 만들고 또 그것을 지키는 길을 가르치는 것을 위주로 한다면, 후자는 언제 어떤 조건하에서도 지켜져야 할 인간의 기본적 도리를 밝히고 더 나아가 몸과 마음의 훈련을 통해 그것을 내면화하는 것과 관련된다고 말할 수 있겠다. 그리고 바람직하기로는 전자는 늘 후자의 탐구를 통해 반성적 통찰을 얻음으로써 그 나아갈 방향을 설정해야 할 것이다. '도덕과'는 바로 이러한 후자의 부분을 담당하는 유일한 교과인 것이다.

---

8 한국도덕윤리과교육학회 편, 《세계의 도덕·윤리교육》, 교육과학사, 1998, 제2부 참조.

2. 도덕 교사는 누구인가

'도덕'은 누구나 가르칠 수 있는가

도덕·윤리라는 말은 누구에게나 친숙한 말이다. 우리는 매스컴을 통해 '윤리의 위기', '도덕성 회복' 등의 표현을 수시로 접할 뿐만 아니라, 학교에서도 '도덕'이나 '윤리' 교과를 꾸준히 배우고 있기 때문이다. 또 사람들은 '윤리', '도덕' 하면 누구나 '나도 한마디쯤 할 수 있다'고 생각하는 경향이 있다. 그래서 그런지 '도덕' 선생님이 갑작스러운 사정으로 결근이라도 하는 날이면 교장이나 교감 선생님이, 또는 다른 교과 선생님이 대신 들어오셔서 나름대로 도덕에 대한 특강을 하시곤 한다. 또 교육과정의 변경으로 일부 교과가 통폐합되거나 축소될 경우, 해당 교과를 맡고 있던 선생님에게 담당할 새로운 교과를 신청하시라고 하면 많은 선생님들이 도덕 교과를 선택하시곤 한다. 이렇게 '도덕'에 대해서는, 교육 내용을 체계적으로 배우거나 전문적 수련을 받지 않아도, 상식을 지닌 사람이라면 누구나 그것을 가르칠 수 있다는 선입견이 퍼져 있는 듯하다.

  그러나 우리가 막상 '도덕'을 교육적으로 조리 있게 가르치려고 하다 보면 그것이 생각보다 쉬운 일이 아님을 깨닫게 된다. 특히 가르치고자 하는 내용의 학적 근거와 배경을 정확히 알고 있지 못할 경우, 자기가 무슨 말을 하고 있는지조차 모를 정도로 혼란에 빠질 수도 있다. 그래서 위와 같은 막연한 선입견만으로 '도덕'을 쉽게 보고 덤벼든 사람들은 매우 곤혹스런 처지에 놓이게 된다. 스스로 정리되지도 내면화되지도 않은 내용을 '적당히' 가르쳐야 하기 때문이다. 자연히 학생들의 호응도 기대하기 어렵다. 어쩌면 가장 심오한 진리, 가장 깨닫기 힘든 진리는 가장 평범한 일상적 삶 속에 숨어 있는 것인지도 모른다. 도덕, 윤리의 문제는 이처럼 우리에게 가장 친숙한 것이면서도, 바로 그렇기 때문에 오히려 우리는 거기에 내포되어 있는 문제를 분명하게 인식하기가 어려운 것이다. "'도덕철학자'라는 호칭만큼 세상에 흔한 것도 없는 반면에 진정으로 그렇게 불릴 만한 사람만큼 드문 것도 없다"[9]는 칸트의 지적은 도덕·윤리의 이러한 측면을 가리키는 말일 것이다.

'도덕'을 제대로 가르치려면 교사는 몇 가지 조건을 갖추어야 한다. 첫째, '도덕' 교사는 충분한 지적 배경을 갖추고 있어야 한다. 다시 말해서, 가르치고자 하는 내용의 근거를 이루는 핵심적 원리와 덕목에 대한 충분한 이해가 있어야 한다. 그렇지 못할 경우 그는 수시로 등장하는 다양한 철학이나 사회과학 이론들, 그리고 치밀한 논리적 추론을 요하는 내용들을 학생들에게 제대로 전달할 수 없을 것이다. 둘째, 다양한 교수기법을 숙지하고 있어야 한다. '도덕' 수업에서 다루는 핵심 주제들은 정직, 책임, 공정성 등 대부분 잘 알려져 있는 것들이다. 다만 그것을 어떻게 구체적 맥락에서 접근하여 모두의 가슴에 진정한 울림이 있도록 재구성하여 전달하는가가 문제인 것이다. 이를 위해서 교사는 해당 주제에 적합한 다양한 교수기법, 예컨대 강의식, 문답식, 토론식, 협동 학습, 역할 놀이, 봉사활동 학습, 시뮬레이션 게임 등을 잘 활용할 수 있어야 한다. 셋째, '도덕' 교사는 가르치고자 하는 내용과 관련된 도덕적 '지식'뿐만 아니라 그것에 대한 '신념'도 가지고 있어야 한다. 잘 알다시피 도덕적 지식은 단지 '머리로' 아는 데서 그치는 것이 아니라 '가슴으로' 느껴야 하고 종내에는 행동으로 표출되어야 한

---

9 I. Kant, "Nachricht von der Einrichtung seiner Vorlesungen in dem Winterhalbenjahre, von 1765~1766", A 13.(*Werke in zehn Bänden*, Hrsg. von W. Weischedel, Darmstadt: Wissenschaftliche Buchgesellschaft, 1983, Bd. 2, 914면)

다. 요즘과 같은 세상 분위기에서는 교사가 설사 어떤 도덕적 신념을 가지고 있다고 해도 그것을 학생들에게 설득하기가 쉽지 않을 것이다.[10] 하물며 자신도 확신하지 못하는 것을 상대방으로 하여금 믿게 할 수 있겠는가? ('도덕' 교사가 지녀야 할 신념과 관련해서는 다음 절에서 조금 더 논하고자 한다).

그러나 도덕 교사가 아무리 노력한다고 해도, 그 또한 유한한 인간인 이상, 실제로는 보잘것없는 지식과 흔들리는 신념만을 가지고 교단에 설 수밖에 없지 않은가? 또 도덕적 '지식'의 전달은 그런대로 가능하다고 쳐도, 자신도 아직 내면화하지 못한 도덕적 '신념'까지 학생들에게 심어 줄 수는 없는 일이 아닌가? 그렇다. 교사가 학생에게 도덕적 신념을, 아니 도덕 자체를 심어 줄 수는 없을 것이다. 그것은 인간 개개인의 자유의지에 맡겨진 영역이고, 각자의 도덕적 깨달음에 달려 있는 일이기 때문이다. 그러나 여기서 교사의 중요한 역할이 있다. 그것은 교사가 학생들보다 한 단계 앞서서, 한 단계 깊이 성찰하는 모습을 보여 주는 일이다. 도덕적 주제를 놓고 깊이 고민하는 모습을 보여 줌으로써 교사는 학생들로 하여금 한 단계 성숙한 도덕을 향해 나아가도록 도움을 줄 수 있는 것이다.

이런 점을 염두에 둔다면, 도덕적 토론에서 교사가 '가치중립적'이어야 한다는 말은 신중하게 해석될 필요가 있다. 탐구식 수업에서, 예

---

10   최근 '도덕' 교육을 담당하고 있는 현장 교사들이 이구동성으로 지적하고 있는 문제들 중 하나는, 요즈음 학생들 중에 과거에는 상상할 수 없었던 언행을 하는 학생들의 숫자가 급속히 증가하고 있다는 것이다. 다시 말해서, 많은 아이들이 상식이 통하지 않는 사고와 생활습관을 가지고 있다는 것이다. 이는 학교에서 '도덕' 교육을 받을 최소한의 준비조차 되어 있지 않다는 것을 의미하는 것으로서, 이러한 분위기 아래에서라면 선생님이 학생들에게 도덕 교과서의 구체적인 내용을 전달할 엄두가 나지 않는 것은 어쩌면 당연한 일일지도 모른다.

컨대 가치갈등 사례를 다루면서 '어떠한 도덕 문제에도 정해진 답은 없으며 각자는 자신의 가치를 스스로 선택해 나가야 한다'는(예컨대, '가치명료화' 이론 등에서 볼 수 있는) 식의 태도는 때로 위험하거나 무책임한 방법일 수 있다. 물론 뻔히 보이는 결론을 유도하거나 미리 답을 암시하는 식의 수업 방식이 바람직하다는 말은 아니다. 그러나 교사가 문제 사례에 내포된 다양한 가능성이나 결론들을 충분히 이해하지 못한 상태에서 토론을 이끈다면, 이는 자칫 '소경이 소경을 인도하는' 결과가 될 수도 있다. 만일 어떤 학생이 무규범적이거나, 지극히 비도덕적인, 혹은 회의주의적인 결론을 내린다 하더라도, '그것은 스스로 선택한 가치이므로 나름대로 의미가 있다'고 평가하고 말 것인가? 물론 학생들은 다양한 추론을 전개할 수 있고, 때로는 극단적으로 보이는 결론을 도출할 수도 있을 것이다. 그리고 이러한 사고 실험은 깊이 있는 사고, 또 창조적인 사고를 길러 주는 훌륭한 과정일 수 있다. 그러나 적어도 교사는 그러한 사고 실험이 다다를 수 있는 최종적 지점과 그것이 함축하는 의미를 이미 알고 있어야 한다. 그리고 그렇게 한 단계 앞서 있는 통찰에 입각하여 열린 자세를 가지고 적절하게 학생들을 인도할 수 있어야 한다. 그렇기 때문에 도덕 교사는 수업에서 다루고자 하는 주제와 관련하여 늘 미리 준비해야 하고 또 그것에 대해 넓고 깊게 성찰해야 한다.

도덕 교사는 실제로 도덕적이어야 하는가

도덕 교사는 그들이 가르치는 내용에 걸맞게 실제로도 도덕적이어야 하는가? 교사도 평범한 한 사람의 인간에 불과할 뿐 완전한 존재가 아

닌데, 실제 삶에서까지 그에게 도덕적이기를 요구하는 것은 지나친 일
이 아닐까? 교실수업에서 가르쳐야 하는 내용을 '지적(知的)' 수준에
서만이라도 충실하게 전달하면 되었지, 자신도 확고하게 믿지 못하는
신념까지 보여 주어야 할 필요가 있을까? 만일 누군가 그러한 시도를
한다고 해도, 그것은 오히려 솔직하지 못한 태도일 뿐만 아니라 위선적
인 태도가 아닐까? 인간은 누구나 한계를 가지고 있고, '도덕' 교사 또
한 하나의 평범한 직업인일 뿐인데, 그에게 엄격한 언행일치(言行一致)
적 삶의 자세까지 기대할 필요는 없지 않은가?

   '차량의 통행이 별로 없는 횡단보도에서도 반드시 신호를 지켜야 하
는가' 하는 문제에 직면했을 때 우리는 간혹 망설이게 된다. 하지만 이
제 막 초등학교에 들어가서 교통질서와 예절을 배우는 아이들과 함께
라면 우리는 별로 망설이지 않을 것이다. 우리는 아이들의 안전을 걱정
하지 않을 수 없고 또 그 아이들에게 모범을 보여야 한다는 의무와 책
임을 느끼기 때문이다. 이때 우리는 일종의 역할기대의 짐을 지게 된
다. 전쟁이 터졌을 때 적진을 향해 가장 용감하게 돌진하는 군인은 대
개 초급장교들이고, 그래서 그들의 희생이 일반적으로 크다고 한다. 아
마도 이들이 모두 용맹스러운 성격을 타고나서 그런 것은 아닐 것이다.
주어진 명령을 수행하지 않을 수 없는 상황도 상황이겠지만, 그들의 지
휘를 받고 또 그들을 믿고 따르는 사병들 앞에서 자신에게 주어진 역할
을 다하지 않을 수 없는 여건도 작용했을 것이다. 이렇게 인간은 자기
에게 부여된 역할기대를 저버리지 않기 위해 때로는 죽음을 각오해야
할 수도 있다. 만일 그런 상황에서 어떤 장교가 혹 비겁한 모습을 보이
기라도 한다면, 그는 앞으로 부하들을 제대로 지휘할 수 없을 뿐만 아
니라, 인간으로서의 품위도 유지할 수 없을 것이다. 이렇게 지도자는
그 지위에 따르는 명예를 누리는 것만큼이나 늘 거기에 따르는 책임을

다하지 않을 수 없다.

도덕 교사 또한 그가 도덕 교사이기를 선택한 이상, 이러한 역할기대에서 자유로울 수 없다. 그는 때로 전쟁터의 장교처럼 행동하지 않을 수 없는 것이다. 어떤 의미에서 그는 '도덕을 위한 순교(殉敎)'를 각오하지 않으면 안 되는 것이다. 만일 그가, 자신이 가르치는 내용과 모순되는 언행을 하고 있으면서도 '인간이란 다 그런 것 아니냐'라는 식으로 자기 합리화를 일삼는다면, 그는 사실상 도덕 교육을 하는 것이 아니라 단지 위선을 조장하고 있는 셈이 된다. 그는 자신의 위상이 자신에게 요구하는 것을 회피함으로써 스스로 냉소적이 되고, 그럼으로써 오직 냉소적인 인간들만을 길러내고 말 것이다. 도덕 교사의 자기 합리화는 자기 모순일 뿐이다. 그렇기 때문에 그의 삶은 사실상 자기 결단의 연속일 수밖에 없다. 이 무거운 짐을 회피한 채로 자신의 역할을 제대로 감당하는 길은 없다. 만일 그가 이러한 실존적 과제를 회피하면서 자신의 자리만을 유지하고자 한다면, 그의 삶은 의미가 없다. 그것은 자기 자신에게나 또 자신이 가르치는 학생들에게나 모두 악영향을 미칠 뿐이다. 그는 자신의 실존적 과제를 직면해야 한다. 그리고 거기서 이루어지는 그의 결단은 그의 삶에 진정한 의미를 부여할 것이다. 이것이 도덕 교사로서의 삶을 선택한 사람의 운명이다.

도덕 교사는 이 시대의 선비가 되어야 한다

이처럼 자기에게 주어진 위상에 걸맞게 책임을 다하고자 하는 도덕 교사상을 생각하다 보면 우리는 제7장에서 살펴본 바 있는 조선의 선비를 떠올리게 된다. '선비 정신을 지닌 도덕 교사'의 모습이야말로 우리에게 하나의 이상형이 될 수 있지 않을까? 하지만 이미 서구 근대 문명 체제로 편입된 오늘 우리의 삶에서 이러한 선비와 같은 사람을 찾아보기는 사실상 힘들다. 그뿐만 아니라 근대화와 더불어 모든 조건이 달라져 버린 오늘날의 사회에서 특수한 성리학적 질서 체제의 산물인 선비를 보편적인 이상형으로 설정하는 것이 과연 타당한지에 대해서도 의문이 제기될 수 있다. 전통의 재발견이라는 취지는 좋지만 현실성이 떨어진다는 것이다. 그러나 필자가 도덕 교사상을 논하면서 선비 정신을 언급하게 된 것은, 도덕이 무너져 가고 있는 이 시대에 특히 선비 정신을 지닌 도덕 교사가 절실히 요청되며 이것은 나라를 살리는 일과도 관련된다고 보기 때문이다. 진정으로 나라를 살리는 길은 곧 나라의 정신적·도덕적 기틀을 바로잡는 것이요, 이 책임을 떠맡은 사람들이 바로 도덕 교사라고 보기 때문이다.

그렇지만 우리가 선비와 같은 도덕 교사상을 지향한다고 해서 도덕 교사가 곧 선비가 되는 것은 아니다. 우리들 대부분은 선비의 집안에서 자란 적도 없고, 특별히 선비가 되기 위한 교육을 받은 적도 없기 때문이다. 조선의 선비들이 어렸을 때부터 독서와 수양을 통해 심신을 갈고 닦음으로써 선비로서의 학식과 덕망을 갖추게 된 것을 생각할 때, 그러한 절차탁마의 학문 탐구와 수양 과정 없이 함부로 선비 됨을 논할 수는 없는 것이기 때문이다. 하지만 우리(도덕 교사)가 비록 난세에 선비 교육을 받은 바도 없고 현재 선비의 모습을 갖춘 것도 아니지만, 우리는 선비가 되어야 한다. 우리가 처한 도덕 교사의 위상이 우리로 하여금 선비적 자세를 요구하고 있기 때문이다.

앞 절에서 언급한 것처럼 도덕 교사의 삶은 늘 실존적 결단과 실행의 연속일 수밖에 없는 매우 특별한 삶의 과정이다. 첫째, 그것은 말과 행동, 배움과 행동이 일치되는 삶의 자세를 요구한다. 도덕 교사는 (도덕 선생님은 무언가 다를 것이라는) 학생들의 기대뿐만 아니라 동료 교사들의 기대까지 짊어지고 있다. 만일 그가 이 기대를 저버린다면, 뒤에 남는 것은 죄책감 혹은 위선자라는 비난뿐일 것이다. 이것은 한편으로 보자면 매우 힘겨운 부담이겠으나, 다른 한편으로 보자면 보람의 원천이기도 하다. 이 도덕적 위기의 시대에서 그는 희망의 표상이자 역할 모델이 되는 것이기 때문이다. 물론 이러한 언행일치적 삶의 경지에 그가 일조일석에 다다를 수는 없을 것이다. 그러나 그가 학생을 가르치기 위해서 하는 공부는 그에게 수양이 되고, 언젠가는 습관이 되다가, 결국에는 행동으로도 실현될 수 있을 것이다.

둘째, 도덕 교사는 도덕 교육의 주체이다. 과거에는 도덕 교육이 주로 가정에서 이루어졌으나, 이제는 학교가 그 책임을 떠안게 되었다. 부모의 경제 활동과 학생의 학습 부담으로 말미암아 가정이 더 이상 이상적인 도덕 교육의 장(場)이 되지 못하기 때문이다. 그러므로 도덕 교사는 이 시대 국민(청소년)의 도덕 교육을 책임지는 주체가 되지 않을 수 없다. 현실 공교육 체제의 한계를 거론함으로써 책임을 피해 가려 해서는 안 된다. 그는 현실 여건의 주어진 한계 안에서 끝까지 가능성을 찾아내야 한다.

끝으로, 도덕 교사는 정신적·도덕적 위기에 처한 나라의 민족혼을 되살리는 전위대가 되어야 한다. 이미 세속화되어 버린 기성인들에게 더 이상 그런 역할을 기대할 수는 없다. 도덕 교사는 가장 예민하고 순수한 마음 바탕을 지닌 청소년 시기 학생들의 도덕 교육을 담당하고 있기 때문에, 그들의 인생관과 세계관에 큰 영향을 미칠 수 있다. 그리고 그들은 결국 나라의 주역으로 성장할 것이기 때문에, 도덕 교사는 나라의 미래 운명을 쥐고 있는 셈이다. 그는 마치 이 시대의 독립군과 같다. 겉보기에는 그의 힘이 비록 작아 보일지 모르지만 그 정신과 기백만 살아 있다면, 처음에는 학생들이, 다음에는 동료 교사들이, 나중에는 학부모들이 그의 영향을 받게 될 것이며, 결국에는 나라의 운명도 바뀌게 될 것이다. 그러므로 도덕 교사는 결코 소시민적 삶을 선택해서는 안 된다. 그에게는 이처럼 무거운 책임이 지워져 있기 때문이다. 그는 이 시대의 선비로 거듭나야 한다.

💬 생각해 볼 문제

1 다음 글을 읽고 이 시대에 도덕 교육, 아니 도덕 교과가 가지는 의의와 사명에 대해 생각해 보자.

이제 우리는 민족의 자존을 되찾아야 한다. (…) 돈 많은 상놈의 나라가 되느니보다 가난해도 도덕의 나라가 되어야 한다.

이렇게 생각할 때 도덕 교육은 그 어느 과목보다도 앞서서 철저하게 주입〔교육〕되어야 할 것 같다. 이제 경제가 어느 정도 부유해졌다고 하니 거기에 정신적 자아만 확립된다면, 세계 어느 나라와 맞서서도 부족할 게 없을 것이다. 그러나 만일 도덕 교육이 실패할 경우 우리는 돈 많은 노예가 된다는 것을 경계하지 않으면 안 될 것이다.[11]

2 다음 글을 통해 이 시대에 도덕 교육이라는 힘겨운 과제를 맡고 있는 사람들도 힘을 한번 내 보자.

물론 나도 알고 있다. 우리가 꿈꾸는 세상이 그렇게 쉽사리 오지 않으리라는 것을. 하지만 그렇다고 두 손 놓고 있는 것은 스스로가 초라해서 견딜 수 없다. 도시 전체가 암흑으로 뒤덮여 있는데, 나 혼자 촛불 하나 들고 있다고 해서 그 어둠이 걷힐 리 만무하다. 하지만 어둡다, 어둡다 하고만 있을 수는 없다.

우선 내가 가지고 있는 초에 불을 붙이고, 그 불을 옆 사람에게, 또 그 옆 사람에게, 초가 타고 있는 한 옮겨 주고 싶다. 그래서 내 주변부터 밝고 따

---

11 김충열, 《유가윤리강의》, 165면.

뜻하게 하고 싶다. 모든 일을 해결할 순 없지만 할 수 있는 일은 하고 싶다.
정말 그렇게 하고 싶다.[12]

---

12   한비야, 《지도 밖으로 행군하라》, 푸른숲, 2005, 159면.

참고문헌

국내

가이어(김광명 역),《칸트 평전》, 미다스북스, 2004.

구달(박순영 역),《희망의 이유》, 궁리, 1999.

김광수,《논리와 비판적 사고》, 철학과현실사, 1999.

김용옥 엮음,《삼국통일과 한국통일》, 통나무, 1994.

김종국,〈'인류의 권리'와 거짓말〉,《철학》, 제67집, 2001.

김충열,《유가윤리강의》, 예문서원, 1998.

김태길,《윤리학》, 박영사, 2002.

_____,《한국윤리의 재정립》, 철학과현실사, 1995.

나딩스(추병완 · 박병춘 · 황인표 역),《배려교육론》, 다른우리, 2002.

달라이 라마 · 빅터 챈(류시화 역),《용서》, 오래된미래, 2004.

도스토예프스키(김재경 역),《죄와 벌》, 혜원출판사, 1994.

도이힐러(이훈상 역),《한국 사회의 유교적 변환》, 아카넷, 2003.

라파엘(김영철 · 김우영 역),《현대도덕철학》, 서광사, 1987.

레이더 · 제섭(김광명 역),《예술과 인간가치》, 이론과실천, 1987.

문성학, 〈칸트와 거짓말〉, 《칸트 철학의 인간학적 비밀》, 울산, 1997.

박이문, 《〈논어〉의 논리》, 문학과지성사, 2005.

_____, 《시와 과학》, 일조각, 1983.

백종현, 《윤리 개념의 형성》, 철학과현실사, 2003.

법정, 《일기일회》, 문학의숲, 2009.

브로드(박찬구 역), 《윤리학의 다섯 가지 유형》, 철학과현실사, 2000.

비트겐슈타인(이영철 역), 《논리 · 철학 논고》, 天池, 1994.

_____(이영철 역), 《문화와 가치》, 천지, 1990.

_____(이영철 역), 《철학적 탐구》, 서광사, 1994.

사하키안(송휘칠 · 황경식 역), 《윤리학의 이론과 역사》, 박영사, 1986.

서광선 · 정대현 편역, 《비트겐슈타인》, 이화여자대학교출판부, 1989.

서머싯 몸(송무 역), 《인간의 굴레에서》, 민음사, 1998.

성염 · 김석수 · 문명숙, 《인간이라는 심연》, 서강대학교 철학연구소 · 철학과현
    실사, 1998.

슈페만(박찬구 · 류지한 역), 《도덕과 윤리에 관한 철학적 사유》, 철학과현실사,
    2001.

신영복, 《강의, 나의 동양고전 독법》, 돌베개, 2004.

싱어(김성한 역), 《사회생물학과 윤리》, 인간사랑, 1999.

_____(김희정 역), 《세계화의 윤리》, 아카넷, 2003.

_____(황경식 · 김성동 역), 《실천윤리학》, 철학과현실사, 1991.

아리스토텔레스(최명관 역), 《니코마코스 윤리학》, 서광사, 1991.

에피쿠로스(조정옥 엮음), 《쾌락의 철학》, 동천사, 1997.

웨일즈 · 김산, 《아리랑》, 동녘, 2005.

윌슨(이한음 역), 《인간본성에 대하여》, 사이언스북스, 2000.

정옥자, 《우리 선비》, 현암사, 2002.

진교훈 외, 《한국인의 윤리사상》, 율곡사상연구원, 1992.

최명희, 《혼불》, 한길사, 1996.

최인호, 《유림》 (1-3권), 열림원, 2005.

추병완, 《도덕 교육의 이해》, 백의, 2004.

칸트(최재희 역), 《순수이성비판》, 박영사, 1995.

＿＿＿(최재희 역), 《실천이성비판》, 박영사, 1991.

키르쉬너(손영미 역), 《이기주의자로 살아라》, 뜨인돌, 2001.

파스칼(이환 역), 《팡세》, 서울대학교출판부, 1993.

포이만 · 피저(박찬구 · 류지한 · 조현아 · 김상돈 역), 《윤리학: 옳고 그름의 발
　　견》, 울력, 2010.

프랑케나(황경식 역), 《윤리학》, 종로서적, 1984.

피터슨(김혜정 역), 《儒敎社會의 創出 — 조선 중기 입양제와 상속제의 변화》,
　　일조각, 2000.

피퍼(진교훈 · 유지한 역), 《현대윤리학 입문》, 철학과현실사, 1999.

하이젠베르크(김용준 역), 《부분과 전체》, 지식산업사, 2005.

한국도덕윤리과교육학회 편, 《세계의 도덕 · 윤리교육》, 교육과학사, 1998.

한비야, 《중국견문록》, 푸른숲, 2001.

＿＿＿, 《지도 밖으로 행군하라》, 푸른숲, 2005.

현각 엮음, 《선의 나침반 — 숭산 대선사의 가르침》, 열림원, 2001.

현각, 《만행 — 하버드에서 화계사까지》, 열림원, 1999.

황경식, 《개방사회의 사회윤리》, 철학과현실사, 1995.

회페(이상헌 역), 《임마누엘 칸트》, 문예출판사, 1997.

외국

Aristoteles, *Politics, The Works of Aristotle*, Chicago · London · Toronto: Encyclopedia Britannica, 1952, Book I, 2.

Baron · Pettit · Slote, *Three Methods of Ethics*, Malden, Mass.: Blackwell, 1997.

Bentham, J., *An Introduction to the Principles of Morals and Legislation*, New York: Hafner Publishing Company, 1948.

Butler, J.(ed. T. A. Roberts), *Fifteen Sermons preached at the Rolls Chapel and a Dissertation of the Nature of Virtue*, London, 1914.

_____, *Butler's Fifteen Sermons preached at the Rolls Chapel and a Dissertation of the Nature of Virtue*, London, 1970.

Hare, R. M., *Moral Thinking*, Oxford: Clarendon Press, 1981.

Harman, G., *The Nature of Morality*, Oxford University Press, 1979.

Höffe, O.(ed.), *Lexikon der Ethik*, München, Beck, 1992.

Hume, D., *A Treatise of Human Nature*(ed. by L. A. Selby-Bigge), Oxford, 1896.

_____, *Enquiries concerning Human Understanding and concerning the Principles of Morals*(ed. by L. A. Selby-Bigge, rev. by P. H. Nidditch), Oxford, 1975.

Kant, I., *Werke in zehn Bänden*(hrsg. von W. Weischedel), Darmstadt: Wissenschaftliche Buchgesellschaft, 1983.

MacIntyre, A., *A Short History of Ethics*, London: Routledge, 1967.

Mill, J. S., *Utilitarianism*, New York: Liberal Arts Press, 1957.

Moore, G. E., *Principia Ethica*, Cambridge University Press, 1903.

Nozick, R., *Anarchy, State and Utopia*, Blackwell, 1974.

Plato, *Gorgias, Complete Works*, ed. by J. M. Cooper, Indianapolis · Cambridge, 1997.

Pojman, L. P., *Ethics: Discovering Right and Wrong*, 4th ed., Wadsworth, 2002.

Raphael, D. D.(ed.), *British Moralists*, Oxford, 1969.

Rousseau, J.-J., *Oeuvres complètes*(ed. by B. Gagnebin/M. Raymond), Paris, 1959-1969.

Selby-Bigge, L. A., ed., *British Moralistis*, Oxford, 1897.

Shaftesbury, *Standard-Edition*(ed. by W. Benda 외), Stuttgart, 1981 ff.

Sidgwick, H., *The Methods of Ethics*, 7th ed., London: Macmillan, 1963.

Singer, P.(ed.), *A Companion to Ethics*, Oxford: Basil Blackwell, 1991.

Taylor, C., *Sources of the Self: The Making of the Modern Identity*, Cambridge, 1989.

Wimmer, R., *Ankündigung der Sterblichkeit*(hrsg. von J.-P. Wils), Tübingen, 1992.

Wittgenstein, L., *Ludwig Wittgenstein Werkausgabe*, Band 1, Frankfurt a. M.: Suhrkamp, 1984.

_____, *Tractatus logico-philosophicus*, London: Routledge & Kegan Paul, 1961.

_____, *Wittgenstein Vortrag über Ethik und andere kleine Schriften*(hrsg. von J. Schulte), Frankfurt a. M.: Suhrkamp, 1991.

Wood, A. W., *Kant's Moral Religion*, Cornell UP, 1970.

찾아보기